統治機構の憲法構想

大石 眞

Constitutional Framework of the Government

法律文化社

はしがき

かつて著者は、憲法改正がなくても憲法秩序の変動がありうることを意味する「憲法改革」という視点に立って、統治機構に関連するそれまでの論考を収めた『憲法秩序への展望』（有斐閣、二〇〇八年）を公刊したが、本書は、いわばその姉妹編をなすものである。

本書も、この前著と同じく、主として統治構造に関する憲法上の諸問題について考究した論考を集成して世に問い、今後の憲法論議の参考に供したいと願って上梓するものである。

その内容は、憲法総論に属するものから、自衛権、天皇関係、選挙制度・立法府、内閣、司法審査制、そして地方自治にいたるまで、いわゆる統治機構に関わる領域をほぼすべてカバーするものになっている。それらの論考の中には内容的に重複している部分がないわけではない。ただ、その時々に各種の編集サイドから与えられた課題に応ずるかたちで、公表当時の問題意識を反映しているものも多く、論考ごとに力点の置き方や立論のしかたも違っていることから、論述の中身を調整するようなことはあえてしなかった。

本書は、全体として、「憲法秩序と憲法保障」「安全保障と自衛権」「天皇と皇室」「国民と国会」「内閣と行政」「司法審査制」「地方自治」の七部から構成されているが、後の初出一覧に示すように、二〇〇〇年代に入ってからものされた諸論考を中心にまとめたものである。それらを本書に収録するに当たっては、誤記・誤植などの類を正したり原題を改めたりしたものがあるほか、文献や註の付し方などについて、形式や体裁の統一を図るなどした。そのため、り、これをさらに論文調に改めるという作業を繰り返した結果、かなり大幅な修正を施すことになってしまった。

なかでも、冒頭のⅠ部「憲法秩序と憲法保障」を形づくる二編は、ともに、当初、講演記録を基礎にしたものであ
原論考に対する補正や加筆の程度は、必ずしも一様でなく、収録された論考によって異なっている。

本書Ⅱ部に収められた「日本国憲法と集団的自衛権」は、慎重に考究を深めて、この分野における私の基本的な考え方を明らかにしたものであったが、学界の支配的雰囲気と相容れない内容であったためか、当時はとくに反響も聞かれなかった。ところが、最近になって、いわゆる集団的自衛権の限定的容認の閣議決定とこれに基づく安全保障関連法案が政治日程に上るにつれて——私の論旨に賛成するか反対するかはともかく——拙稿を読み直してくださる方々があったのは、大変ありがたいことである。

それにしても、このたびの安保法制問題に臨んで見られた多方面の度を逸した言動に接した時、かつて昭和から平成の世に移る時にコメントを求められた際に「三種の懐疑」なる小文を寄せ、「人は、何かを思うとき、その個人的な経験や信念から、ある想いを伴わずにいられないということがある。すぐれた知性の人でさえ、どうしても平衡感覚を保ちえない何かはあるらしい。天皇の問題はその一つであるように感じられる。」と記したが（拙著『憲法断章』〈信山社、二〇一一年〉所収）、今回も同じような印象を抱いている。

この点において、私は、憲法第九条の解釈に関する考え方に違いはあるものの、かつての同僚、井上達夫教授が以前から実践され、また近業『憲法の涙』（毎日新聞出版）においても示された、理を尽くして論議しようとする研究者としての囚われない姿勢に、共感するものである。

こと憲法問題になると人は妙に熱くなるという風潮は、何もいまに始まったことではないようで、明治憲法下の一

九四〇年（昭五）に出された佐々木惣一『日本憲法要論』は、すでに「憲法の解釈は極めて平静なる態度に於て為さるゝことを要す。平静の態度は即ち学術的の態度なり。是れ憲法解釈上の問題起るや先ず其の学術的なるべきことの要求せらるゝ所以なり。今や我国立憲政治の確立に力むべきの時に於て殊に然りとす。」と説いている。立憲主義を高調すればするほど、その態度と作法から汲み取るべきものは多いはずである。

さて、本書の由来は、法律文化社の企画編集担当取締役であった秋山　泰氏との出逢いにある。氏とは、下鴨の或るバーで、御厨　貴編『オーラル・ヒストリー　タテ社会をヨコに生きて』を同社から刊行されたばかりの園部逸夫先生とともに立ち寄られた時にお会いして以来、親しく面識を得ていたが、その歴史的な関心から、明治憲法と現行憲法という「二つの憲法」を対比して論じるという構想を抱いておられたようで、或る日、わざわざ私の研究室を訪ねて下さった。

その後もいろいろ議論していく中で、本書のような論文集の話に行きついたわけであるが、私のほうが諸事に紛れて遅々として進まなかった或る日、坪内稔典氏の跋文を添えて氏が昨年九月に上梓された、瀟洒な句集『流星に刺青』（ふらんす堂刊）の恵与にあずかり、大いに刺戟になったことを、いま鮮やかに想い出している。

残念なことに、秋山氏は、このたび顧問職を辞めて法律文化社を完全に退かれる由であるが、ご退職の直前まで、本書の初校に目を通すなど熱心に担当してくださっている。その後の作業と刊行は、田靡純子社長に引き継がれることになり、本書が世に敷かれる頃はすでに氏の退職後ということになるが、私としては、秋山氏のこれまでのご尽力に深く感謝するとともに、本書の刊行が氏のご退職の記念になればありがたいと思っている。

いつものように、本書に収められた論考を執筆することになった契機や事情をめぐっては、さまざまな想いが去来するが、そのような機会を与えてくださった関係諸氏、本書への収録を快諾していただいた関係各位に対し、深謝の念を伝えたい。

また、繰り返すことになるが、本書が成るに当たっては、法律文化社の秋山 泰氏、そして実に丹念な校正をしていただいた田靡純子社長に、一方ならぬお世話になった。ここに特記して深謝申し上げる。

二〇一六年（平二八）三月二四日

大石　眞

目次

Ⅱ部　安全保障と自衛権

Ⅲ部 天皇と皇室

Ⅳ部　国民と国会

3　立法府の役割と課題

V部 内閣と行政

VI部 司法審査制

Ⅶ部 地方自治

初出一覧

Ⅰ　憲法秩序と憲法保障
(1)「現代社会における『憲法』の役割――憲法イメージの変容と守備範囲の拡大」近畿大学法科大学院論集一一号、二〇一四年
(2)「憲法改正と憲法改革との間」京都大学法学研究科ＣＯＥ公開市民講座オケージョナルペーパー三四号、二〇〇七年

Ⅱ　安全保障と自衛権
(1)「憲法第九条の政府解釈」法学教室二七七号、二〇〇三年
(2)「日本国憲法と集団的自衛権」ジュリスト一三四三号、二〇〇七年

Ⅲ　天皇と皇室
(1)「元号制度の諸問題」横田耕一＝江橋　崇編『象徴天皇制の構造』日本評論社、一九八九年
(2)「皇室典範改正論議」法学教室三一五号、二〇〇六年（原題「憲法史から考える皇室典範改正論議」）

Ⅳ　国民と国会
(1)「選挙制度の原理的諸問題」比較憲法学研究一二号、二〇〇〇年
(2)「立法府の機能をめぐる課題と方策」佐藤幸治先生古稀記念『国民主権と法の支配〈上巻〉』成文堂、二〇〇八年
(3)「立法府の役割と課題」Research　Bureau 論究（衆議院調査局）七号、二〇一〇年
(4)「憲法と条約締結承認問題」法学論叢一四四巻四＝五号、一九九九年
(5)「議院内閣制と議会の役割――政権交代の試練」公共政策研究一〇号、二〇一〇年

Ⅴ　内閣と行政

(1)「内閣制度の再検討——行政改革会議最終報告を中心に」ジュリスト一一三三号、一九九八年

(2)「首相公選論と統治構造改革」ジュリスト一二〇五号、二〇〇一年

(3)「内閣法制局の国政秩序形成機能」公共政策研究六号、二〇〇六年

(4)「公務員制度改革をめぐる憲法論議——公務員給与減額法案を中心に」人事院月報七四八号、二〇一一年

Ⅵ　司法審査制

(1)「憲法上の立法義務と違憲審査——ハンセン病訴訟判決をめぐって」判例時報一七四八号、二〇〇一年（原題「ハンセン病訴訟と憲法上の立法義務」）

(2)「違憲審査機能の分散と統合」初宿正典先生還暦記念論集『各国憲法の差異と接点』成文堂、二〇一〇年

(3)「わが国における合憲性統制の二重構造——合憲性統制機能の立法過程論的考察」戸松秀典＝野坂泰司編『憲法訴訟の現状分析』有斐閣、二〇一二年

Ⅶ　地方自治

(1)「『地方政府基本法』構想をめぐる視点と論点——主として憲法論の立場から」都市問題一〇一巻九号、二〇一〇年

(2)「未完の地方分権改革」全国都道府県議会議長会報三二六号、二〇〇三年

統治機構の憲法構想

I部　憲法秩序と憲法保障

1　現代社会における「憲法」の役割
——憲法イメージの変容と守備範囲の拡大

はじめに

(1)　今日は、「現代社会における憲法の役割」というタイトルで話をしたいが、かなり幅広いタイトルで、これだけでは分からないので、サブタイトルを付けた。憲法のイメージは一定のものがあり、私の考えている中身、ロックインされたものがあるが、それが少し変わると、論じる範囲や考える範囲がずいぶん違ってくる。そのことをいくつか例に取って話をしたいというのが、テーマの意味である。

最初にそのイメージについて述べ、次いで、憲法の大きな中身として、統治機構の問題と人権の問題があるということで、その両者にわたって、少し各論的な話と原理的な話を織り交ぜて申し上げたい。

(2)　私は、これまで、第一に議会制度・議会法、二番目は宗教制度・宗教法の分野、三番目は日本憲法史を中心に研究を進めてきた。憲法にはいろいろな分野があるが、私は大体その三点セットで専門的に四〇年近く研究してきた。今日の話の大きな中身は、大きく三点あるが、第一に憲法イメージについて少し述べたい。

二番目に、憲法のイメージがある程度変わっても、その中の一つの中心的な課題が統治機構や政治組織の問題であることは間違いない。すなわち、国会、内閣、裁判所、あるいは財政をどうするか――日本の場合は天皇制度をどうするかも含まれる――など、そのような統治機構、または政治組織の問題について、少し違った角度から議論をしてみたい。

第三に、「基本権保障と『人権擁護』とのあいだ」というやや妙な見出しであるが、私どもが教え、あるいは学生諸君が習う憲法で規定されている人権の規定――日本流に言うと、基本的人権ということになる――の問題と、実際に政府の間で進められている人権関係の施策は、必ずしも一致していないという点である。政府が議論している、あるいは進めようとしている政策の中身は、私ども憲法の専門家が言っている、いわゆる公権力と個人との関係という意味での人権問題ではまったくない。学生諸君の相互関係やお隣同士の問題も含めて、およそすべてが人権問題になるということで、人権擁護施策ということが進められようとしている。そのために具体的な法律案も何度か作られたが、いろいろな問題があって、そのたびに全部潰えてきた。そして、統治機構および権利保障という、いわば全般を見た後に、憲法のイメージによって憲法で議論すべき事柄、あるいは憲法学で取り扱うべき中身が非常に大きく異なってくる可能性があるという点を述べたい。その展望を持って議論しなければ、現在ある憲法の条文の解釈だけを念頭に置いていると分からないところがだんだん増えてくるからである。

一　「憲法」イメージをめぐって

1　古典的な憲法概念

(1)　最初は全体の憲法のイメージの問題であるが、一般の方々や、憲法をあまり専門的に勉強していない人たちは、日本国憲法という全一〇三か条の条文のことを思い浮かべるはずで、それが憲法典である。

もう一つの捉え方は、必ずしも憲法の条文、まとまった法典というものではなくて、内容的に見て、その国の政治、国政の組織や内容、あるいは手続について重要な点を規律していることが大事だというときに、特に「実質的意味の憲法」という使い方がある。ここでは「憲法秩序」という全体像的な言葉で示すことにしよう。

古典的な憲法の概念としては、一つの法典の中に国政の組織、内容、手続を体系的、網羅的に規律する意味で憲法典という捉え方をすることがふつうである。これに対して、憲法典という一つのものに着目するのではなく、そういう最高法規ではなく、内容から見て国政の秩序をつくり上げるものがあるはずだと考えるとき、その全体像を憲法秩序という言葉で表すことがある。この二つの捉え方は昔からあるもので、古典的な憲法の概念と名付けておく。

では、そこで述べた中身（内容）について大きな違いがあるかというと、その点では大きな違いはない。憲法典として捉えるにせよ、憲法秩序と見るにせよ、共通しているところがあって、国の組織、または国政の内容、あるいは手続を規律するのだという意味では、まったく違いはない。その点を憲法典に着目してみると、国会、内閣、裁判所、財政のあり方、あるいは地方自治をどう規定するかというような統治機構の問題は当然含まれる、というのが一つの重要なポイントである。もう一つの要素は、日本で言う基本的人権をどう保障するかということで、この基本的人権の部分を「権利保障」とここでは言っておくが、例えば表現の自由、信教の自由、住居の不可侵を守るというような、自由権を中心とする国民の権利を保障する部分はきわめて大事なものである。

しかも、その憲法典が最高法規とされていることがポイントである。国にはいろいろな法令がたくさんありるが、制定法として定められたものの中でいうと、一番力が強いという言い方をするが、専門的に言えば、それは「形式的効力」という表現をとることになる。つまり、「国の最高法規」という意味で、その他の法令に比べて一番強いということを表現するために、supreme law of the land（最高法規）という言葉を使うが、憲法典の場合には、そのような特徴がある。

(2)　他方で、憲法秩序、つまり、内容的に見て国政の組織、内容、手続を規律しているという点から見ると、必ずしも憲法典だけとは限らない。憲法典は確かに国の最高法規として存在していて、どこの国でも基本的にはそうなっているが、しかし、憲法典の中に国政の内容や手続などのすべてが含まれるかというと、必ずしもそうではないので、それを補うものが大事になってくる。

その憲法典は、例えば日本国憲法であれば、第二一条あるいは第二八条を解釈して、最高裁判所が出したものは、一般的に言うと、「憲法判例」として位置付けられる。これは憲法典に準ずる力を持つので、憲法秩序にとって重要なものであるが、しかし、具体的な裁判がなければ憲法の判例は登場しない。そこで、訴訟事件にならない分野はどうかというと、そこで活躍するのが憲法附属法ということになる。なかでも、国籍法は第一の憲法附属法であって、われわれ国民の範囲を決めて、国籍を認める。そこから参政権も認められるということで、全部連動してくることになる。その国籍法をはじめとして、憲法改正手続法、天皇の章に関わる皇室典範、国会に関わる公職選挙法や政党助成法、国会法があり、内閣に関わるものとして内閣法・内閣府設置法・国家行政組織法というものがある。さらに、裁判所については、もちろん裁判所法があるし、財政については財政法、地方自治については地方自治法がある。第九条との関連でいくと、自衛隊法もかなり重要な規定を含んでいるもので、自衛隊に対する賛否の評価は別として、現在の国政秩序を成り立たせるという意味での憲法附属法の一つを形づくるものであることは、間違いない。

なお、憲法附属法の「附」は、必ず「こざと偏」を付けるようになっている。というのも、「付」では「与える」という意味を持つことになり、意味が全然違ってくるからで、本体があってそれにくっついているものが「附属」になる。憲法の場合でいうと、憲法典が一番コアなところにあって、それをこれまで述べた憲法附属法が取り巻いているというのが制定法の話になる。

(3)　その他に、先ほど述べた最高裁判所が下す憲法判断があるが、その憲法判例は制定法とは言えないし、憲法典でもない。この憲法判例は具体的な事件をめぐって裁判になり、結果的に出てきたものが判例として結実するが、附属法については国会で議論をして制定されたものが大きな意味を持つことになる。とくに日本の憲法には大きな特色があって、明治憲法は七六か条であったし、現在の憲法典は一〇三か条あるが、後の四か条はもう意味がないので、実質は九九か条しか実効的でない。複雑な国政が常にそれで動くかというと、必ずしもそうはいかない。しかも条文の決め方がかなり簡短で、簡素で短い書き方をしているので、その分だけ憲法附属法の役割が大きくなる。つまり、行政法でよく使われる統制密度・規律密度という点からすると、相当に甘いことになる。そこをきちんと埋めるため、つまり規律密度を高めるために、憲法附属法や憲法判例がある、と位置付けた方が解りやすいかもしれない。

(4)　さらに、先ほど述べた人権・権利保障という点からすると、例えば女子差別撤廃条約、人種差別撤廃条約、そして自由権規約・社会権規約のような国際人権規約というものがある。日本の場合は、諸外国の例と比べると特殊なやり方をとっており、それが政府で締結し、国会の承認を経たのちに官報で公布されると国内法になる、という仕組みをとっている。そのように公布されると、国内法化されたということで、憲法典の人権条項と同じように、各種の人権条約の中身は日本の国内実定法になる。したがって、人権条約も、ある意味で、かなり簡短な憲法の人権条項を補う役目を持つ部分もある。

以上のようにみてくると、憲法典は筆頭に挙げられるけれども、一方では憲法判例および人権条約を、他方では憲法附属法をも見据えた上で、全体として憲法秩序が分かるという構造になっていることを知る必要がある。

2　比較法的な視点から

(1)　いま述べた点は、実際にアメリカやドイツ、イギリス、フランスの憲法の教科書をひもとくとよく分かる。アメリカの Constitutional Law という本を開くと、書いてある内容はほとんど司法審査制、日本流に言うと違憲立法審査権の話または最高裁判所の話から始まり、あとは、具体的に判例になって登場した個別的な権利保障、人権保障の問題が縷々紹介してある。なお、ここで Constitutional Law という場合の Law というのは、判例というチャンネルを通したものが強調されるので、結果的に今述べたようなことになる。

これと正反対なのはフランスであって、フランスで Droit constitutionnel というと——アメリカと正反対とまで言うと少し語弊があるものの——人権や権利保障の問題は出てこない。もちろん、憲法典とはいかなるものか、憲法秩序とはいかなるものかという意味での憲法の総論は当然あるが、しかし、それから後はもっぱら現行の統治機構の問題を取り扱うのがふつうで、国会、大統領、内閣、裁判所などの権限や中身の問題が縷々説かれることになる。そして、——これはフランスの憲法学の大きな特徴であるが—— Histoire constitutionnelle de la France、つまりフランス憲法史が必ず加わることになっている。したがって、アメリカの憲法論とはずいぶん違っていることがわかる。

(2)　これとは違って、ドイツやイギリスの憲法の教科書は、日本的な感覚に一番近いように思われる。なぜかというと、イギリスには「憲法と行政法」と名付けた本や単に「憲法」(Constitutional Law) と題したものがあるが、とくにイギリスは憲法典がないので、憲法ということで何を論ずるかという憲法のスコープ(範囲)の問題を、序論でまず扱う。その次に、当然、国王・議会や裁判所の話、それから首相や行政の議論がかなり出てくる。また、地方自治も出てくる。要するに、国内の公法的なものを網羅してイギリスでは議論するわけで、したがって、行政法も一部含むという話になる。

同じようにドイツも、アメリカ的に権利保障の問題だけを扱うということはなくて、統治機構の問題も当然に取り扱う。ドイツは憲法論と称して、Verfassungslehre というものがあるが、伝統的な Staatsrecht（国法学）という名前の本も多い。その中で統治機構の問題と同時に、権利保障、つまり基本権の問題を取り扱う。したがって、ドイツの憲法書の中身が日本的な感覚に一番合うかもしれない。

このように、アメリカ、フランス、ドイツ、イギリスの憲法論をみると、少しずつズレはあるが、そこで扱われている問題は、国の統治機構の問題や国民の権利保障を内容とするという点では、まったく変わりない。先ほど古典的な憲法の観念、中身ということを述べたが、これは比較法的にみても、そのように論じられてきたし、現在でもそうであると言える。

3　憲法典の守備範囲と「憲法」の役割の増大

しかしながら、最近では、古典的な憲法の中でも少しずつイメージが変わってきたように思われる。まず憲法典に着目してみると、扱う範囲がやや広がっている。憲法のイメージ、憲法の観念が変わるということは、その役割が変わるということであるが、それが減ることはなく、増大している。

すなわち、国会、内閣、裁判所というような統治組織の問題を憲法典は当然に規定すると同時に、基本的人権と称する権利保障の問題も、当然書き込まれる。この二つはいわば必須の項目になるが、国際関係に関する規範も書き込まれることも多い。ヨーロッパのEUを考えてみると、EUとの関係がどの国の憲法でも必ず定められている。日本の現行憲法は、一九四六年（昭二一）の制定ということからして、やや古典的な憲法の部類に属するので、国際関係に関する規範はほとんど見当たらない。わずかに九八条において、日本が締結した条約や確立した国際法は尊重するべきだという程度のことが書かれている。ヨーロッパでは地続きなので、必ず隣の国とどうするか、あるいは、当時作られつつあったEU（元はヨーロッパ経済共同体）との関係をどうするかという問題があった。そこで、このような国際関係の問題をどうするかはかなりシビアな論点になり、ヨーロッパ諸国の憲法は必ずこれを定めるというわけである。

したがって、古典的な憲法典の内容として、統治組織に関する規範、権利保障に関する規範、国際関係の規範を考えることができるが、新しくそこに加わるものが出てきた。その代表格はドイツの憲法第二〇a条で（一九九四年憲法改正による）、いわば環境政策に関して国の目標を定めようというものがある。日本では環境権という短い言葉で言うが、ドイツではその規定を入れたときに、国家目標規定だと紹介された。

他方、フランスでは、憲法典の中ではなく、憲法典と並んで一〇か条ほどの環境憲章というものを設けた（二〇〇四年）。そのような環境に関する規定を設けると、われわれが現在の自然環境を享受すると同時に、将来の世代もそれを受け取ることができるようにするために、いろいろな政策、施策を実施しなければならない。そのような国家目標規定を憲法に置くことになると、そういう問題もすべて憲法の問題として議論する必要があるというように拡大してくることとなる。

いずれにしても、憲法典というもの、書かれたものを取り上げただけでも、そのようにその役割は違ってきていて、拡大していることをうかがうことができる。

もちろん、衆知の通り、国は基本権を保障する義務があるという議論に立つと、さらに憲法の役割は幅が広がってくることになる。ただ、ここでは、憲法典の中身として論じているので、解釈の作法としての基本権保護義務論については、ここでは取りあえず言及するにとどめる。

二　統治機構または政治組織について

1　権力分立の意義と国家作用論の矮小化

さて、憲法といわれる分野の中で、もともとは憲法プロパーと考えられたのが、統治機構、政治組織であることは疑いがない。一七八七年にアメリカの合衆国憲法が作られた時に条文化されたのは統治機構の分野だけであり、その後、一七九一年に一〇か条の最初の人権条項が設けられ、そこで初めて全体として統治機構プラス権利保障という、今日的な憲法典のスタイルが出てきた。

統治機構の問題について、まず「権力分立の意義と国家作用論の矮小化」について検討し、次いで、国家作用論や統治機構論を再生させる必要がある、あるいは再生しつつあるという点にふれた後、新しい論点として、地方自治体のやるべき事業として、ヨーロッパではごく常識的であるが、地方自治体が市民に墓地を提供する義務があるという問題を取り扱うことにする。

わが国には、都道府県と市町村を合わせると、現在一七六五の地方自治体があるが、ただ、市といっても、現在二〇ほどの政令指定都市があり、これはいわば府や県からの独立宣言をした基礎自治体である。というのも、一級河川、高校や警察に関する事務は県や府が持つが、それ以外の事務は、例えば京都市、大阪市などにすべて下ろすことになるので、府や県とほぼ対等な立場になる。これが政令指定都市の強い立場を表している。しかも、東京都の二三区と二〇の政令指定都市を合わせると、いわば大都市圏に住んでいる人は今や日本の人口の二七・七％に上っており、四分の一強の人々が大都市に住んでいるという計算になる。他方で、自治体としてはもう消えるのではないかという「限界集落」のような話が問題になっているのが現実である。

（一）　国家作用の種別の問題

(1)　さて、固有の統治機構論の問題に移るが、今日では国が行うべき働き、これを国家作用と言っておくと、その国家作用を議論する際に、われわれは当然に、立法権、司法権、行政権という、いわゆる権力分立の議論をまず反射的に思い浮かべる。それは日本国憲法の影響もあって、憲法第四一条で立法、第六五条で行政権、第七六条で司法権について定め、まさしく立法権、行政権、司法権という言葉が出てくるので、三権分立、権力分立が採用されていることになる。ここで、「行政とは」と問われたときに、「引き算」とよく言われるように、およそ国家作用と権力分立とはワンセットで論じられる傾向がある。しかしながら、国が行う働きは必ずそのように考えなくてはいけないのか、初めから国が行う働きをそのように分類しなくてはならないのかは、実は大きな問題で、必ずしもそうではないということに注意を促したい。

そもそも、国家の作用というものについては、まずはどういう働きがあるかという区分をしなければならない。これは「作用の区分」と言うことができる。そして、その各作用や働きを区分するのは、別々の機関や組織に担当させるという意味を持つので、「機関の分離」ということを考える必要がある。むろん、機関の分離は、それぞれの作用を専門的に担当する組織を必要とすることになる。

このように、ある働きを性質上区分し、違う組織を作るのは何のためにするかというと、それぞれに割り当てをするからで、したがって、これは「権限の分配」という概念で表されることになる。すなわち、機関ごとに活動の範囲を割り当て、画定することが必要である。こうして、作用の区分、機関の分離、権限の分配によって国家の作用をどのように認識するかというときは、一般論として議論することができるわけで、ここにはまだ先に述べた三権分立のような権力分立論は登場してこない。およそ国家作用というものを考えるときは、以上のように考えることができる。

(2)　このような原理的な考え方をしっかり持っておくと、次に「理論上の種別」と「制度上の種別」ということが大事な論点として浮かび上がってくる。これはかつて京都大学におられた佐々木惣一博士が的確に指摘されたところであるが、別のやり方では、例えばオーストリアのハンス・ケルゼンなどのような純粋法学の人たちも同じようなことを述べている。

ここでは、佐々木博士の言葉を参考にしながら説明すると、国家作用の「理論上の種別」とは、どこの国でもあるような国家という社会一般の性質を考えたときに生まれてくる区分のことをいう。これにも、いろいろな分け方がありうるが、まず、支配作用と非支配作用との区別が語られる。この支配作用ということで分かりやすいのは、刑罰権・処罰権であるが、さらに課税権力も典型的なもので、税金をかける、取り上げる、徴収するというのは、支配作用の最たるものの一つで、きわめて強い。他方で、生活保護というものを考えると、保護するためにはその生活を全部把握しなければいけない。そこで、プロテクションはドミネーションに通じるという話がよくあるが、一般的にその中身は、強制的にお金を取り上げるという話ではなくて、主として金銭を給付して保護するものであるから、非支配作用として区別されることになる。

これとは別の観点に立つと、国家の存立の必要上な作用と、社会・国家の発展のために行われる作用というものを区別することもできる。国は何のためにあるかという社会契約論的な発想から考えても、前者、すなわち、われわれの共同生活を守るために必ず必要になってくる働きはいくつかある。まず、いろいろな国が対峙していれば国防は大事な問題であるが、国内の中にもいろいろな人間がいるので、やはり警察も大事になる。警察があるならば、犯罪を証明して、更生してもらうためにというように、刑罰を科すという働きも大事なことである。さらには、軍隊や警察を動かすためには当然お金が要るわけで、したがって財務という働きは当然に必要である。これらの活動は、例えば社会経済をもう少し良くするために、あるいはＧＤＰをもう少し拡大するために行われる働きとはまったく違う。もともと、われわれの国、あるいは政治的な共同体を認めるとすれば、それを維持するために最低限必要な働きがあり、これが、国防・警察・科刑・財務といった作用になる。

このように、国家の存立上必要なもろもろの作用と、もう少し今の社会を住み良いものにするという意味で、社会・国家の発展のための作用というかたちで分けることもできる。社会国家をもう少し発展させるとか、もう少し良くするために行われるもの、例えば産業の振興を図る、労働政策を推進する、貿易を発展させるなど、もろもろの働きがあるが、しかし、それは国として、必要最小限、現状を維持するために必要かというと、必ずしもそうとは言えない。そこで、国の存立上必要とされる働きと、そうでない働きを区別することもできるわけで、このような区分も「理論上の区分」として考えられる。

(3)　一方の「制度上の種別」は、時間的・空間的に特定された、したがって特定の国や国家群について見た場合に、そこで現に行われている区分のことを言う。その意味で、実際の国家作用の区分を問題とするわけであるが、その近代的な議論として、言うまでもなく、ジョン・ロック、あるいはモンテスキューを開祖とするような権力分立の議論がある。これは、いわばユニバーサルにデザインされたものではなく、フランス人モンテスキューが一七二九年にイギリスに行き、一七三一年に帰国して、滞英時に見たイギリスの憲政の実情を基に理想化された理論を、「これが望ましい」というかたちで一般論として展開するという、一種の操作をした成果である。したがって、あくまでも時間的、空間的に特定され、制約された議論だということになる。

とくにモンテスキューに強く影響されたものが、権力分立論の中での三権分立という形で広く流布されることになった。アメリカ合衆国の憲法は、実際、モンテスキュー的な権力分立論に強い影響を受けている。なぜかというと、アメリカの憲法は一七八七年に制定されたが、モンテスキューの『法の精神』が刊行されたのは一七四八年で、年代的にかなり近い。そういう意味で、制度上の区別にすぎないはずの立法権、行政権または執行権、および司法権という区分の仕方が当然のように定着したと言えるかも知れない。

（二）　三権分立論への過度のコミット

(1)　そういう意味での権力分立や三権分立はよく知られているが、ここで「三権分立論への過度のコミット」と微妙な言い方をしたのは、あまりに入れ込み過ぎているということを申し上げたいからである。先ほど述べたように、権力分立論や三権分立論は、時代的に制約された考え方であり、したがって、本来、それは「理論上の種別」ではなく、「制度上の種別」にすぎなかったが、これが一般化したために「国家作用は」と問われたら、反射的に「立法・行政・司法」と答える傾向が強いわけである。

しかし、ここで改めて注意したいことは、あくまでもモンテスキュー的な議論は、法を立てる、法を作る、それを執行するという点に着目した国家作用論にすぎない。日本でも、そういう議論を知っていたので、幕末から明治にかけて「政体」書というものを定めたが、そこには、「立法権・行法権・司法権」――「行政権」とは書かない――と記されており、法を立て、法を行い、法を司るという三つを対峙させるかたちで書いている。法を立てること、それを執行することを中心にして考えると、立法・行法・司法の三権となる。

(2)　このように権力分立論（三権分立論）のメルクマールや基準は、法を立て、それを執行するという点に着目したものである。したがって、それは古くから国家作用についてはいろいろな理論上の区別ができるが、その全部を覆い尽くしてしまうような分類とは言えない。国家の働きのすべてが立法、司法、行政に埋没してしまうと言えるかというと、かなり怪しい。その点が、多分、三権分立論の落とし穴であって、いかにも国家作用の全体を論じているように見えながら、国家作用の全体像は実は論じていないように思われる。現実の国家が行う、あるいは行うべき働きが、すべてそのような権力分立論（三権分立論）によってまかなわれるかというと、かなり疑わしいと言わざるをえない。実際、後で述べる、例えば軍事、あるいは外交というような作用は、法を立てて、法を執行するというところに核心があるわけではないのである。

そのような問題が、時に憲法論でこと新しく、例えば行政とは何かというときに、それは執政のことであるとか、法律の執行であるとかいう議論と密接に連動している。法を立てて執行するという側面にだけ着目して分類を立てよう、すべてそれで押し切ろうとすると、位置付けが微妙になってくるものはたくさんある。そのことを少し考え直した方がいいのではないかというのが、「過度のコミット」という表現の意味である。

(三)　自由保障・権利保障との関係

(1)　これは、もう少し別の論点から権力分立論を見直すことを意図するものである。つまり、モンテスキュー的な権力分立論がもともとなぜ唱えられたかというと、権力を持つ者は濫用しがちであり、権力が集中すると自由がなくなる、ということが基本にあって、それを分散しようということであるから、いわゆる自由権の保障というためには権力分立論はきわめて有効と考えられる。要するに、国が活動する範囲を狭めれば狭めるほど、しかも、その権力を別のものに分けるほど自由の余地が生まれるわけで、このことは、ほとんど論理の示すところと言ってもいい。

(2)　ところが、現在、われわれは、憲法が保障する権利は自由権だけだとは考えてはいない。自由権の他に、むしろ国の積極的な関与を求める国務請求権があり、それは裁判請求権一つを取ってみても、国が積極的に動いてくれなくては困るというものである。生存権もそうであって、生活保護を充実させるというのであれば、国が税金を徴取し、積極的に分配するという機能を果たしてもらわなければ困るものである。したがって、財政の働きとして、所得の再分配という機能がよく言われる。このことなどを考えると、権力を分立したからといって、国務請求権が当然保障されるという話にはならない。したがって、権力分立論は、自由権保障のためにはきわめて有用な議論だと考えられるが、国務請求権や、社会権、あるいはわれわれが国政に参加するという参政権を考えてみても、伝統的な自由保障のために説かれた権力分立が適合的だということにはならない。

その意味での権力分立論、あるいは三権分立論にあまりに入れ込み過ぎると、すなわちそれに「過度のコミット」

をすることは、必ずしも当を得たものではないのではないか。したがって、佐々木博士のことばを借りると、「制度上の種別」にとらわれた議論からいったん離れて、「理論上の種別」という議論に立ち返ってみる必要もあるのではないかと思われる。

2　国家作用・統治機構論の再生

(一)　執政・財政の重みと「五領域説」の魅惑

(1)　さて、一九世紀までのドイツ国家学の傾向としては、五つの領域に分けて考えるのが普通の議論であった。すなわち、外務・内政・財政・司法・軍事というものに分ける議論である。そのうちの内政や司法などの部分を切り取ると、今日言うところの権力分立論が現れる。しかし、そこでの外務の位置付けというのは、ジョン・ロックがそうであったように、必ずしもはっきりしない。国家作用を国という政治的共同体の名義人が権力的に国民を支配するという働きだと見ると、外交にはそういう要素がない。したがって、それを権力分立論の中で議論するのか、それとは別に議論するのか、ジョン・ロックの時でもすでに問題になっている。そこで、改めて「理論上の種別」という点に立ち返る必要がある場合には、古典的な五領域説も時々振り返ってみる必要があるのではないかと思われるのである。

いわゆる執政権や首相権限などを、法の定立、執行という観点だけでみると、必ずしもうまく捉えられない部分がたくさんある。「行政権は何ぞや」と問うて、「国家作用の中から立法と司法を差し引いた残りだ」と言っても、何の積極的意味もない。では、残されたものはどういう性質・内容をもつ働きかと言われたときに、答えようがないわけである。

そのときに出てくるのは、執政という固有の領域があるのではないかという議論である。もちろん、それを否定する議論もあるが、そのような執政という考え方にも、いわゆる法の定立、執行というところからではなく、もう少し違う視点から見る必要がありはしまいかと考えられる。

(2)　また、財政もそうである。日本の国の財政は、現在、一千兆円になる負債を抱えていて、それが累計で年々ふえているという状況は、財務省のホームページでも公表されている。そこで、これをどう改めていくかという問題があるが、そのためには、原理的には、入りを多くすること（歳入増・税収増）、少なく出すこと（歳出減）、それに、最低限、プライマリーバランスの黒字化を図らなければならないが、それがなかなかうまくいかない。それにはいろいろな原因が考えられるが、頻繁に国政の選挙があって、社会保障の削減、増税という話をすると選挙に負けるから、選挙になるとそういう話は封印される。その意味で、頻繁な国政選挙は累積債務残高の問題と密接に結びついている、と私は考えている。

それはともかく、財政の問題は、古典的な五領域説の中でも、重要な働きとして認識され、それをコントロールすることが大事だと強調されたが、三権分立・権力分立に焦点を当て過ぎたために、財政をどこに位置づけるべきかがわからない。そこで日本で展開されたのは、予算を立てることが立法かどうかという議論であるが、この点について言えば、中身としては、予測的な算定をして、それを政治計画として実行するのは、紛れもなく行政であり、いわゆる執政の内容に属する。その執政の働きを法律という器の中に収めて議会を通すかどうかというのが、予算の議決形式、つまり法律形式かどうかの問題であるから、中身とは関係がない。有名な『予算権論』を書いたパウル・ラーバントですら、法律の中身は実質的意味の法律とは限らないと述べている。

(二)　議院内閣制の運用問題

(1)　そのような古典的な議論はともかく、現在も問題になるような論点に関わることと言えば、議院内閣制の問題がある。国家作用論、あるいは統治機構論の一つの問題として、大統領制にするか、それとも議院内閣制にするかという問い掛けがある。国民と議会との関係を尋ねるときには「代表民主制」かどうかという議論をするが、議院内閣制か大統領制かは成り立った議会と政府との関係を論ずるときに論ずるものである。日本の学界ではこの区別が曖昧で、何を問題とするかというのがはっきりしない議論があるが、ヨーロッパの憲法の体系書などを見ると、明確に分けて議論されている。

(2) ところで、わが国はイギリス式の議院内閣制を採用していると一般的に言われ、多くの憲法概説書にもそのように記されている。しかし、本当はイギリス流ではなく、しかも、その運用の実際は、イギリスとは大きく異なっているということに注意する必要がある。

まず、イギリスに憲法典はなく、議院内閣制を形づくる種々のルールは、主として国政上の習律として存在しているが、この点を措くとしても、大きく違う点が二つある。第一に、イギリスの議院内閣制では、すべての大臣が議員でなければならない。もちろん、いわゆる民間人を登用することはできるが、補欠選挙などがあった場合には、すぐに選挙に出て選挙の洗礼を経た者が大臣のポストに就くことになる。

日本の場合には、例えば、民主党政権時代に森本敏氏が防衛大臣に就任されたが、防衛問題という重要ポストに選挙の洗礼を経ていない人が就くというのは、イギリス式の議院内閣制ではありえない。個人的には立派な方だとしても、これは政治責任という問題であるから、選挙の洗礼を経た人がなるのが当たり前の話になる。民主党の中でその適任者がいなかったのか、貧乏くじを引きたくなかったのか、森本氏に依頼したというのが実情であろう。その時におかしいではないかと違和感を持った方はかなりいたようで、民間人を登用するのは結構であるが、そういう重要ポストに選挙の洗礼を経ていない人を就けるということは、全体の政治責任の問題からすると問題ではないかという、原理的な批判が可能であろう。日本の内閣の制度は、憲法第六八条の規定から、憲法上、ぎりぎり半数までは国会議員でなくてもいいということになっているので、イギリス式とはベクトルが逆に向いている。どちらかというと、内閣総理大臣は大臣の自由な任用ができるということであるから、アメリカの大統領的な要素を持っているといってよい部分がある。そういう意味で、無反省に日本の議院内閣制はイギリス式だと言われると、明らかに違うと言わざるをえない。

もう一つは、イギリスでは首相の指名を国会で行うことはない。上院議員は現在七五〇人余りいるが、一代貴族がほとんどで、公選されることはない。したがって、いわゆる庶民院、下院だけを国民は選ぶのであるが、そこで指名の議決をするわけではない。多数派の代表だと目される人を国王（エリザベス女王）が呼んで、組閣を命じて完結する。議会の代表や多数派がどれか分からないことが確か一九五〇年代にあったが、そういう時は女王（国王）の選択権が働くことがありうる。日本では議会で首相指名選挙をするわけなので、それはありえない。しかも、衆参両院の権限として、いずれの議院も首相指名権があるわけで、参議院にも大臣のポストをという従来の組閣運用と結び付くわけである。そういう点でも、ミクロ的に見た場合、イギリス式とはかなり違うことになる。

(3)　さて、マクロ的に見ると、「運用への懐疑」というべき問題があるが、この点でもイギリスとは大きく違っており、これが二つの点で見られる。一つは、内閣提出の法律案・条約案と政令制定件数に関連している。というのは、日本の場合は二院制・両院制をとっていて、しかもそれぞれ直接選挙で選ぶ仕組みになっているので、国政選挙の影響が大きいが、ドイツの議会はほとんど一院制で、下院議員の選挙しか行わないし、イギリスも庶民院、下院議員の選挙しかない。フランスは、上下両院があり、ともに選挙されるが、上院は間接選挙なので、直接選挙で選ばれるわけではない。イタリアの上院は下院の半分ほどの議員を持ち、権限もほぼ対等で、下院も上院も解散するというスタイルをとっていて、国政がなかなか動かないという憾みがある。

イギリスの下院議員は五年任期で、しかも数年前に議会任期固定法という法律が定められて――これがいいか悪いかは難しい問題である――とにかく任期満了まで職務をまっとうするというのが大原則である。下院の解散というのは、内閣でいわば議員の首を切って無職にするわけであるから、そういうものが首相の専権事項で自由に行使できるという話には本当はならない。解散は強力なかみそりのようなもので、そんなかみそりを自由に使ってもいい、憲法上制約はないという議論は、それとして解るものの、めったやたらに使うものではないので、国政選挙は——上院選挙はない——五年か四年に一度しかなく、投票率も高くなる傾向にある。

日本の場合、国政選挙は、例えば参議院議員の選挙の結果によって内閣が動揺する例があるように、直接選挙の影響が大きい。参議院は三年に一度必ず通常選挙があり、総選挙は、二〇〇〇年から数えても十数回行われており、戦後、日本国憲法が施行されてから今まで、両院を合わせて大体一年七か月ごとに選挙をやっている計算になる。衆議院議員の選挙のほかに参議院の選挙を実施するので、そのたびに政権が脅かされることになる。「安定政権」と言葉では言うが、まったく怪しい話であって、政権は常に選挙に脅かされるという運用になってくるので、思い切った政策をとることはできない。例えば、社会保障関係費を削ると言うと票が入らない、税金を上げると言うと同じように票が入らないわけで、今回は増税を延ばしますと言ったら票が入るということになる。頻繁な国政選挙は明らかに政権の安定をもたらさない。そういう意味で通常の議院内閣制の運営とはずいぶん違うというのが、第一に注意すべき点である。

もう一つは、「与党の事前審査」というものである。自民党政権ならば自民党、民主党政権ならば民主党という与党の中で法案の事前審査をやってしまうので、表向きの国会ではほとんど審議はしないというのが、現在では普通の議会運営の状態になっている。そのため、国会審議の形骸化に結び付くことになるが、では、同じ議院内閣制をとっているイギリスもそうしているかというと、そうした運営は行われていない。フランスは議院内閣制と大統領制の混交形態であるが、同じようにそのような状況にはないし、ドイツでもそんな運営は見られない。

なぜ同じ議院内閣制の国なのに、日本だけあって向こうはないのであろうか。その根本的な原因はどこにあるのだろうか。私は、一つの答えとして、結局のところ、立法期の問題に帰着するのではないかと考えている。要するに、日本では議案審議がいわば短期決戦であって、外国はすべて立法期という制度をとっているので、例えば、四年間は議案をずっと継続するが、日本はその四年間あるいは三年の任期をさらに細分化した会期制をとっており、その短い会期の中で全部案件を処理しなければいけないので、議会で悠長なことをやっていられないわけである。そうすると、事前に与党の中で官僚も取り込んで法案の審査を行い、議会に提出したら、あとは通すだけというようになって、野党も日程闘争に力を注ぐことになる。こういう立法期の不存在ということが、与党による事前審査の慣行に関連しているのではないかと考えられる。

このようにみると、同じ議院内閣制といっても、その運営のしかたはまったく異なっている。先ほどミクロ的に憲法の条文に即して検討したが、マクロ的に見てもこれほど違うわけである。そうすると、イギリス式のモデルで議会制度を運営をしようといって、小沢一郎という政治家などが頑張っておられた時期があるが、前提がまったく違うので、イギリス式の運営にすればよいというものでもない。では、立法期の制度にすぐ変えればいいと思われるかもしれないが、憲法を改正しないとできない部分もあって、単なる国会法の改正では済まないところがあるので、実は大問題に発展することになる。そうすると、現状でいいではないかという意見の方が大勢を占めて、ずっと今日まできている。その意味で、やはりもう一度統治機構論を問い直すことが必要ではないかと考えられる。

ここでもっと強調したいことは、このような議院内閣制の運用を見つめる眼の問題である。つまり、単に憲法の規定だけでなく、広く国政全体のあり方について一定の見識を持たなければならないということである。それを持てば、比較法的に外国ではどう運用されているか、その前提は何かという議論に発展していく可能性が開かれる。そういう意味で、条文そのものの解釈も大事であるが、同時に、国政全体のあり方について、一定の見識を持つことが必要であって、憲法を見る眼はかなり広がりを持っていなければならない。少なくとも、従来の憲法解釈論だけでは必ずしも立ちゆかないところがあるという自覚をもつことが大切であろう。

3　地方自治論への新視点

⑴　一方、地方自治に目を向けてみると、道州制論などは盛んに行われてきたが、その主な論点は、基本的に、基礎自治体である一七一八の市町村は残して、その上の包括的な広域自治体としての都道府県をなくし、より広い範囲で自治体を見直そうということだと言えよう。

しかし、道州制論があまりうまく展開しないのか、あるいは地域の線引きが難しいということがあるのか、今は少し下火になっているように思われる。線引きと言えば、北海道、四国、九州はそれで完結する包括地域となるが、例えば、三重県の人の意識として、中京圏に属するのか近畿圏に属するのか、その帰属意識は微妙であって、このような地続きのところは問題になる。また、地方自治については、税源移譲と権限移譲という大きな問題がある。いわゆる権限移譲論は、そこにまず収入分を渡す税源移譲をしないと進まないが、そうしたさまざまの論点がある。しかし、ここでは、これまでの地方自治論でほとんど議論の対象とならなかった論点、すなわち地方自治体の墓地提供義務という問題について、少し詳しく検討することにしよう。

⑵　ドイツにしろ、オーストリアにしろ、フランスにしろ、すべて自治体が多くの墓地を持っている。バイエルン州では、憲法の明文で、墓地を住民に提供する義務があることを書いているし、イタリアでもその旨を法令で明記している。日本の場合は、市営墓地ももちろんあるが、すぐに寺院墓地のようなものが念頭に浮かぶ。そして、一度買ったら、その墓地の区画はずっと自分のものとして使えると思うところがある。しかし、ヨーロッパの市営墓地ではそういうことはありえないのであって、だいたい一〇年、二〇年または三〇年で期限が切れることになっている。なぜなら、もともと市営墓地は、行政法的に言うと公物であるから、永久に一私人あるいは一つの家族が使えることはありえない。むしろ、公物を期限を区切って貸す、特定の使用権の設定をするということになるが、もちろん更新は可能である。

ここで、例えば名古屋とパリ、あるいは横浜とベルリンを比べてみると、名古屋の人口とほぼ同じなのはパリであるが、名古屋では市の墓地は一五しかないのに対し、パリでは二〇ほどある。宗派墓地として伝統的なカトリックやプロテスタントの墓もあるが、市が主体になって市民に墓地を提供するわけである。人口三五〇万人というベルリンは、同じくらいの人口をもつ横浜と比べると分かるが、ベルリンの市営墓地が八六か所あるのに対し、横浜の市営墓地は五か所にすぎない。

さらに興味深いのは、主管する部局の問題である。日本の場合、墓地は、墓地埋葬法という特殊な法律があり、厚生労働省の管轄とされるので、地方自治体でもすべて公衆衛生に関わる問題として保健部局の生活衛生課が担当することになる。ところが、ベルリンを見ると、都市計画局の問題であり、ウィーンの場合には文化局の問題とされる。そこでは、例えば墓地という公園を造るわけであるが、日本の場合は、寺院で立派な墓地を持っている方は、そのファミリーで立派な大きい墓を持つという構造になる。

ヨーロッパの場合には基本的に土葬で、棺に入れて埋葬するわけであるが、日本の場合は、亡くなった方のうち九九・九五六七%が火葬になる。二〇一三年（平二五）の実績で言うと、土葬は都会ではほぼないが、田舎ではまだ一部あって五七〇人ぐらいが土葬になっている。このように、日本の火葬率は一〇〇%に近く、世界各国の中では異常な高率である。ちなみに、ヨーロッパでみると、イタリアの火葬率は一三%、フランスとオーストリアは三〇%くらいで、イギリスは七三%と少し高くなっている。他の国は土葬が基本であるからもっと低いわけである。したがって、公衆衛生の問題が発生することになる。すなわち、亡くなると腐乱状態になり、例えばいろいろな有害なものが井戸などに入ってくるとまずいことになるので、公衆衛生の問題として位置づけられることになるが、日本のようにほとんど火葬だと、基本的には公衆衛生の問題は生じない。そういう点も考えると、パリのように緑地環境局で所轄するということもありうるであろう。日本のように、例えば名古屋や京都などのような、衛生局で担当するのが当たり前という感覚ではない。日本は衛生局で担当するものの、基本的に衛生上の問題はないので、そこには大きなずれがあると言わざるをえない。

そのことも問題であるが、ここでは墓地提供義務が自治体にあるということを自覚した上で、自治体で墓地の達成といった事業を積極的に進めるかというと、そこにも問題がある。つまり、市の墓地というのは、例えば京都市の場合は人口が一四七万人であるが、市営墓地は六か所しかない。年々亡くなる人もたくさんいるのに、すべて市営墓地に納められるかというと、そんなことはなく、そもそも墓地の募集がなかなか出ない。もちろん、無縁墓地になったら完全に撤去することができるが、そのための手続は簡単ではない。それは墓地改葬手続といって、まずは権利者を探さなければならず、権利者がいれば、その人の承諾を必要とするので、官報に墓地改葬公告というものを出して、この墓地はやがてすべて取っ払って共同墓地の方に移すということを明記した上で、誰も異議申立てがないとなったら初めてできるという制度なので、相当の時間がかかる（年平均で二五〇件程度）。

それはともかく、なぜ墓地を自治体が提供する義務があるかといえば、亡くなったらみな同じで、弔う人は誰もいないということではなくて、市町村が責任を持って墓地を提供し、死者の尊厳を守るためである。死者に対して対等に尊厳を払うことでもある。

この死者の尊厳という考え方は、死者それ自身の尊厳のように思われるが、実は、われわれ生者の、死者に対する態度や姿勢を表すものである。したがって、それはわれわれ自身の問題であって、生者の姿勢、態度を映す鏡が自治体の墓地提供の義務という問題になり、そのことをわれわれは死者の尊厳と言い習わしているわけである。つまり、死者の尊厳を語るということは、人間の尊厳を語ることに通じる。そこで、次に人権や基本権の問題に移りたいと思う。

三　基本権保障と「人権擁護」とのあいだ

1　古典的な「人権保障」論

古典的な人権保障論は、あくまでも個人や団体と公権力との関係を問題にするものである。分かりやすい例で言うと、私人と公務員との関係で意味をもつものということができる。人権に相当するものとして、憲法上保障された権利ということで、基本権（Grundrechte）という言葉を使うことがあるが、これは、ワイマール時代のカール・シュミットが使ったような、いわば国家に先立つ権利とされる「基本権」というものとは意味が違っている。

そうすると、例えば、AとB、あるいはAがBの会社に入ったというような、いわば民・民の関係はどうするかといえば、伝統的には今言った基本権の立場から見ると、憲法の権利保障規定の適用の問題とはならない。そこで、しばしば私人と私人との関係については、憲法の規定を間接的に及ぼすのだという、間接的な効力説というものが通説的に語られた時代がある。これは一定の前提を置くと、そうならざるを得ない。別の見方をすると、たとえば私人と私人との関係を規律する基本的なものは民法なので、民法の規定を憲法に適用するように解釈するのだから、民法規定の合憲的な解釈と再構成することも可能であろう。

さて、その点は措くとして、古典的には個人ないしは団体と公権力との関係が憲法による基本権保障の本来の意味であるということは、ほぼ定説的に言われてきた。これについては人権世代論が語られることもある。この第一世代というのは、例えば自由権と平等を保障するというもの、第二世代はいわゆる生存権や社会権を含むもの、そして第三世代は国際人権論の話でよく出てくるが、例えば環境の問題、あるいは社会的な連帯に基づくさまざまな義務や権限を言うことがある。それを含めて民・民の関係ではなく、公権力とわれわれとの関係を規律するのが、憲法による権利保障の基本であることは疑いない。

2　新たな「人権擁護」論

⑴　これに対して、これから扱う政府の関係政策は、まったく別の方向に走り出しているように思える。これについては、法務省の「人権侵犯事件」資料を見るとわかるように、一年間で大体二万二〇〇〇件くらいの人権侵犯事件が認知件数として存在している。法務省には人権擁護局があるが、全国の高等裁判所があるところには法務局があり、その下に地方法務局がある。全国八か所ある法務局の中には、人権擁護部があって、そういうところで人権相談員などに正式に相談されたものを取り上げて調査をした件数がその数字であるから、隠れている人権問題はもっとたくさんあると考えた方がいいであろう。

では、これがすべて、われわれが先ほどから議論している基本権侵害あるいは憲法違反の問題かというと、そうはならない。もちろん、公務員や刑務職員が関係していれば、明らかに憲法問題となる。個人と公権力との関係だからである。しかしながら、法務省の人権侵犯事件で挙げられたそれ以外のもの、例えば差別待遇やプライバシー関係、住居生活の安全や学校におけるいじめといった問題は、基本的には子供と子供、児童と児童などの関係で生じているものである。そこに公立学校の先生が関係していれば、憲法問題にはなりうるが、そうでない限り個人と個人の問題なので、基本的には憲法問題そのものではないはずである。しかし、法務省では、それを含めて人権侵犯事件として調べていることになる。その調査のための根拠規定は何かというと、平成一六年法務省訓令第二号「人権侵犯事件調査処理規程」というものである（旧規程は昭和五九年に制定されたもの）。これは、もちろん、小さな六法には載っていないし、大六法にも載っていない。それは、法務省訓令ということで分かるように、国会が制定した法律ではないので、個人に対して強制的に義務付けるわけにはいかない。もちろん、「相談があったので、ちょっと来てください」

「話を聞かせてください」ということは、本人が同意すればできるが、無理やり身体を拘束して調べることなど、およそ不可能である。

(2)　さて、その具体的な内容を、人権侵犯事件統計資料に即してみると、新しく受けたものと、一年前から受けているものを合わせると総数になるが、これが二万三五九三件ほどある。その内訳をみると、公務員等の職務執行に関する人権侵犯事件というものがあって、まさしくこれは憲法問題となりうるが、しかし、それは七五三四件にすぎない。これに対して、私人等に関する人権侵犯問題、私人と私人との関係で生じたものは一万六〇〇〇件余りであるから、広く「人権侵犯事件」と言われる総件数の六八％は、基本的には私人と私人の関係であって、憲法の基本権規定の直接適用という分野の問題ではないわけである。これを含めて、法務省としては全体として人権侵犯事件と扱っているので、われわれが憲法で専門的に勉強している基本権問題と違うかたちで動いているわけである。

3　政府の「人権擁護」関係施策

(一)　人権擁護施策推進法から人権教育・啓発推進法へ

(1)　さらに政府は、実は、そのような線に沿って、関係施策を進めてきたというのが実情である。その一つは、人権擁護施策推進法（平成八年法律第一二〇号。平成一四年三月五日失効）という全四か条ぐらいの短い法律ができ、それから、全九か条からなる人権教育・啓発推進法に移っている。その背景には、一九九四年（平六）一二月に国連において「人権教育のための国連一〇年」という決議があり、それを受けて国内的にも措置をしようということがあって、行動計画まで作られた。

人権擁護施策推進法は、時限立法で、平成一四年三月に期限切れで失効したが、この法律で作られたのが人権擁護推進審議会である。その成果もまとめて、議員立法で新しく作られたものが、先ほど述べた人権教育・啓発推進法

（平成一二年法律第一四七号）——正確に言うと、「人権教育及び人権啓発の推進に関する法律」——であるが、二〇〇二年（平一四）には、そのために人権の啓発などに関する基本計画が政府で策定され、閣議決定された（三月一五日）。

⑵　ところが、奇妙なことに、今述べた人権擁護関係法の中で、人権をどう捉えているかということは、憲法で定められた公権力との関係での権利保障規定を基本的人権と言い、それに関わる問題を人権問題と言ってきたわれわれとしては気になるが、法律では何も定義されていない。

しかし、二〇〇二年（平一四）に閣議決定のあった「人権教育・啓発に関する基本計画」の中で、わずかに人権とは何かということが記されている。それを引用すると、「人権」とは、「人間の尊厳に基づいて各人が持っている固有の権利であり、社会を構成するすべての人々が個人としての生存と自由を確保し、社会において幸福な生活を営むために欠かすことのできない権利」というものである。ここには、公権力が相手だということは何も記されていないので、誰との関係でも主張しうる権利ということになる。つまり、人間同士がこれを尊重し、幸福な生計を営むために守らなければいけない権利だと想定されているので、家庭の中でも学校でも、私立学校の中でもどこでも主張しうるわけで、その分だけ人権問題の範囲はぐんと広がってしまう。そうすると、例えば、私人と報道機関との関係や犯罪の加害者や被害者のところにメディアはスクラムで押し掛けるが、これらはすべて人権問題となる。

（二）　人権擁護法案の行方

⑴　ところで、先ほど述べた意味での人権擁護のための具体的な措置を盛り込んだものが、二〇〇二年（平一四）から始まり、二〇一二年までの一〇年間に三件ほど国会に提出された。その詳細をここで検討する余裕はないが、基本的には、先ほど述べたように、本来、一般国民に対して強制力が本来なかった法務省の訓令に対して、法的な強制力を与えようというもので、内容はかなり似ている。というのも、委員や職員が立入り、検査、質問というかたちで強制調査を行うことのできる人権委員会——これは国家行政組織法第三条に定める独立行政委員会になる——を法務

省の中、法務大臣の下に設けるというものだからである。強制調査であるから、当然、拒否したり違反したりすると、罰則が科される。これは、元をたどれば国連の決議に基づくものであって、その意味で私は、一連のこのような政府の動きがおかしいと批判しているわけではない。ここで注意したいことは、われわれが考えてきた憲法上の人権問題、憲法問題としての基本権問題、つまり基本的人権の侵害といった問題とは違うところで「人権」擁護が語られている、という事実を知っておく必要があるということである。

さて、その中で大きな論点になったのは、当初の人権擁護法案によれば、報道機関による取材活動も当然に規制対象になるということである。それはありうる人権侵害の一つとなっていて、法定の要件に当てはまると罰則が科される。なお、事業主と労働者との関係については、「労働関係特別人権侵害問題」という特例が設けられており、今度は、独立行政委員会として想定されていた人権委員会ではなく、厚生労働大臣がじかに強制力を発揮できるという仕組みになっている。要するに、普通の労働関係の場合、労働者と事業主との間に「人権」侵犯事件があったら、特別人権侵害問題として厚生労働大臣が直接強制力を発揮できるということになる。これが船員の場合には、国土交通大臣がそのような特別救済措置を講ずることができるということも法案化されている。

(2)　そのような内容をもつ人権擁護関係の法案であるが、これには、先ほど述べたように、二〇〇二年に内閣が提出した「人権擁護法案」、それが廃案になった後、二〇〇五年に民主党から提出された「人権侵害救済法案」に引き継がれたが、これも廃案になったので、再度内閣から二〇一二年に提出された「人権委員会設置法案」という三つがある。しかし、そのたびに強い批判を浴び、廃案になったため、内容的にも大きく縮減されてきた。最初の内容は、先ほど紹介したように、かなり範囲が広く、とくに報道機関にとっては、取材に行っただけで特別人権侵害問題になりうるというわけであるから、とんでもない話だということになる。そのため、二〇一二年の「人権委員会設置法案」は組織的な規定に絞り込んで狭くまとめられ、報道機関については要するに自主規制に委ねることしか書かれていない。その意味では、報道機関にとっては結構なことかも知れないが、すべて廃案になっているので、国連決議に基づいた具体的な法案になりうるかどうか、依然として分からない状況にある。

いずれにしても、一連のこのような人権擁護法案の行方や内容を見ると、伝統的な憲法では必ずしも正面から取り扱われなかった問題に対する取組みが求められていることは確かである。したがって、憲法学としては、あらためて人権とは何であるかを考えさせられるし、広く人権と言われるものの中で、基本権、つまり憲法上規定された人権であって、公権力とわれわれとの関係を規律する部分だけを特別扱いにするということの意味について、もう一度考え直す必要が出てくるであろう。むろん、先ほどみたような政府の取組みが一方的に悪いとも思えない。むしろ、それをも取り込んだ人権論、基本権論を考える必要があるのではないかと考えるものである。

おわりに

以上、いろいろなことを検討してきたが、要するに、憲法、あるいは憲法学で取り扱うべきことがらの範囲は、憲法というものをどうイメージするかによってだいぶ変わってくるだろうというのが、大きなポイントとなる。この点からすると、単なる憲法典の条文解釈にとどまるような従来の憲法論は、その範囲を広げる必要があるかも知れないが、すべての問題がいわゆる人権問題になっても困るわけで、あらためて憲法学が取り組むべき課題を限定する必要に迫られるかも知れず、根本的に考え直す必要があるのではないかと思われる。

2　憲法改正と憲法改革との間

一　「憲法」と憲法イメージとの間――憲法とは何か

1　「憲法」という言葉――多くの意味とニュアンスの存在

憲法を研究していると、いろいろな見方があることがわかって、かえってそのイメージがよくつかめないところがあるが、「憲法」といえば、とりあえずは現在の「日本国憲法」を思い浮かべる人が一番多いだろう。ただ、私どもが学生に向かって話す場合の「憲法」というのは、だいぶ異なった意味で使っていて、必ずしも「日本国憲法」の条文を議論するということではない。

まず、「憲法」という言葉は、明治一四～一五年ごろに翻訳言葉として固まった。それまでは「国憲」、つまり「国」の憲法の「憲」と書いて国憲、あるいは「建国法」、つまり「国を建てる法」というような表現も使われ、さらには、「政規」、つまり国政の規範ということで「政規」と言われたこともあるが、ここではとりあえず、一八八二年(明一五)ごろから、今の私どもがイメージしている憲法という言葉の意味が固まったものと理解しておきたい。

しかし、そのことを前提としても、果たして憲法典、つまり現在の「日本国憲法」だと一〇三か条あるが、そうしたまとまった憲法典のことを「憲法」と言っているのか、あるいは、そうではなくて、憲法典の規定を中心としてさまざまな法令があるが、その全体の姿を指して憲法といっているのかということによっても、考え方やイメージが異なってくる。

これが、「実質的な国政規範か形式的な憲法条文か」というところにも関連していて、ふつうは形式的な条文のことをよく憲法と言うが、私どもはむしろ実質的に国政を進める上で必要な規範や定めのことを考える。このように、言葉の受け止め方によってだいぶ憲法のイメージが違うということを、まず最初に確認しておきたい。

このように、一つの言葉が使われる場面に応じてさまざまな意味を持つことはよくある。わかりやすい例で言うと、「大変おめでたい」という言葉がある。結婚披露宴やお祝いの場に行って「おめでたい」と言えば、文字通りおめでたいのであるが、「あの人はおめでたい」と言えば、全然違った意味になる。そのように、同じ言葉が使われる局面に応じて違った意味を持ち、その中身を確定することは「概念」を定めることになるわけで、ここで問題とする「憲法」という言葉についても同じである。

2　成文憲法体制と憲法秩序

(1)　そういうことを踏まえて、広く憲法と言われるもの、憲法秩序というものを見ると、いろいろなかたちがありうる。私どもはそれを「実質的意味の憲法」と呼ぶことがあるが、その場合は、国政を進める、あるいは国政を組織立てる上で重要な規範や定めはたくさんあって、その多くのものからなっている秩序全体を指している。

この場合の秩序を大きく分けると、「成文憲法」と「不文憲法」に区分される。国政を進める上で重要な規範を考えると、「憲法典」を中核として国会で定められた制定法がかなり重きをなしているのが、成文憲法体制である。

世界の各国を見渡すと、このような成文憲法体制がかなり多いが、世の中はそう単純ではなく、イギリスにはそうしたまとまった憲法典は存在しない。いろいろと調べてみると、ニュージーランドやイスラエルもそうである。そういうところでは、むしろ慣習法や判例などの制定されていない規範が、かなりの重要な部分を占めていて、このような憲法秩序が不文憲法体制と言われる。もちろん、議会で制定されたものもあるが、その主たる部分は制定されていないもので、これによって国政が動いており、しばしば不文憲法という言い方がされる。

さて、日本が属している成文憲法体制という方を見てみると、実は、いろいろな要素から成り立っている。まず、国会・内閣・裁判所というような統治構造といわれる面に目を向けると、主として、そのコアになる憲法典があって、さらに、憲法附属法という重要な法律の一群がある。

これに対して、国民の権利を保障するという分野になると、もとより憲法典が重要になるが、そのほかに、憲法判例、特に最高裁判所で下した憲法判断が、相当の重みを持ってくる。そうして、最近重みを増してきたものとして、人権条約と言われるものもある。つまり、人としての権利について国際的な取決めをして、その中で権利を保障する、それを日本の中での国内法として使う場合に、人権条約が意味を持ってくる。

こうして、統治機構のあり方、そして人権と権利保障という全体の憲法秩序の姿を通して見ると、①憲法典がかなり重要であることは当然であるが、これとともに、②憲法附属法、③憲法判例、さらに、④人権条約といったものが、相応の意味を持ってくるわけで、全体の憲法秩序というのは、そうしたいろいろな要素から成り立っていると考えられる。

(2)　さて、その内容がある程度時代に合わなくなったので変える場合にはどうするのかというと、憲法典ほかの憲法秩序を成り立たせているさまざまな要素の中身を変えることになる。そうすると、まず憲法を改正するということは憲法典を変えるということで、日本の場合でいうと、日本国憲法の中身を変えることになる。しかし、そうではなくて憲法判例が変更されることによっても憲法は変わりうる。つまり、最高裁判所の考え方が変わることによっても、実は憲法秩序は変わりうる。さらに、とくに統治構造、つまり国会・内閣・裁判所という分野になると、先ほど言った憲法附属法の内容を改めることによって、全体の憲法秩序の一部が変わることもある。

このうち、憲法典と憲法附属法というものの関係については、憲法典は変わらないけれども、憲法附属法の改正によって憲法秩序は変わりうるということに注意する必要がある。例えば、日本国憲法の場合、施行後七〇年間、憲法典は全く変わっていない。しかし、明治憲法もそうであったが、伊藤博文が活躍したころの明治憲法と、一九四〇年（昭一五）前後の明治憲法の姿とはずいぶん違う。それが何によって変わったかというと、当時はもちろん憲法判例というものはないので、憲法附属法の内容によって変わってきたわけである。このように、憲法典だけを見ると全然変わらないが、全体の憲法秩序を見るとかなり動いている部分がある、というようにまとめることができる。

先ほど、初宿正典教授が、今日の講座の統一テーマである「秩序のかたちと揺らぎ」との間にどういう結び付きがあるのか、という謎を出されていたが、ここでその意味が分かるであろう。つまり「秩序のかたち」がしっかりしているということは、いわば日本国憲法という憲法典が変わっていないということを考えればいいが、全体の憲法秩序の問題となると、憲法附属法その他のいろいろな要素の変化によってそれがある程度現在は揺らいでいる、というようにまとめることができよう。

二　最高法規としての憲法典

1　憲法典の性格

そこで、憲法典あるいは憲法附属法というものについて、もう少し詳しく検討することにしよう。「日本国憲法」あるいは「大日本帝国憲法」（明治憲法）という場合の憲法典というのは、その国の最高法規・根本法だという言い方をされることがある。最も基本的になる国政規範ということで、憲法典がまず考えられるが、それにしても、それを、一体どういう性格のものとして考えるのか、どういう内容のものがそこに含まれているのかと考えを進めると、また違った見方が出てくるのであって、これと連動しているのが、憲法の条文の規定の仕方、その規定ぶりの問題である。まず、「憲法典の性格」という点を考えると、これはかなり誤解されている部分がある。つまり、日本国憲法といった憲法典を、(a)理想的な政策を宣言するものとしてみるのか、あるいは、(b)現実に役立ちうる実効的なものとして国政上の規範を考えるかによって、ずいぶんイメージが違う。ある人が、「要するに、憲法というのは理想を書くものだ」と、何かの座談会の時に言っておられたが、これは理想的な政策の宣言という憲法典の典型的な考え方である。理想を書くとすれば、実はどんなものでも入りうる。しかし、われわれは、最高法規として条文化する以上は、具体的にきちんと権利を保障するなど、実効的な規範として意味あらしめる、ということをまず考えるので、ずいぶんずれが出てくることになる。

次に、そのことと密接に連動しているが、本当に必要なことだけを書く、(a)いわば実用型の実利的憲法を考えるのか、そうではなくて、ある種の理想を盛り込んでいくという意味で、(b)イデオロギーとしての憲法を考えるのかによっても、憲法典のとらえ方が大きく違ってくる。

かつては、ドイツの憲法の中で一八七一年に制定されたビスマルク憲法があったが、これは実利的な典型的な憲法であって、議会の組織や権限、君主の地位と権限といったことだけしか書かれていない。これに比べると、現在の日本国憲法はいわばロマンティックな憲法であって、憲法第一三条のように「幸福を追求する権利」など、かなり柔らかい言葉で書かれている。これがイデオロギー的な憲法かどうかは別として、このように、国政の組織と運用に必要なものだけに絞り込んで書くのか、それとも、もう少し政策的なものを盛り込んで憲法の条文を書くのかによっても、憲法に対する見方は相当違ってくる。このことは、実は、憲法改正を考える場合にどこまで内容を改めるかという問題とも密接に連動することになる。

さらに、以上のことと関連するが、(a)実際に裁判でも使えるような条文にするのか、それとも、(b)裁判に役立つものだけでなく、国政が進む上での指針、目安を示す程度でよいと考えるのかによっても憲法の見方は大きく違ってくる。テレビ討論会などにおける憲法をめぐる政治家などの議論を見ると、それらのことがすべて、ごっちゃになって議論されているという場面が多いように、私には見受けられる。

2　憲法典の内容

次に、憲法典の内容を検証しよう。憲法典というのは、大体一八〇〇年ごろから世界各地でつくられるようになり、現在までいろいろなものがつくられている。そのすべてを検討したわけではないが、そこには、大体の傾向があることが分かる。それを要約すると、基本的には国政を組織し、運営するのに必要な、多くの法規範を定めるということになる。しかし、そこには、国民の権利を保障するという大きな目標があるので、そのために、国家の権力を分けることによって国民の権利・自由を保障する、という考え方が基本になる。したがって、少なくとも自由主義的な民主主義国家なら、統治組織については権力分立の原則を示すようなかたちで、必ずこれを定めるのが常である。

もう少しその点を詳しく見よう。これまでに制定された多くの憲法典の内容を通覧してみると、まず、①統治組織に関する規範、つまり、国会、内閣、裁判所の構成・組織をどうするか、日本の場合には天皇の地位・権限や地方自治のあり方など、国家機関や国の統治機構の全体的なあり方についての定めが「統治組織規範」としてまとめられる。

次に、当然のことながら、立憲主義の目標として、②国民の権利を保障しなくてはならないので、さまざまな自由権（思想・信教の自由や表現の自由など）を定めるとともに、参政権も確保しなくてはならない。さらに、裁判を請求する権利などの国務請求権が、国の積極的な行為を請求する権利として定められる（生存権も同じ）。これらは、「権利保障規範」としてまとめることができる。

それから、③「国際関係規範」というのは、例えば、日本と諸外国の間をどうするのかを定めるべきものであるが、日本の憲法にはこれが乏しい。辛うじて、外国との間で取り決めた条約などなどは日本国としてちゃんと守るべきだ、という趣旨をもつ憲法第九八条があるくらいであるが、ヨーロッパに目を転じると、衆知のように、EUの場合、伝統的な国の一部の主権をより大きな国家（＝EU）に移すことにもなるので、当然に国際関係のこともフランス、ドイツ、その他の国では必ず憲法の中に定められる。もし仮に、日本・韓国その他の国の間で「東アジア共同体」というような構想が具体的になるとすれば、このような問題で憲法改正をしなくてはならない場面が出てくるかも知れない。

さらに、④「国家目標その他」について言えば、ヨーロッパ諸国の憲法を見ると、国旗や国歌について具体的に条文化してあるところは、結構多い。むろん、そのことは、単に国旗・国歌といった問題にとどまるわけではない。例えば、フランスの場合であれば、国旗を三色旗としているが、これは自由・平等・博愛という大革命以来の理念を憲法の目標・スローガンとしてはっきり掲げるという意味を持っている。さらに、ドイツの憲法改正について言えば、環境保護に関する規定を憲法の中に盛り込んで、いわば国家の目標を示すことにした。そういうことも憲法典の中に取り込まれる可能性があるので、いろいろな規範や規定が憲法典の中に並んで登場してくることになる。

3　憲法条項の規定ぶり

残された問題は「憲法条項の規定ぶり」であって、それぞれの憲法の条項をどの程度詳しく書くかというときに、実はずいぶん違いがある。法治国家あるいは法治主義といっても、その法の書き表し方は、日本とヨーロッパではイメージがかなり違う。というのは、日本の憲法の場合はかなり簡潔なもので、端的に短く書き表すという傾向が強いが、オーストリアやドイツなどの憲法を見ると、こと細かにかなり詳しく定める例が多い。そこでこれを、(a)詳細に規律するタイプのものと、(b)簡短で概括的に定めるタイプのものとに分けることができる。日本の場合は、明治憲法をつくる場合に、すでに、その憲法に掲げるのは政治の大項目のみにとどめ、あとは運営に定める、という伊藤博文の示した基本方針があったが、実は、これが現在でも生きているように思われる。その場合に、(a)詳細に記述するタイプだと、いわば憲法典の規制する力は強いので、その分だけ憲法判例の役割も大きくなる。他方、(b)簡短概括型のタイプだと、憲法典が持っている規制する力はそれほど強くなく、代わりに、憲法附属法の役割が大きくなるという関係になる。

具体的に見ると、日本の憲法典はかなり短いほうに属する。明治憲法は全体で七六か条であったし、現在の日本国憲法は全部で一〇三か条であるが、経過規定である最後の四か条はもう意味がないので、実効的な条文は九九か条になる。ドイツの場合は、二〇〇六年八月の改正まで含めると、全部で一七〇か条になっている。スペインは一六九か条、ポルトガルはもっと長くて二九八か条で、連邦制のインドになるともっと増えて、三九五か条ぐらいになる。そのように詳しく定めるのか、もう少し簡潔なかたちで定めるのかは、それ自体研究の対象となるような、おそらく政治文化の違いがあるかも知れない。いずれにしても、日本はいわば簡短概括型の条項で明治憲法からずっと来ていることは疑いない。

この問題は、今述べたように、連邦制の国家であるのか、日本のように中央権力を一つにまとめる単一国家というタイプかによっても違う。一般的には、連邦制の国だと詳しく定める傾向があると言えよう。

三　憲法附属法

1　憲法秩序の変動と憲法附属法

憲法附属法の附属というのは、本体にくっついているということで、必ず「こざと偏」を書くが、それは憲法典が最高法規としてあり、それを補うかたちで国政上大事なものを定める法律として憲法附属法があるからである。憲法典という本体があり、それを補うかたちをとる憲法附属法が、次に重要になる。

例えば、日本の場合だと、皇室については皇室典範というのが重要になるし、国会・内閣・裁判所に関する法律が国会法・内閣法・裁判所法として制定されている。もっとも、国会法については、実は、その大部分の規定――衆参両院のそれぞれの内部事項を定めているもの――は憲法違反なのではないかという問題があるが、ここでは省略したい。また、内閣の下には各省庁があり、そうした中央省庁のあり方を定めている国家行政組織法、さらに、いろいろな国家活動を行うためにはお金が要るので、その適切な規律のために財政法が必要となるし、憲法で保障した「地方自治」を確実なものにするために、地方自治法というものも定められている。そういう各種の憲法附属法の全体が一緒になって憲法典を補い、それらが一体となって憲法秩序を形づくっているというのが、ここでのポイントになる。

そうすると、「制度改革の手法としての憲法附属法の改正」ということの意味は、これまでの憲法秩序が現在の実情と合わないので、何とかそれを違う方向に改めたいとなると、一つの考え方としては憲法典そのものを改めればいいのではないか、ということになるが、しかし、最高法規である憲法典にはまったく手をつけず、国会法や内閣法、あるいは国家行政組織法などの中身を改めることを通して、統治構造の改革を進めるということもありうることになる。

もちろん、そうした統治構造の改革それ自体に対する反対論も当然ありうるわけで、国政のあり方はすべて現状のままでいいのだということであれば、憲法典はもちろん、こうした憲法附属法もまったく改正する必要がないという議論に落ち着いてくることになる。

2　憲法附属法の二つの類型

そこで、そうした重要な役割を持つ憲法附属法にも、実はいろいろなタイプがある。考え方としては、要するに、憲法典は国政を進める上できわめて重要な最高法規であり、憲法附属法もそれを補うかたちのものなので、やはり国政にとってきわめて重要であるということになれば、普通の法律とは違うものとして取り扱うべきではないか、という考え方も当然成り立ちうる。

そこで、(a)「固有形式としての」憲法附属法という、やや硬い表現をとったが、例えば、フランスやスペインでは憲法附属法という一つの形式上のカテゴリーがあり、そうした種類の法律を憲法で認めている。このような場合だと、普通の法律を制定する手続よりはもっと難しい手続をとり、法案提出後すぐに審議に移るのでなく一定の期間を置いて慎重に審議をしたり、憲法との適合性を判断する仕組みを定めたりするなどしている。つまり、憲法典と同じような働きをする重要な国政上の規範を含んでいるという認識に立って、そういう法律は特別な形式・手続をとるのだというわけで、「固有形式としての憲法附属法」と表現することができる。

しかし、ドイツ、日本やその他の国では、そこまでのこだわりはなく、(b)ふつうの法律と全く同じ形式・手続で審議、議決される。ここが一つの考えどころになるわけで、このように柔らかさを求めるなら通常の法律で定めて、これを改正するようにすれば十分であると考えるか（通常法としての憲法附属法）、それとも憲法典と同じような役割を持つものだから少し慎重にきちっと議論をしようということになれば、普通の法律とは違う扱いをすることにするか（固有形式としての憲法附属法）、という点で、判断が異なってくる。

四　明治憲法と現行憲法との異同——二つの憲法をどうみるか

1　大きな相違——憲法の制定過程と基本原理

そういうことを前提にして、最後に現在の日本国憲法と明治憲法とを対比して、どう考えられるかを検討してみよう。その上で、現行憲法の憲法改正問題をどう考えるかという論点にも進んでゆきたい。

まず、明治憲法と現在の日本国憲法は、根本的に原理も違うし、考え方もまったく違うとしばしば言われる。実際にそれはそのとおりで、それぞれの憲法の制定過程あるいは基本的な原理を見ると、かなり大きく違っていることは承知のとおりである。

しかし、明治憲法と日本国憲法との間には、実は共通点もかなりある。つまり、かなり簡略なかたちの憲法の条文の作り方をしているし、憲法というものを一般国民がどのようにとらえるかという点でも、ある程度共通していたところがあるように思われる。以下、その点について少し検討を加えることにしたい。

(1)　まず、明治憲法は、自主的な選択により起草されたドイツ型の立憲君主制、というように要約することができる。周知のように、この明治憲法をつくったのは一八八九年（明二二）のことであるが、これをつくるまでには、一八八二年（明一五）ごろからのいわば助走の期間があるが、最初に本格的な調査を行ったのはおそらく明治一五年にヨーロッパに派遣された参議・伊藤博文で、彼がドイツのベルリン、オーストリアのウィーンで主として学んできたことが、第一の大きな歩みになる。

その伊藤博文が翌一八八三年（明一六）の七月に日本に戻ってくるが、ちょうどそのころ岩倉具視が亡くなって、主役は伊藤博文に移るわけで、日本に帰ってきた伊藤は、すぐさま国内の政治体制を整えようとし、各種の国内制度の改革をおこなうために制度取調局を創設して、井上毅・伊東巳代治・金子堅太郎という後の憲法起草トリオや渡辺廉吉・牧野伸顕などの有能な人たちをここに揃えた。

その場合に注意したいことは、先ほどドイツに行ったと述べたが、なぜドイツかということも大事なポイントである。というのは、明治一三〜一四年にかけて、政府の部内あるいは民間の間で、憲法の制定をめぐって大きな意見の対立があった。つまり、大隈重信などをはじめとするグループは、当時のイギリスやフランスの比較的民主的な制度になった憲法をつくろうと考えていた。これに対し、それだと今から君主を中心にした政治体制へと国づくりをするのには合わないとして、伊藤博文・山縣有朋・大木喬任などの政府部内の主なグループは、ドイツ式あるいはプロイセンにならった憲法体制を作り上げようと考えた。いわばフランス・イギリス流の考え方と、ドイツ流の考え方とが大きく対立していたわけで、どちらかに選択をしなくてはならない。ここで折しも、かの有名な「北海道開拓使官有物払下事件」が起こり、事の真相についてはいろいろ言われているが、とにかく大隈重信とその一派が失脚して、下野せざるをえなかった。こうして、イギリスグループが失脚し、ドイツ型の憲法構想で憲法づくりを進めることになった契機が、憲法史上、一般に「明治一四年の政変」と言われる事件である。したがって、翌明治一五年にドイツ帝国、あるいはドイツと同じように勢いのあったオーストリア帝国に、伊藤博文が派遣されることになったわけである。

先ほど述べたように、その過程で伊藤博文はいろいろと憲法・国政のあり方について勉強し、国内に戻ると、早速、国内制度の改革に取り掛かったわけであるが、前記の制度取調局の創設に続いて、翌年末には、内閣制度を創設した。つまり、従来の三条実美太政大臣をはじめとする右大臣・左大臣といった太政官制度はもう時代に合わないということで、新たにそれまでの参議を中心とした内閣制度をつくろうというのが、一八八五年（明一八）の一二月下旬に断行された。しかし、そのような統治制度の変革だけでは駄目で、やはり国家有為の人材を育てなければいけないということで、翌一八八六年（明一九）初めに「帝国大学令」が制定され、当時の帝国大学、つまり現在の東京大学がつくられた。このように、当局者はさまざまな布石を打ってきたわけで、その上で、ようやく、一八八六年（明一九）の秋頃から明治憲法の具体的な条文の起草を始めた、というのが実際のところである。

このようにして明治憲法はつくられた。したがって、当然、最初から明治天皇を中心にして政治体制をつくるという構想であったので、伊藤博文の言葉を借りると、以下のようになる。すなわち、ヨーロッパにはキリスト教というものがあるが、日本にはそれに類するものがない。もちろん、神道はあるけれども、国民を一つにまとめる力がない。仏教はあるけれども、それは葬式仏教である――むろん、これは私自身の真意ではないが、「葬式仏教」という言葉を、実際に伊藤博文が使っている――から、全体をまとめ上げる力がない。そこで、天皇を基軸にして、その国家や社会をまとめようという考え方に至ったわけである。

これに対して日本国憲法は、周知のように、日本を占領した連合国軍最高司令官総司令部（GHQ）の占領管理の下につくられた。もちろん、最終的には日本国民の自由な意思でつくったのだと言う人もあるが、とうていそうとは言えない。いわば、衆人監視の下で「どうぞトイレに行ってください」というような状況で、そこに自由はなかったというのが本当の姿であろう。そこで結果的には、従来のドイツ一辺倒であったところへ、イギリス、アメリカのタイプの考え方がずいぶん取り入れられ、アメリカ型の司法審査の考え方も入ってきた。そのため、今の日本の憲法制度はきわめて面白い混合型の制度になっている。この点でいうと、明治憲法のように、ほとんどドイツタイプ一辺倒でつくったものよりも、ほかの血が流れてくるというのは、その分だけ強く賢くなることもあるそうなので、その分、日本国憲法は良いという評価になるのかも知れない。

(2)　次に注意したいのは、いずれも基本的にいつごろの憲法のモデルかということである。明治憲法の場合は一八八九年（明二二）につくられたが、実は、その制定の年に着目すると、ある種の誤解を招くのであって、基本的には、つくる場合にはそれ以前に何かのモデルがあったのでそれにならっている、というように考えなくてはならない。そのモデルは何かといえば、一八五〇年のプロイセン憲法である。当時のドイツ全体の帝国憲法は一八七一年に制定されたものであるが、ドイツという帝国の中にはいろいろな国（諸邦）があった。代表的なところは、ヴィルテンベルクやバイエルンと言われるが、そういうところは一八一〇年代の憲法を持っていて、それが一九一八年、つまり第一次世界大戦が終了するまでずっと現行憲法であったし、プロイセンの憲法は一八五〇年につくったものがずっと続いているし、バイエルンの場合は一八一八年につくったものが続いている。したがって、明治憲法を制定する場合に当時の憲法を参照し、それをモデルにするということは、時代としてはずいぶん前のものをモデルにしている、という話になる。つまり明治憲法は、一九八九年（明二二）に制定されたものであるが、当時の最新モードにならったのではなくて、それより四〇年前から六〇年前に制定されたものにならったのだということになる。

そこで、同じような眼で日本国憲法を見てみると、制定されたのは一九四六年（昭二一）であるが、当時の最新の憲法スタイルをそのまま持ってきたというよりも、少し前の時代のものを採用していたのが実際のところである。この点については詳しく述べると、いろいろなポイントを挙げることができるが、時代でいうと、基本的には第一次世界大戦から第二次世界大戦との間――両大戦の戦間期と言う――、つまり一九二〇年代の憲法モデルに基づいて、現在の日本国憲法はつくられている。政治学者でもそういう分析をしている論者がいて、ほぼ間違いのないところであろう。明治憲法の場合にはもう少し時代が離れていたが、日本国憲法の場合だと約二〇年ないし二五年前のモデルの憲法にならったということになる。

これに関連して言えば、明治憲法は一八八九年に制定されて一九四六年（昭二一）まで命を保ったが、しかし、その間にヨーロッパの憲法状況はがらりと変わった。まず、一九一九年の時点でドイツ帝国は倒れ、もうかつての広大な領土をもつドイツではなくなった。ロマーノフ王朝のロシア帝国も消え、ハプスブルグ王家が支配するオーストリア＝ハンガリー帝国も崩壊し、そうした大きな君主制の帝国がすべてつぶれて、すべて君主のいない共和制の国家になった。それが一九一九年のドイツ「ワイマール憲法」に代表される国家であるが、このような大きな視野で一九四五年の時点をみると、明治憲法がいかにも古色蒼然としたものに映ることは疑いがない。したがって、現在の憲法をつくる時に明治憲法を改めることが当然問題になったが、これに日本憲法草案の起草に当たったアメリカ人がいかにも古めかしいという印象をもったことは当然のことであろう。

日本国憲法の場合、基本的には第一次世界大戦後のものであるが、そのような視点で現在の憲法を見ると、やはり一九二〇年代の世界情勢や国内情勢と、現在のわれわれが住んでいる二〇〇〇年を越えた時代のものとの間には、かなり開きがあって、現代憲法としては、やはり物足りないところがあるという分析もできる。このように、明治憲法だけを見ていると、現在の憲法は、新しい憲法と言われるが、実際に分析してみると新憲法と言えるかどうかはやや疑問である。このような視点にも注意を払う必要があるように思われる。

2　共通点――簡略な憲法条項と「不磨の大典」観

(1)　そのように大きな違いがあるにもかかわらず、明治憲法と現行憲法との間には相応の共通点がある、ということにも注意すべきである。まず、きわめて概括的な規定ぶりだという点で、両者は共通している。明治憲法でもそうであったが、とくに日本国憲法について言うと、およそ権利を制限する条項がまったく見当らない。この点では、一九四八年の世界人権宣言と同じタイプなのである。この世界人権宣言は、その前のナチスの時代やムッソリーニの時代、要するに全体主義の経験があったので、そこで否定された各種の権利が大事だということでつくられた。しかし、それはあくまでも「宣言」なのであって、具体的な権利を実効的に保障するという意味合いはない。実は、それと同じタイプの権利規定を、日本国憲法は持っているのである。

しかし、広く知られているように、例えばわれわれが公道や公の施設で集会を開く場合には、必ず何らかの届出や許可が必要であったり、お互い様という意味での一定の制限があったりする。もちろん、そういうことは一切憲法の条文には書かれていないが、われわれは何らかの制限は当然ありうるという前提で考えているはずである。そのときに唯一手がかりになるのは、日本国憲法の第一二条・一三条・二〇条・二九条の四か所に出てくる「公共の福祉」という文言のみである。そのように、権利保障の条項には何も書かれていないのに、その「公共の福祉」という文言を使って、一定の解釈や操作を行い、「これこれの制限が具体的にある」という判断をすることになる。これは日本国憲法の大きな特徴であるが、そのため具体的な憲法裁判が起こった場合、人権や権利を守るはずの裁判所もそれがある程度制約されることを言わざるをえないので、あまりいい役回りを演じることができないことになる。

ヨーロッパ人権保護条約の場合、あるいは先に言及した自由権規約の場合はどうかというと、例えば、表現の自由のところには「他の者の信用の尊重」とか「国の安全、公衆の健康若しくは道徳の保護」といった理由により権利の行使に対する制限がありうるということが具体的に明記されている（自由権規約一九条）。通信の秘密については、この自由権規約は少しあいまいで、むしろヨーロッパ人権保護条約の方が、私生活の自由の一つとして詳しく定められている（八条）。もちろん、その権利は保障するが、場合によっては保障を解除することがありうることが明記され、なぜそれがそういう制限が課されるのかという理由が書かれている。このように、権利保障の条文を見ただけで制限される理由も分かるわけであるが、日本の憲法の場合にはなぜ制限されるかという理由が一切書かれず、ただ一言「公共の福祉」という、この五文字だけに頼ることになる。そこで、先ほども述べたように、裁判所としては、本来は権利を保障するのが役割であるのに、きわめて不利な役回りを演じざるをえない状況になる。

(2)　さて、もう一つの共通点は、長い間、明治憲法の場合、その発布の直後から「不磨の大典」、つまり変えてはならないという基本的な考え方があったことは確かであろう。しかし、実は、日本国憲法の場合にも、官製の憲法普及会による啓蒙活動が展開されるなど、さまざまな背景があるものの、やはりいったん制定された以上は変えるべきではないという考え方を持っている国民や学者・政治家は、かなり多数いるようである。そういう意味で、現行憲法についても、「不磨の大典」という考え方がこれまでかなり強かったことは事実である。ただ、私が学生のころなどは、憲法改正と言うと、異様な目で見られるような雰囲気があったが、今日では全くそんなことはなく、首相も野党の代表も、堂々と憲法改正のことを述べている。昔は大臣の首が飛ぶような話だったのにと思うと、全く隔世の感があるというのが率直な印象である。

五　憲法改革と憲法改正――憲法改正問題をどう考えるか

1　最近の憲法改正試案について

最後に、憲法改正問題について、憲法改正と憲法改革という観点から少し検討してみたい。これまでいろいろな憲法改正試案が出ているのは衆知のとおりで、与野党の政治家もそれぞれ憲法改正案を公表しているが、多くはかなり断片的なもので、憲法構想の全体像がよく分からない。その中で注目されるのは、国会両議院に設けられた憲法調査会の役割であったが、率直に言うと、その報告書（二〇〇五年四月）はあまりはっきりした方向を示していないようである。

それに対し、割合に包括的なかたちで試案を示したのが二つあり、読売新聞社の憲法改正試案（第三次試案、二〇〇四年五月）と世界平和研究所――その中核になっているのは中曽根康弘元首相である――の憲法改正案（二〇〇五年一月）で、いずれもかなり包括的な改正提案になっている。

こうした提案は、人格権・環境権や政党条項などに示されるように、いろいろな新しい視点を取り入れ、今の憲法にない権利などを取り入れようとして、一つの考え方を示したものと考えられる。ただ、この二つの改正案を私が評価しているのは、要するに、憲法九条、あるいはマスコミが取り上げる特定の部分だけを取り出して議論をしているわけではないという努力を認めるからである。そこでは、憲法全体、例えば国会制度についても改めるところを指摘し、権利保障の分野も再検討し、憲法裁判所を設けてはどうかというかたちで、国のかたち、あるいは国のあり方の全体を見通した上で包括的な姿を示すという姿勢が見られる。その意味において、私は一定の評価を与えるものである。むろん、個別具体的な内容については賛否両論がありうるが、そういう全体としての憲法構想を示すという点において、相応の努力をされた成果だと思う。

2　通常の法律改正で変更できるもの――「憲法改革」

さて、先に憲法典と憲法附属法ということを述べたが、憲法改正論議との関係で気が付くことは、(a)憲法典を変えないとどうしても実現できないものと、(b)法律を制定する、あるいは改正することにより十分対応できるものとに腑分けすることが大事ではないかという点である。(b)普通の法律の改正でできるものを、私はイギリスの用例にならって「憲法改革」と呼んでいるが、(a)どうしても憲法典の条項を改変しなければならないものは、「憲法改正」という問題になるわけである。

そのように通常の法律改正で変更できるものについては、先に言及した憲法附属法というものをかなり改めることによって憲法秩序の中身がかなり変わってくることが、十分に予想される。その中の大きな課題としては、一八歳選挙権を早期に実現するべきであろう。何しろ高校を卒業して働き税金は納めるのに、選挙権はないというのはおかしい。昔は「代表無ければ課税なし」と言ったが、それに反することは、やはり考え直す必要があろう(1)。

もう一つは、憲法第九六条で改正が予定されているのに、そのための国民投票法がないのは、法律の不備、つまり立法の不作為だと考えられる。それをつくると憲法改正に結び付くのでよくない、という議論があることは十分承知しているつもりだが、それは単なる政治論にすぎない。私としては、議論がホットなときにそのような手続法をつくるよりも冷静なうちにつくる方が優れていると考える(2)。

3　憲法改正手続を必要とするもの――「憲法改正」

最後にもう一点、憲法改正手続を必要とするものについて触れておきたい。それは、例えば、首相公選制を実現する、あるいは参議院のあり方をどう変えるかという問題になると、単に法律を改めるだけでは話が収まらない。どうしても、憲法典の関係条項そのものを修正せざるをえない部分が出てくる。やはりそういうものについては、憲法改正の問題としてきちっと議論をした方がいいと思う。

さて、民主制のあり方についてはいろいろな論点があるが、なかでも、ヨーロッパその他ほとんどの国では、例えば、国民発案という制度（イニシアチブ）、あるいは国民表決（レファレンダム）――国民投票とよく言われるが――というかたちで、われわれ自身の政治的意思を国政に直接反映させるという手だてが憲法の明文によって用意されている。日本国憲法は、憲法改正手続について国民表決（レファレンダム）を定めているが、これまで半世紀以上、もっぱら国政選挙を通じてだけ、われわれの意思を表すことを実行してきたが、もう少し直接的なチャンネルを用意することも必要であるとすれば、例えば法律についてのイニシアチブとかレファレンダムの制度を設けることが考えられてよい。しかし、その場合には、憲法改正という手続をふむ必要がある、というのが私なりの感想である。

（1）　最近、公職選挙法が改正されて（平成二七年六月一九日法律四三号による）、ようやく一八歳選挙権が実現することになった。

（2）　周知のように、二〇〇七年（平一九）五月に、国会法の一部改正を含む憲法改正手続法がようやく成立し、憲法改正国民投票を行うための要件や具体的手続が定められた。その内容は少し問題を含んでいるが、ともかく、これによって「立法の不作為」は解消されたことになる。また、その憲法改正手続法では、満一八歳以上の日本国民に投票権を認めることが明記されたので、その他の民事成年の年齢をどうするかが、現在検討されている。

【参考文献】

大石　眞『憲法秩序への展望』有斐閣、二〇〇八年

同　『日本憲法史〈第二版〉』有斐閣、二〇〇五年
同　『憲法講義Ⅰ』有斐閣、二〇〇四年

Ⅱ部　安全保障と自衛権

1　憲法第九条の政府解釈

はじめに

現行憲法が制定される前後に出版された数多の新憲法解説書は、新機軸であった象徴天皇制、戦争放棄条項、国会中心主義などに多くの頁を割いていた。そのうち、戦争放棄条項に関する論調をみると、(a)戦力全面放棄と解して安全保障を国際連合に期待する説（横田喜三郎など多数）、(b)同じく戦力全面放棄説に立つが、これでは主権国家とはいえないとして疑念を呈する説（河村又介）、そして(c)自衛戦力は留保されるとして限定的放棄だと解する小数説（芦田均）に大別することができる。[1]

こうした学説分布図が今日でも一般的かどうかは明らかでないが、確かなことは、憲法第九条については幾つかの重要な解釈ポイントがあり、その理解が分岐点になっていることである。その解釈上の要点とは、①「戦争」放棄と「国際紛争を解決する手段」の係り方、②「前項の目的を達するため」と「戦力」不保持の係り方、③「交戦権」否認の意味内容、の三点に絞ることができよう。

こうした論点との関係でいえば、政府の第九条解釈は、これまで、①「国際紛争を解決する手段」の係り方の理解は一貫している、②第一項の係り方の理解も一貫しているが、「戦力」解釈は変化している、③「交戦権」理解については一貫しているものの、「前項の目的を達するため」は「交戦権」否認には係らないと解している、といった特色をもっている。ここでは、一般憲法書では十分に触れられる機会の少ない、そうした政府見解を重点的に取り上げて検討を進めることにしよう。

一　現行憲法制定史と第九条の成立過程

1　マッカーサー・ノートから総司令部案へ

現行憲法第九条の原型は、一九四六年（昭二一）二月三日にマッカーサーが基本原則を示したノート――しばしば「三原則」と称されるが、佐々木高雄教授も指摘するように、[2] 妥当でない――の第二項にあることは、よく知られている。すなわち、

国の主権の発動たる戦争は、廃止される。日本は、紛争を解決するための手段としての戦争を放棄し、それ自身の安全を保持するための手段としても（even for preserving its own security）、放棄する。日本は、その防衛と保護を、いま世界を動かしつつあるより高次の理想に委ねる。

日本の陸海空軍は、将来認められることはなく、交戦権（rights of belligerency）が日本軍に与えられることはない。

これによれば、文字通り完全な戦争放棄を意味しているが、これを示されたケイディスは、「それ自身の安全を保持するための手段としても」の文言を削るとともに、新たに「武力による威嚇又は武力の行使」に関する言及を付け加えて、次のような案文を仕上げた。(3)

国の主権的権利たる戦争は、廃止される。武力による威嚇又は武力の行使は、他国との紛争を解決する手段としては、永久に放棄される。陸海空軍その他のいかなる戦力（war potential）も、将来認められることはなく、交戦権が国に与えられることはない（第一項）。

これがマッカーサー草案第八条になるが、この案文は、自衛戦争を留保しつつ「国際紛争解決ノ為戦争ニ訴フルコトヲ非トシ……国家ノ政策ノ手段トシテノ戦争ヲ抛棄スルコト」（一条）を謳った一九二八年不戦条約の精神に沿うとともに、「武力による威嚇又は武力の行使」に言及することによって、不戦条約の間隙を縫って行われた開戦意思表明を伴わない「事実上の戦争」を封じようとする、国連憲章の精神にも合致するものであった。

なお、憲法第九条については、その発案者は誰かという問題――これまで、幣原喜重郎発案説・マッカーサー発案説・ホイットニー発案説・天皇発案説などの諸説がある――もある。これは、たしかに興味深いものがあるが、第九条解釈それ自体には何ら影響を及ぼさないので、ここでは深く立ち入らない。

ただ、一言付言しておくと、マッカーサー発案説をとる前記の佐々木教授は、マッカーサーがその回顧録にこの有名な「ノート」に言及していない点に関して、マッカーサー自身はそのノートに愛着をもっていなかったとする解釈を駁撃し、次のように説いている。(4)

マッカーサーは、要綱発表時の声明に見られるように、そのノートの発想に拘り、自衛戦争放棄条項を重視していた様子である。しかし、こうしたマッカーサーにとって、幸いだったのは、ケイディス〔民政局次長〕がその文言を削除して日本国憲法第九条の原案を起草してくれていたこと。同条項が無用になると、マッカーサーは、〝いかなる国も、自衛の権利を奪われない〟とシフト変更でき、ぼろを出さずにすんだ。こうした経緯がある以上、マッカーサー・ノートを持ち出せば、日本の再軍備した現実との間に齟齬を来たし、自らの先見の明を疑わせてしまう。多分、マッカーサーは、このように考えたのではなかったか。また、占領地の憲法制定に深入りしていたかの印象は、与えないように努めなければならない。こうしたことが、マッカーサーに回想記へのノートの盛り込みを躊躇させた理由だろう。

2　政府原案から芦田修正へ

さて、マッカーサー草案を手交された日本側は、大急ぎで翻訳を作るとともに、対案づくりも含めてその検討を進めた。これにより得られたのが「三月二日案」であり、その第九条は以下の通りであった（読み易さを考え、読点を施してある）。

戦争ヲ国権ノ発動ト認メ、武力ノ威嚇又ハ行使ヲ他国トノ間ノ争議ノ解決ノ具トスルコトハ、永久ニ之ヲ廃止ス。
陸海空軍其ノ他ノ戦力ノ保持及国ノ交戦権ハ、之ヲ認メズ。

ここでは、マッカーサー草案の第一文と第二文とをつなぐことによって、同案中の「他国との紛争を解決する手段として」が「戦争」にも係るように改められたことに、注目したい。さらに、日本側がこの三月二日案を説明するつもりで総司令部に行ったところ、突然、確定案を作ることを言い渡され、法制局第一部長佐藤達夫がほとんど一人で臨んだ「徹宵交渉」はよく知られているが、[5]この時、日本側がその場で作った英訳文をみると、交戦権には right of belligerency of the state という単数形の語が当てられており、[6]現行憲法の不適切な英訳文の原型がここにみられることも、注記しておきたい。

その後、三月二日案を下敷きにして憲法改正草案要綱（三月六日）、次いで憲法改正草案（四月一七日）が作成される。その第九条は以下の通りで、これが第九〇回帝国議会の審議に付されることになる。

国の主権の発動たる戦争と、武力による威嚇又は武力の行使は、他国との間の紛争の解決の手段としては、永久にこれを抛棄する。

陸海空軍その他の戦力の保持は、許されない。国の交戦権は、認められない。

すでに要綱の公表時から議論を呼んでいた同条項について、憲法制定議会において喧しい議論があったことはいうまでもない[7]。その一端は後に紹介するが、一九四六年（昭二一）七月二九日、衆議院憲法改正案特別委員長であった芦田均は、第一項冒頭に「日本国民は、正義と秩序を基調とする国際平和を誠実に希求し」を、第二項冒頭に「前項の目的を達するため」という文言を、それぞれ付加する修正提案をおこなった。これは八月一日に確定し、やがて憲法第九条の正文となるが、これをうけて芦田は——おそらく八月一〇日までの間に——民政局にケイディス次長を訪ね、その修正について了承を求めた。五百旗頭真教授によれば、ケイディスはその時の様子を次のように語ったという[8]。

私自身、それまでの条文では、自衛戦争と国連加盟の問題がなおはっきりしないことが気になっていたので、芦田の修正案を見て即座に同意した。すると芦田氏のほうが驚いて、マッカーサーやホイットニー〔民政局長〕に相談しなくていいのかと訊ねました。私は、マッカーサー草案の時から上の意向は知っているつもりだったので、大丈夫だ、問題ない、と保証しました。

二　占領期の政府解釈と関係法令

1　制憲議会における政府答弁

憲法第九条を語るとき、憲法制定議会における吉田首相の答弁はしばしば引かれるが、その内容は、以下のようなものであった（一九四六年六月二五日衆議院本会議）。

戦争放棄に関する本案の規定は、直接には自衛権を否定しては居りませぬが、第九条第二項に於て一切の軍備と国の交戦権を認めない結果、自衛権の発動としての戦争も、又交戦権も放棄したものであります。従来近年の戦争は多く自衛権の名に於て戦われたのであります。満州事変然り、大東亜戦争亦然りであります。

また、マルクス主義の史的唯物論の立場から「正しい戦争」論を唱えた野坂参三議員（日本共産党）の質問に対し、吉田首相は「有害無益の議論」と評しつつ、次のように答えている（同六月二八日衆議院本会議）。

戦争放棄に関する憲法草案の条項に於きまして、国家正当防衛権に依る戦争は正当なりとせらるるようであるが、私は、斯くの如きことを認むることが有害であると思うのであります。近年の戦争の多くは国家防衛権の名に於て行われたることは顕著なる事実であります。故に正当防衛権を認むることが偶々戦争を誘発する所以であると思うのであります。又交戦権放棄に関する草案の条項の期する所以は、国際平和団体の樹立にあるのであります。国際平和団体の樹立に依って、凡ゆる侵略を目的とする戦争を阻止しようとするのであります。

しかし、これは吉田流の政治家的な発言とみるべきもので、その虚実には十分注意する必要があろう。事実、政治学者の多く、例えば前記の五百旗頭教授は、「この瞬間とて、吉田が永久に自衛戦争まで放棄すべきだと信じていたかどうか疑わしい」[9]といい、田中明彦教授も、「吉田が本気でこのような解釈をしていたかどうか不明である」[10]とみている。

しかも、前記の芦田修正によって、第九条原案にはある重要な意味変化がもたらされたと解する余地が出てきたことは、疑いない。このことは、たんに金森徳次郎国務大臣や入江俊郎法制局長官、佐藤達夫同次長のような日本の関係者が感じ取っただけでなく、極東委員会などもその可能性を察知して、文民条項の挿入を強く求めてきたことからも、明らかである。

そうだとすると、日本国憲法制定過程における芦田修正前の吉田首相の答弁の中にこそ憲法第九条の真意があるというかたちで、その答弁を引用したり繰り返したりすることには、くれぐれも慎重でなければなるまい。そもそも、前記のように、第九条の原案起草者である総司令部民政局のケイディスなどにとっては、自衛戦争を留保すべく、マッカーサー・ノートから「自己の安全を保持する手段としての戦争をも」放棄するという文言を意図的に削除した経緯からいって、芦田修正は、何ら第九条の真意の変更をもたらすものではなかったのである。

もしそうでないとするなら、憲法案の検討に際して、象徴天皇制や戦争放棄といった基本原則からの逸脱を厳しく禁じていた総司令部にとって、芦田修正はとうてい容認すべからざる修正と映ったであろう。だが、そうした反応はとくになかった。この間の事情は、再軍備の可能性を指摘したハッシーなどに対して、「それがどうした。いい考えだと思わないかね」と語ったというホイットニー局長の反応に、よく示されている。[11]

そうだとすると、実は、芦田修正は、これにより第九条の意味変更をもたらすようなものでなく、むしろその真意をよりはっきりさせる以上の意味はなかったということになる。ただ、その代わり、極東委員会の要求に基づいて文民条項が挿入されたという効果をもたらした。その意味で、私は、従来から、「マッカーサー草案第八条と現行憲法

第九条との間に意味上の変化はなく、いわゆる芦田修正は文民条項の挿入を促したにとどまり、第九条解釈自体に対する意味は小さい[12]」と考えている。

それにしても、前記の田中教授が説くように、「もしここで芦田が指摘したような解釈を政府が打ち出していれば、日本の安全保障をめぐるその後の神学的ともいえる論争は防げたかもしれない[13]」ことだけは、確かであろう。

2　国際情勢の変化と一九五〇年警察予備隊令

東西冷戦の構造化による国際情勢の変化は、アメリカの対日政策に大きな転換をもたらした。すなわち、アメリカ軍が韓国から引き揚げた直後、韓国はソ連の支援する北朝鮮軍の侵入を受け、これに対抗するため、トルーマン大統領はマッカーサーに命じて在日米軍を朝鮮に派遣させた。この間の日本占領の空白を埋めるため、急遽、日本人による防衛部隊の創設が決定されたのである[14]。

このように、朝鮮動乱の勃発（一九五〇年六月二五日）を契機に、マッカーサーの勧告が出され（一九五〇年七月八日）、これをうけて定められたのが、警察予備隊令（昭和二五年八月一〇日政令二六〇号）であるが、マッカーサー勧告は次のように述べていた[15]。

……他の民主国に比して日本の警察力は人口の割にしては数も少く、また、戦後どこの国にでも貧困その他の不幸な状態が見られるにもかかわらず、日本が平静と沈着を守り、近隣諸国のように暴力や混乱や無秩序に陥らないでいるのは、よく編成された警察の能率と、よく法律を守る日本人の国民性のおかげであろう。

この良好な状態を維持し、法の違反や平和と公安をみだすことを常習とする不法な少数者によって乗じられるすきを与えないような対策を確保するために、日本の警察組織は民主主義社会で公安維持に必要とされる限度において警察力を増大強化すべき段階に達したものと私は確信する。

日本の沿岸や港湾保安に関するかぎり、海上保安庁は大いにその機能を発揮して来たが、不法入国者や密輸を取締まるため、日本の長い海岸線の保安を確保するには現有の海上保安力では弱体であることが明らかにされた。

従って私は日本政府に対し、七万五千名から成る国家警察予備隊を設置すると共に、海上保安庁の現有海上保安力に八千名を増員するよう必要な措置を講ずることを許可する。

最後にみえる「許可する」の語は、占領管理体制の下に置かれた当時の日本の地位を端的に物語っている。この警察予備隊は、総理府の機関として置かれ、「わが国の平和と秩序を維持し、公共の福祉を保障するのに必要な限度内で、国家地方警察及び自治体警察の警察力を補うため」に設けられた（同令一条参照）。それは、「治安維持のため特別の必要がある場合において、内閣総理大臣の命を受け行動するものとする」とされており（同三条一項）、警察力を補助するという色彩の強いものであった。

しかも、「警察予備隊の活動は、警察の任務の範囲に限られるべきものであつて、いやしくも日本国憲法の保障する個人の自由及び権利の干渉にわたる等その機能を濫用することとなつてはならない」（同三条二項）とまで、釘を刺されていた。

この警察予備隊について違憲訴訟が提起されたことは広く知られているが（最大判昭和二七年一〇月八日民集六巻九号七八三頁参照）、憲法第九条二項で禁止される「戦力」との関係は、当然、国会の議論でも取り上げられている。この時、政府は、憲法が禁止する「戦力」に当たるかどうかは、「国際社会の通念に照らし……現代戦における有効な戦争遂行手段たる力を持つかどうか」で決まることを述べ（一九五一年一〇月一七日参議院本会議における大橋武夫法務総裁の答弁）、翌年春にもほぼ同趣旨を繰り返して、憲法にいう「戦力」とは「近代戦を有効且つ適切に遂行しうる装備と兵力をもったもの」と答えている。(16)

三　平和条約発効以後の関係法令

1　一九五二年保安庁法

敗戦以来、約六年間、占領管理体制の下に置かれていた日本は、一九五一年（昭二六）九月八日に署名され、翌五二年四月二八日に発効した平和条約によって、連合国との間の戦争状態に終止符を打ち、再び主権と独立を回復することになった。そして、これと同時に締結された日米安保条約の前文は、次のように述べていた。

……日本国は、武装を解除されているので、平和条約の効力発生の時において固有の自衛権を行使する有効な手段をもたない。無責任な軍国主義がまだ世界から駆逐されていないので、前記の状態にある日本国には危険がある。……

平和条約は、日本国が主権国として、集団的安全保障取極を締結する権利を有することを承認し、さらに、国際連合憲章は、すべての国が個別的及び集団的自衛の固有の権利を有することを承認している。

これらの権利の行使として、日本国は、その防衛のための暫定措置として、日本国に対する武力攻撃を阻止するため日本国内及びその附近にアメリカ合衆国がその軍隊を維持することを希望する。

これを受けて制定された保安庁法（昭和二七年七月三一日法律二六五号）は、総理府の外局として保安庁を置くとともに、主として陸上において行動することを任務とする保安隊と、主として海上において行動することを任務とする警備隊とを設けた（同法五条参照）。その任務は、「わが国の平和と秩序を維持し、人命及び財産を保護するため、特別の必要がある場合において行動する部隊を管理し、運営し、及びこれに関する事務を行い、あわせて海上における警備救難の事務を行うこと」（四条）にある。これにより、警察力の補助という警察予備隊のような色彩が稀薄になっていることは、明らかであろう。

さて、保安庁が発足した直後の一九五二年（昭二七）八月四日、吉田首相は、保安庁幹部を集めて訓示を行ったが、その要旨は以下のごとくで[17]、その過渡期的な性格をよく表している。

再軍備をしないというのは国力が許さないからで、一日も早く国民自ら国を守るようにしたい。安全保障条約だけでは十分でない。再軍備をしようとすれば物心両面からの準備が必要で、このためまず敗戦は軍人だけの責任ではなく、国民全体の責任であることを徹底させるとともに、軍人恩給などの復活を図らなければならない。新軍隊は新しい考えから出発しなければならず、国家の独立と安全を守り、国民のための軍隊でなければならぬ。戦略やいわんや国策によって動くものであってはならない。……保安庁新設の目的は新国軍の建設である。諸君はそれまでの間、新国軍建築の土台となる任務をもっている。

2　一九五四年防衛庁設置法・自衛隊法

防衛庁設置法（昭和二九年六月九日法律一六四号）により総理府（現在は内閣府）の外局として置かれた防衛庁は、「わが国の平和と独立を守り、国の安全を保つことを目的とし、これがため、陸上自衛隊、海上自衛隊及び航空自衛隊……を管理し、及び運営し、並びにこれに関する事務を行うこと」を任務としている（防衛二条・四条参照）。

この自衛隊に関する任務、部隊ならびに機関の組織および編成、それに対する指揮監督、その行動・権限などは、同時に成立した自衛隊法（昭和二九年六月九日法律一六五号）の定めるところに委ねられた。これによれば、自衛隊は、「わが国の平和と独立を守り、国の安全を保つため、直接侵略及び間接侵略に対しわが国を防衛することを主たる任務とし、必要に応じ、公共の秩序の維持に当る」ものとされる（自衛三条。防衛五条一三号・一四号〈現一号・二号〉参照）。そして自衛隊の最高指揮監督権は内閣総理大臣にあり、防衛庁長官は、その指揮を受け、自衛隊の任務を統括するものとされる（自衛七条・八条参照）。

ここに「間接侵略」とは、一般に、外国が直接に侵略するのではないが、他国内の反政府団体を支援することによってその国の正当政府を倒させること、と説かれている。[18] 政府見解もほぼ同じ趣旨を説いており、外国からの教唆、扇動によって、国内に暴動、内乱、騒擾等が起きた場合を指すとしているが、[19] こうした理解自体、実は、すでに一九五一年に締結された日米安保条約が用いていた観念であった。

すなわち同条約第一条は、「平和条約及びこの条約の効力発生と同時に、アメリカ合衆国の陸軍、空軍及び海軍を日本国内及びその附近に配備する権利を、日本国は、許与し、アメリカ合衆国は、これを受諾する」としたうえで、この軍隊は、「一又は二以上の外部の国による教唆又は干渉によって引き起された日本国における大規模の内乱及び騒じようを鎮圧するため日本国政府の明示の要請に応じて与えられる援助」をも含めて、使用することができる旨を定めていた。

ともあれ、ここに至って、自衛隊は外敵に対する国家防衛・国土防衛という色彩をはっきり帯びるようになったのである。

四　政府の公定解釈の推移

1　「戦力」解釈とその見直し

先に記したように、「前項の目的を達するため」と「戦力」不保持の係り方について、政府の解釈は、「国際紛争を解決する手段」とその係り方に対する理解において一貫しているものの、「戦力」解釈については変化している。次に、この点を具体的に検討しよう。

まず、保安隊・警備隊の発足から約半年経った一九五二年（昭二七）一一月二五日、閣議に報告された内閣法制局の戦力解釈は以下の通りで、これが政府の当時の公定解釈を表すものとみられている。[20]

一　憲法第九条第二項は、侵略の目的たると自衛の目的たるとを問わず、「戦力」の保持を禁止している。

二　右にいう「戦力」とは、近代戦争遂行に役立つ程度の装備、編成を具えるものをいう。

三　戦力の基準は、その国のおかれた時間空間的環境で、具体的に判断せねばならない。

四　陸海空軍とは、戦争目的のために装備編成された組織体をいい、「その他の戦力」とは、本来は戦争目的を有せずとも、実質的にこれに役立ちうる実力を備えたものをいう。

五　「戦力」とは人為的に組織された総合力である。したがって、単なる兵器そのものは戦力の構成要素ではあるが、「戦力」そのものではない。兵器製造工場のごときも、無論同様である。

六　憲法第九条第二項にいう「保持」とは、いうまでもなくわが国が保持の主体たることを示す。米国駐留軍は、わが国を守るために米国の保持する軍隊であるから、憲法第九条の関するところではない。

七　「戦力」にいたらざる程度の実力を保持し、これを直接侵略防衛の用に供することは、違憲ではない。このことは有事の際、国警の部隊が防衛に当たるのと理論上同一である。

八　保安隊および警備隊は戦力ではない。これらは保安庁法第四条に明らかなごとく……その本質は警察上の組織である。したがって戦争を目的として組織されたものではないから、軍隊でないことは明らかである。また、客観的にこれを見ても、保安隊等の装備編成は決して近代戦を有効に遂行しうる程度のものではないから、憲法上の「戦力」にはがい当しない。

ところが、自衛隊の発足とともに、こうした「戦力」解釈の見直しが行われることになる。それをよく示すのが、一九五四年（昭二九）一二月二二日、衆議院予算委員会における林修三内閣法制局長官の答弁であり、これが今日まで基本的に維持されている政府の公式見解といってよい。[21]

この第一項の解釈につきましては大体において説は一致しておりますが、これにつきましては、日本は固有の自衛権というものを独立国である以上放棄したものではない、従いまして他国から急迫不正の侵害を受けた場合に、その自衛権を行使するという形において武力抗争をすることも……放棄したものではないということも……大体通説と考えてよろしいと思います。ただ問題は……第二項に前項の目的を達するために陸海空軍その他の戦力は保持しないという規定がございます。この意味につきましては……いろいろ説もあるわけでございますが、第一項におきまして、国は自衛権、あるいは自衛のための武力行使ということを当然独立国家として固有のものとして認められておるわけでありますから、第二項はやはりその観点と関連いたしまして解釈すべきものだ、かように考えるわけでございます。……従いまして国家が自衛権を持っておる以上、国土が外部から侵害される場合に国の安全を守るためにその国土を保全する、そういうための実力を国家が持つということは当然のことでありまして、憲法がそういう意味の、今の自衛隊のごとき、国土保全を任務とし、しかもそのために必要な限度において持つところの自衛力というものを禁止しておるということは……考えられない、すなわち第二項におきます陸海空軍その他の戦力は保持しないという意味の戦力にはこれは当らない、さように考えます。

口頭説明の筆記であるためやや冗長になっているが、簡潔に言い換えれば、要するに、「第九条一項では自衛権は否定していない、同時に、その自衛権を裏付けるための……必要最小限度の実力組織は持てる、同時に、そういう実力組織を通じての自衛行動……はできる」[22]ということになる。

むろん、これを裏返せば、自衛のための必要最小限度の実力を超える実力は、憲法第九条で禁止された「戦力」に当たるということになる。[23]ただ、現行の自衛隊がそれに当たるかどうかは、自衛隊の持っている個々の兵器によってではなく、自衛隊の持っている実戦能力を総合的に判断して決定されるべきものと解されている。[24]

2　近年の政府解釈

こうして政府の憲法第九条解釈は、近年、以下のように整理されるようになった[25]（原文は六項目の質問事項に即して書かれているが、ここでは質問事項は省略する）。

憲法第九条第一項は、独立国家に固有の自衛権までも否定する趣旨のものではなく、自衛のための必要最小限度の武力を行使することは認められているところであると解している。政府としては、このような見解を従来から一貫して採っているところである。

憲法第九条第二項の「前項の目的を達するため」という言葉は、同条第一項全体の趣旨、すなわち、同項では国際紛争を解決する手段としての戦争、武力による威嚇、武力の行使を放棄しているが、自衛権は否定されておらず、自衛のための必要最小限度の武力の行使は認められているということを受けていると解している。

したがって、同条第二項は「戦力」の保持を禁止しているが、このことは、自衛のための必要最小限度の実力を保持することまで禁止する趣旨のものではなく、これを超える実力を保持することを禁止する趣旨のものであると解している。

憲法第九条第二項の「交戦権」とは、戦いを交える権利という意味ではなく、交戦権が国際法上有する種々の権利を意味するもので、このような意味の交戦権が同項によって否認されていると解している。

他方、我が国は、自衛権の行使に当たっては、我が国を防衛するため必要最小限度の武力を行使することが当然に認められているのであって、その行使は、交戦権の行使とは別のものである。

〔前記の通り〕我が国が自衛のための必要最小限度の実力を保持することは、憲法第九条の禁止するところではない。自衛隊は、我が国を防衛するための必要最小限度の実力組織であるから憲法に違反するものでないということはいうまでもない。

これは、一九八〇年（昭五五）一二月二六日、憲法第九条解釈に関する森清衆議院議員（自民党）の質問主意書に対する答弁書の中で示されたものである。いうまでもなく、内閣法制局で慎重に検討され、閣議決定を経た総合的なものであるだけに、重要である。

3　「交戦権」解釈の問題

すでに述べたように、政府の解釈は、「交戦権」の内容理解の点では一貫しているものの、「前項の目的を達するため」は「交戦権」否認には係らないとする点において、特色がある。すなわち、「交戦権」の解釈自体は前記のごとくであるが、それと第二項冒頭との関係を問題とした稲葉誠一衆議院議員（社会党）の質問主意書に対する一九八一年（昭五六）四月一六日付け答弁書は、以下のように述べている。[26]

憲法第九条第二項の「前項の目的を達するため」という言葉は、同項後段の規定にかかっていないと解している。同項後段の「交戦権」とは……交戦国が国際法上有する種々の権利の総称であって、相手国兵力の殺傷及び破壊、相手国の領土の占領、そこにおける占領行政、中立国船舶の臨検、敵性船舶のだ捕等を行うことを含むものであり、このような意味の交戦権が否認されていると解している。

他方、我が国は、自衛権の行使に当たっては、我が国を防衛するため必要最小限度の実力を行使することが当然に認められていると解しているが、実際上、その実力の行使の態様がいかなるものになるかについては、具体的な状況に応じて異なると考えられるから、一概に述べることは困難である。

しかし、このように、一方で交戦権は認められないとしつつ、他方で必要最小限度の実力の行使を認めるというのでは、趣旨がはっきりしない。相手国兵力に対する殺傷等を行うことのできない実力行使など、ありえないからである。そこで稲葉議員は再質問主意書を提出したが、これに対して同年五月一九日付け答弁書は、改めてこう述べている。[27]

……我が国は、自衛権の行使に当たっては、我が国を防衛するため必要最小限度の実力を行使することが当然に認められているのであって、その行使として相手国兵力の殺傷及び破壊等を行うことは、交戦権の行使として相手国兵力の殺傷及び破壊等を行うこととは別の観念のものである。実際上、自衛権の行使としての実力の行使の態様がいかなるものになるかについては……例えば、相手国の領土の占領、そこにおける占領行政などは、自衛のための必要最小限度を超えるものと考えている。

ここで「など」が用いられているので、交戦権とは異なる「別の観念」の外延は必ずしもはっきりしないが、裏を返せば、先に示された諸行為のうち、「自衛のための必要最小限度」であれば、少なくとも、相手国兵力の殺傷及び破壊、中立国船舶の臨検、敵性船舶の拿捕を行うことはできる、ということになるのであろうか。いずれにしても、きわめて分かりにくい議論であることは確かである。その原因は、おそらく、「前項の目的を達するため」という文言が、実質上、第二項前段の「戦力」不保持に係ることを認めながら、後段の「交戦権」否認には係らない、と読むところにあろう。

4　集団的自衛権の問題など

憲法第九条をめぐる最近の議論では、しばしば集団的自衛権の問題が取り上げられているが、実は、一九五一年（昭二六）二月というかなり早い段階からすでに問題になっていた。もっとも、その概念は第二次大戦前には用いられていなかったこと、そして占領管理体制下にあった当時のこともあり、日本政府は、国連憲章第五一条に謳われた「個別的又は集団的自衛の固有の権利」（inherent right of individual or collective self-defense）――その年の秋に締結される平和条約第五条(c)及び日米安全保障条約前文でも言及されることになる――のうち、後者については、確たる観念を持っていたわけではないようである。[28]

しかし、平和条約と日米安全保障条約が同時に締結されて以降、その内容や行使方法をめぐって議論が行われることになる。そしてとくに日米安保条約の改定（一九五九年）や、いわゆるシーレーン防衛の問題（一九八一年）などをめぐって盛んに議論されたが[29]、これらを踏まえて出された一九八一年（昭五六）五月二九日付けの政府答弁書は、次のように述べている。

国際法上、国家は、集団的自衛権、すなわち、自国と密接な関係にある外国に対する武力攻撃を、自国が直接攻撃されていないにもかかわらず、実力をもって阻止する権利を有しているものと考えられる。

我が国が、国際法上、このような集団的自衛権を有していることは、主権国家である以上、当然であるが、憲法第九条の下において許容されている自衛権の行使は、我が国を防衛するため必要最小限度の範囲にとどまるべきものであると解しており、集団的自衛権を行使することは、その範囲を超えるものであって、憲法上許されないと考えている。

同様の趣旨は、その後も、いわゆる周辺事態安全確保法などの審議に際しても説かれている（一九九九年五月二一日参議院日米防衛協力指針特別委員会における大森長官の答弁、二〇〇一年五月一〇日参議院本会議における小泉首相の答弁など）。そのため、行使できない権利というのは背理ではないか、という厳しい批判に晒されることになったのも事実である。なお、憲法第九条に関する論点としては、そのほかにも、(イ)いわゆる多国籍軍への直接参加の問題、そして(ロ)輸送・医療・補給協力などについての「武力行使との一体化」の問題――それ自体は直接に武力の行使を伴わない活動であっても、他国による武力行使と一体をなす行為は、憲法上許されないのではないかというもの――がある。政府は、(イ)前者については当然否定的な態度をとって来たが（例えば、二〇〇〇年一一月七日衆議院予算委員会における大森法制局長官の答弁）、(ロ)後者の問題については、①戦闘活動が行われまたは行われようとしている地点と当該活動がなされる場所との地理的関係、②当該活動等の具体的内容、③他国の武力の行使の任に当たる者との関係の密接性、④協力しようとする相手の活動の現況、といった諸般の考慮事情を総合的に勘案して、個々的に判断すべきものとしている（一九九七年二月一三日衆議院予算委員会における大森法制局長官の答弁）。その結果は、原理的判断というよりアドホックな判断にならざるをえないが、「武力行使との一体化」という議論を前提とする限り、そのこと自体を不当とは評しえないのではないかと思う。

おわりに

ここでは逐一学説を掲げることを控えるが、憲法第九条に関する解釈学説は、衆知のように、その法規範性・裁判規範性を承認するいわば伝統的文理解釈をとるものと、その法規範性や裁判規範性を否認するいわゆる社会学的解釈に与するもの（政治的マニフェスト説、政治的規範説）とに大別されている。

もちろん、前者にあっても、結論的にいえば、(a)戦争全面放棄・戦力完全不保持説というべきもの、(b)戦争限定放棄・自衛戦争留保説というべきもの、(c)戦争全面放棄・戦力完全不保持としつつ自衛武力の保持を認める限定武力保持説などが、鋭く対立してきた。この中では、政府解釈は(b)説に近いといえようが、学説では、最前者の(a)説が多数を占めて来たといってよい。だが、その論理は必ずしも同じでなく、第一項自体でその結論に至る説と、第二項による「戦力」不保持の結果それに至る説とがある。

しかも、ここで興味深いのは、第一項自体でその結論に至ったかつての憲法解釈論の泰斗、宮澤俊義が、通説的な地位を占めていた後説に対して放った批判の矢であって、その説のように「国際紛争を解決する手段として」の文言は自衛戦争を含まないと解する以上は、本条は全体として侵略戦争だけを放棄するにとどまる——つまり前記の(b)説に帰着する——とするのが、当然に「その結論でなくてはならない[30]」と強く指摘していたことである。そういう意味では、学説と政府解釈との距離は、実は、見かけほど遠いものではないのかも知れない。

(1)　(a)説に属するのは、植原悦二郎『現行憲法と改正憲法戦争の放棄』（東洋経済新報社、一九四六年）、梶田年『新憲法釈義』（法文社、一九四六年）、鈴木安蔵『新憲法の解説と批判』（新文芸社、一九四七年）、田中伊三次『新憲法の解明』（扶桑閣、一九四六年）、横田喜三郎『戦争の放棄』（国立書院、一九四七年）、法制局『新憲法の解説』（高山書院、一九四七年）など、(b)説として河村又介『憲法改正の諸問題』（惇信堂、一九四六年）など、(c)説に芦田均『新憲法解釈』（ダイヤモンド社、一九四六年）などがある。

(2)　佐々木髙雄『戦争放棄条項の成立経緯』（成文堂、一九九七年）一頁以下。なお、高柳賢三＝大友一郎＝田中英夫編『日本国憲法制定の過程Ⅰ』（有斐閣、一九七二年）九八頁。

(3)　犬丸秀雄監修『日本国憲法制定の経緯』（第一法規、一九八八年）五六頁以下。

(4)　佐々木『戦争放棄条項の成立経緯』一六七頁。

(5)　佐藤達夫（佐藤功補訂）『日本国憲法成立史〈第三巻〉』（有斐閣、一九九四年）一〇五頁以下参照。

(6)　笹川隆太郎＝布田勉「憲法改正草案要綱の成立の経緯（一）」石巻専修大学経営学研究三巻一号（一九九一年）七〇頁。

(7)　清水伸編『逐条日本国憲法審議録〈第二巻〉』（有斐閣、一九六二年）三頁以下参照。

(8)　五百旗頭真『占領期』（読売新聞社、一九九七年）二七六頁。

(9)　五百旗頭・前掲書二七三頁。

(10)　田中明彦『安全保障』（読売新聞社、一九九七年）二九頁。

(11)　五百旗頭・前掲書二七六頁。

(12)　大石眞『憲法史と憲法解釈』（信山社、二〇〇〇年）一三六頁。

(13)　田中・前掲書三二頁。

(14)　宇都宮静男『憲法第九条の解釈と変遷』（有信堂、一九六九年）一七三頁以下参照。

(15)　塩田庄兵衛＝長谷川正安＝藤原彰編『日本戦後史資料』（新日本出版社、一九九五年）三〇七頁。阿部照哉＝宮田豊＝佐藤幸治編『憲法資料集』（有信堂、一九六五年）五五～五六頁。

(16)　一九五二年三月一〇日参議院予算委員会における木村篤太郎法務総裁の答弁。

(17)　塩田＝長谷川＝藤原編・前掲書三四四頁。

(18)　宇都宮・前掲書一七七～一七八頁。

(19)　一九六七年四月二一日衆議院予算委員会における防衛庁長官等の答弁、浅野一郎＝山内一夫編『国会の憲法論議』（ぎょうせい、一九八四年）六三三頁参照。

(20)　宇都宮・前掲書一八三～一八四頁、渡辺治編『憲法改正の争点』（旬報社、二〇〇二年）四六四～四六五頁参照。

(21) 浅野＝山内編・前掲書四五六〜四五七頁、渡辺編・前掲書五一八頁。
(22) 一九七三年九月一三日参議院内閣委員会における角田礼次郎第一部長の答弁。浅野＝山内編・前掲書四八〇頁。
(23) 一九六一年四月一三日衆議院内閣委員会における林法制局長官の答弁、一九七二年一一月一三日参議院予算委員会における吉国一郎法制局長官の答弁など。浅野＝山内編・前掲書四六二〜四六三頁。
(24) 一九七八年四月一四日参議院決算委員会での質疑応答を参照。浅野＝山内編・前掲書四六五〜四六六頁。
(25) 浅野＝山内編・前掲書四〇四〜四〇五頁、五五八〜五五九頁参照。
(26) 浅野＝山内編・前掲書五五八〜五五九頁。
(27) 浅野＝山内編・前掲書五五九頁。
(28) 粕谷 進『憲法第九条と自衛権』（信山社、一九九二年）一四五頁以下参照。
(29) 浅野＝山内編・前掲書六九八頁以下参照。
(30) 宮澤俊義＝芦部信喜『全訂 日本国憲法』（日本評論社、一九七八年）一六三頁。同じ批判は、通説的な交戦権の理解にも向けられている（同書一七六頁）。

2　日本国憲法と集団的自衛権

はじめに

いわゆる集団的自衛権は、国際連合加盟国の「個別的又は集団的自衛の固有の権利」を明文化した国連憲章第五一条だけでなく、一九五一年サンフランシスコ平和条約第五条、新旧の日米安保条約の前文、そして一九五六年の日ソ共同宣言第三項でも、その権利を有することを承認又は確認するという形で明記されている。

わが国との直接の関わりはないが、一九四七年の全米相互援助条約第三条、一九四九年の北大西洋条約第五条などでも、ある締約国に対する「武力攻撃を全締約国に対する攻撃とみなす」ことに同意し、「国連憲章第五一条の規定によって認められている」個別的または集団的自衛権を行使することを約束しているし、いわゆる東側陣営に目を転じると、旧ワルシャワ条約第四条にも同様の規定をみることができた。

この集団的自衛権と憲法との関係は、これまでの国会における政府答弁などでしばしば取り上げられてきたし(1)、最近でも後にみるように、政権交代に際してまたは重要法案の審議とともに、ほぼ毎年のように取り上げられている。その意味で、憲法と集団的自衛権との関係という問題は極めて実際的・政治的な争いでもあるが、この論争は、言うまでもなく憲法第九条の解釈問題(2)と密接に関わっている。

ここでは、しかし、与えられたテーマの関係上、その問題を直接取り上げるのでなく、さまざまな第九条解釈を前提としながらも、それと集団的自衛権との関係を問い質すことにしよう。その際、本稿では、とくに国会議員が提出した質問主意書と政府が示した公定解釈との間に見られる議論を素材にしながら議論を進めたい(3)。

一　質問主意書にみる論争

1　自衛権と集団的自衛権

まず、森喜朗内閣時代の二〇〇一年（平一三）三月三〇日、第一四七回国会（常会）において楢崎欣弥衆議院議員が提出した「今後の日本外交・防衛問題および有事法制に関する質問主意書」に対する二月六日付け政府答弁書から始めることにしよう。この答弁書は、次のように述べている。

> 憲法第九条第一項は、独立国家に固有の自衛権までも否定する趣旨のものではなく、自衛のための必要最小限度の武力を行使することは認められているところであると解している。また、わが国が、国際法上、集団的自衛権を有していることは、主権国家である以上、当然であるが、憲法第九条の下において許容されている自衛権の行使は、わが国を防衛するため必要最小限度の範囲にとどまるべきものであると解しており、集団的自衛権を行使することは、その範囲を超えるものであって、憲法上許されないと考えている。

これと同じことは、政権交代と同時に提出された土井たか子衆議院議員の「小泉内閣発足にあたって国政の基本政策に関する質問主意書」（四月二七日）に対する五月八日付け答弁書の中でも説かれていたが、ここには、さらに次のような一文もみえる。

> 憲法はわが国の法秩序の根幹であり、特に憲法第九条については過去五十年余にわたる国会での議論の積み重ねがあるので、その解釈の変更については十分に慎重でなければならないと考える。

この答弁書は、集団的自衛権、自衛隊の「軍隊」性、靖国神社公式参拝の三点を取りだして小泉内閣の姿勢を質したのに答えたものであるが、土井議員は、通常国会会期末の六月二九日にも「ミサイル防衛構想、集団的自衛権に関する質問主意書」を提出している。これはブッシュ政権の政策との関連で、「アメリカの新たなミサイル防衛構想に日本が協力・参加した場合、集団的自衛権の行使に触れると考えるが、政府の見解を問う」という論点も含んでいたが、これに対する七月一〇日付け内閣答弁書もこれまでと同じである。

> 政府は、従来から、わが国が国際法上集団的自衛権を有していることは、主権国家である以上当然であるが、憲法第九条の下において許容されている自衛権の行使は、わが国を防衛するため必要最小限度の範囲にとどまるべきものであると解しており、集団的自衛権を行使することは、その範囲を超えるものであって、憲法上許されないと考えてきている。
>
> 憲法はわが国の法秩序の根幹であり、特に憲法第九条については過去五十年余にわたる国会での議論の積み重ねがあるので、その解釈の変更については十分に慎重でなければならないと考える。
>
> 他方、憲法に関する問題について、世の中の変化も踏まえつつ、幅広い議論が行われることは重要であり、集団的自衛権の問題について、様々な角度から研究してもいいのではないかと考えている。集団的自衛権の問題に関し、どのような研究を行っていくかについては、国会等の議論をも十分に踏まえながら、今後検討していきたいと考える。

最後の段落は、この頃盛んになってきた憲法問題への関心を反映しているが、この点についてはここでは立ち入らない。

2　内閣法制局と憲法解釈

次に注目されるのは、こうした政府答弁を用意してきた内閣法制局の問題が取り上げられたことである。すなわち、二〇〇三年（平一五）七月八日に提出された伊藤英成衆議院議員の「内閣法制局の権限と自衛権についての解釈に関する質問主意書」は、まず、「政府の統一解釈・統一見解と内閣法制局の権限・役割」について、次のように問う。

1　政府の統一解釈・統一見解は、時の政府の解釈であり見解であるから、政権が変われば、以前の政府解釈等を継承するのも変更するのも可能なものと考えるのか、あるいは、政府は従来の解釈等に拘束されるべきものと考えるのか、政府の統一解釈・統一見解の性格について、見解を伺いたい。

2　政府の統一解釈・統一見解を形成するために大きな役割を担っている内閣法制局は、いかなる権限・正統性に基づき憲法を含む法律の解釈を行っているのか、説明いただきたい。

3　政権が変われば、政府全体も何らかの変化があるのが自然であるが、内閣法制局は、政府の変化及び国内外の情勢の変化に対し、適度な柔軟性を持ち的確な対応ができる組織なのか、説明いただきたい。

内閣法制局の権限や解釈変更の問題が取り上げられたのは初めてではないが、七月一五日付け政府答弁書は、次のように丁寧な応対を示している。

お尋ねの「政府の統一解釈・統一見解」とは、憲法を始めとする法令の解釈に関する政府の見解を指すものと考えられるところ、一般的に、憲法を始めとする法令の解釈は、当該法令の規定の文言、趣旨等に即しつつ、立案者の意図や立案の背景となる社会情勢等を考慮し、また、議論の積み重ねのあるものについては全体の整合性を保つことにも留意して論理的に確定されるべきものである。政府による法令の解釈は、このような考え方に基づき、それぞれ論理的な追求の結果として示されてきたものであり、御指摘のような国内外の情勢の変化とそれから生ずる新たな要請を考慮すべきことは当然であるとしても、なお、前記のような考え方を離れて政府が自由に法令の解釈を変更することができるという性質のものではないと考えられる。中でも、憲法は、我が国の法秩序の根幹であり、特に憲法第九条については、過去五十年余にわたる国会での議論の積み重ねがあるので、その解釈の変更については十分に慎重でなければならないと考える。

行政府としての憲法解釈は最終的に内閣の責任において行うものであるが、内閣法制局は、内閣法制局設置法……に基づき、「閣議に附される法律案、政令案及び条約案を審査し、これに意見を附し、及び所要の修正を加えて、内閣に上申すること」、「法律問題に関し内閣並びに内閣総理大臣及び各省大臣に対し意見を述べること」等を所掌事務として内閣に置かれた機関であり、行政府による行政権の行使について、憲法を始めとする法令の解釈の一貫性や論理的整合性を保つとともに、法律による行政を確保する観点から、内閣等に対し意見を述べるなどしてきたものである。

伊藤議員は、次いで「自衛権の解釈」問題を取り上げ、「自衛権についての政府の考え方」と「憲法第九条が認める自衛権の在り方」について、次のように問い質している。

ア　従来の政府の統一見解の中で、政府は、「自衛権の行使に当たっては、わが国を防衛するための必要最小限度の実力を行使すること」及び「自衛のための必要最小限度の実力を保持すること」は憲法上認められているとしているが、その際、「必要最小限度の実力」とは、規模、装備、攻撃の在り方等において、いかなる程度の実力を意味しているのか、説明いただきたい。そもそも、流動的な国内外の安全保障情勢下で、「必要最小限」という曖昧な基準に拠ることは、自衛隊が既に相当程度の実力を保持する中では、内閣法制局は、法令解釈権を放棄したものではないのか。

イ　「他国から武力攻撃が加えられた場合に国土を防衛する手段として武力を行使することは憲法第九条に違反しない」とする従来の政府の統一見解については理解できるが、「憲法第九条のもとにおいて、自衛のための必要最小限度の範囲を超えて武力を行使すること及び自衛のための必要最小限度を超える実力を保持することは許されない」との従来の政府解釈については、その根拠は何も説明されておらず、理解しがたい。憲法第九条が、わが国の自衛のための武力行使あるいは自衛隊の実力について、「必要以上」を許していないとするのではなく、必要範囲であっても、その「最小限度を超えること」を許していないとする解釈の根拠を示していただきたい。

ここには後に取り上げられる問題点の一部も指摘されているが、政府の答弁書は、これまでの基本的立場を繰り返しつつ、次のように答えている。

我が国に対する武力攻撃が発生しこれを排除するため他に適当な手段がない場合に認められる必要最小限度の実力行使の具体的限度は、当該武力攻撃の規模、態様等に応ずるものであり、一概に述べることは困難である。

憲法第九条の下で保持することが許容される「自衛のための必要最小限度の実力」の具体的な限度については、本来、そのときどきの国際情勢や科学技術等の諸条件によって左右される相対的な面を有することは否定し得ず、結局は、毎年度の予算等の審議を通じて、国民の代表である国会において判断されるほかないと考える。

これらはいずれも、解釈によって示された「必要最小限」という規範に対する個別具体の事例の当てはめの問題であり、「内閣法制局は、法令解釈権を放棄した」との御指摘は当たらないと考える。

憲法第九条第一項は、「国権の発動たる戦争と、武力による威嚇又は武力の行使は、国際紛争を解決する手段としては、永久にこれを放棄する。」と規定し、さらに、同条第二項は、「前項の目的を達成するため、陸海空軍その他の戦力は、これを保持しない。国の交戦権は、これを認めない。」と規定している。

しかしながら、憲法前文で確認している日本国民の平和的生存権や憲法第十三条が生命、自由及び幸福追求に対する国民の権利を国政上尊重すべきこととしている趣旨を踏まえて考えると、憲法第九条は、外国からの武力攻撃によって国民の生命や身体が危険にさらされるような場合にこれを排除するために必要最小限度の範囲で実力を行使することまでは禁じていないと解され、そのための必要最小限度の実力を保持することも禁じてはいないと解される。

我が国がこのような自衛のために行う実力の行使及び保持は、前記のように、一見すると実力の行使及び保持の一切を禁じているようにも見える憲法第九条の文言の下において例外的に認められるものである以上、当該急迫不正の事態を排除するために必要であるのみならず、そのための最小限度でもなければならないものであると考える。

その後も、同じような質問と応答が島聡衆議院議員、鈴木宗男議員などの質問と答弁というかたちで続いているが[4]、これ以上の紹介はもはや不要であろう。

二　集団的自衛権と憲法学説

1　集団的自衛権の論理

そもそも、国連憲章で集団的自衛権が明文化されたのは、安全保障常任理事会における常任理事国の拒否権が認められるため、安保理事会の迅速で効果的な決定を望みえない場合があるという事情に基づいている。当時の指導的な国際法学者の言葉を借りるなら、「強制的行動が安全保障常任理事会に集中され、独占されているからこそ、それに対する例外として、いっそう自衛が認められなくてはならない[5]」というわけである。しかし、だからといって、国際法上、国連憲章にいう「集団的自衛の固有の権利」の意味や内容がその当時明白であったわけではない。

もちろん、国連憲章の規定が「一国に対する武力攻撃について、直接に攻撃を受けていない他国も共同して反撃に加わるための法的根拠を与えた」ものとして法的意義を与えられ、その後の国際司法裁判所の判決などを通して、今日では、集団的自衛権は国際慣習法上の権利として確立されている、と評価されているようである[6]。けれども、それがどのような法的性質を有する権利かという問題になると、国際法学においても以下の諸説に分かれている[7]。

(a)　ある国に対する武力攻撃が他国にとってもその実体的権利が侵害される場合に発動されるもので、自衛権そのものであるとされる。

(b)　一定の連帯関係にある国家間においてある国に対する武力攻撃が他国の安全を害する場合に発動されるもので、連帯関係に基づく共同防衛であるとされる。

(c)　武力攻撃を受けた国を援助するために発動されるもので、援助国の実体的権利への侵害の有無にかかわらず、平和・安全の維持という一般的利益に基づくとされる。

いずれの考え方に政府が立つかは前記答弁書の文面からは必ずしも判然としないが、少なくとも有力な国際法学者のみるところ、政府は、(c)説を前提として、憲法上許されるのは個別的自衛権であり、わが国と特別の集団的関係にある他国であっても、その安全のためにわが国の防衛力を用いることは禁止されるとして、集団的自衛権の行使を否定する立場をとった、と理解されている[8]。次の2（憲法学説と政府の対応）で示す代表的な憲法学説も、その立場からすると、この広義の観念を前提としているように思われる[9]。

こうした集団的自衛権についても、個別的自衛権の場合と同様に、国際法上、一定の行使要件があることは、言うまでもない。そうした要件としては、通例、必要性、均衡性、被攻撃国による武力攻撃を受けた旨の表明、被攻撃国からの援助要請といったものが挙げられる[10]。これは集団的自衛権に対する歯止めの問題でもあるが、過去その濫用例が何度かみられたことも確かな事実のようである。

2　憲法学説と政府の対応

さて、今日、おそらく一番広く読まれているであろう代表的な憲法概説書は以下のように説いて、集団的自衛権という考え方は憲法上認められないもの、と解している[11]。

自衛権には、個別的自衛権と国連憲章で新しく認められた集団的自衛権の二つがあるが、後者は、他国に対する武力攻撃を、自国の実体的権利が侵されなくても、平和と安全に関する一般的利益に基づいて援助するために防衛行動をとる権利であり、日本国憲法の下では認められない。日米安保条約の定める相互防衛の体制も、日本の個別的自衛権の範囲内のものだ、と政府は説いてきている。

ここに言及された政府の見解を考えるとき、内閣の補助機関として法令審査事務のほかに意見事務を担っている内閣法制局がどのような憲法解釈を示しているかは、すでに示したように決定的に重要であるが、集団的自衛権と憲法の関係を論じた最近の一例として、鈴木宗男衆議院議員が提出した二〇〇七年（平一九）四月二四日「自衛権に関する質問主意書」に対する五月一一日付け内閣答弁書を参照してみよう。(12)

政府としては、従来から、憲法第九条は、外部からの武力攻撃によって国民の生命や身体が危険にさらされるような場合にこれを排除するために必要最小限度の範囲で実力を行使することまでは禁じていないと解しており、他方、集団的自衛権とは、国際法上、一般に、自国と密接な関係にある外国に対する武力攻撃を、自国が直接攻撃されていないにもかかわらず、実力をもって阻止することが正当化される権利と解されており、その行使は憲法上許されないと解してきたところである。

これに沿った形で防衛白書が記述されていることは、改めて言うまでもない。(13)そこではこの後に、「個別具体的な類型に即し、集団的自衛権の問題を含めた、憲法との関係の整理につき研究を行うため、内閣総理大臣の下に『安全保障の法的基盤の再構築に関する懇談会』を開催することとした」旨も記されているが、ここで注意すべきは、内閣法制局の立論が、前記学説のように、集団的自衛権は「日本国憲法の下では認められない」とする立場とは異なり、その権利を前提としつつ「その行使は憲法上許されない」とする点である。

3　異議申立て

この点については、防衛法制専門家から、「わが国は憲法上、集団的自衛権を有するか」という「最も重要、かつ根源的な性格」を持つ問いに対する吟味を内閣法制局はしていない、「なぜ最重要論点をバイパスするのか」という手厳しい批判が寄せられている。(14)

けれども、そもそも憲法上認められない権利であるなら、「その行使」の可否について言及する論理的な前提を欠くことになるし、以前から政府関係者が制限的な集団的自衛権の可能性に言及していたことは、この論者によっても指摘されている。そうだとすれば、内閣法制局の考え方は「憲法上、集団的自衛権を有する」という前提に立ったものと解するほうがむしろ自然ではなかろうか。

いずれにせよ、しかし、前記の引用文をみる限り、代表的学説については「日本国憲法の下では認められない」ことの根拠が説かれていない点、内閣法制局の見解についても集団的自衛権を前提としつつ「その行使は憲法上許されない」ことの根拠が十分に示されていない点は、気になるところである。ともに憲法解釈の基礎となるべき何らかの「当然の法理」を前提としないと結論を導くことができないものが含まれているのではないか。

三　憲法解釈上の諸問題

1　既決事項と未決定事項

日本国憲法で想定されていた自衛権、そして憲法制定時又はサンフランシスコ平和条約締結時に観念されていた自衛権が個別的自衛権であることは、改めて言うまでもあるまい。

これに対し、国連憲章の採択が日本国憲法の制定に先立っていたとはいえ、日本が国連憲章を国内法化して国際連合に加盟するのは、一九五六年の日ソ共同宣言の直後のことであって（昭和三一年一二月一九日条約第二六号）、国連憲章第五一条に謳われている「集団的自衛の固有の権利」の意義・内容またはそれと憲法との関係について、憲法制定に関与した政府関係者や憲法起草者が明確な認識を共有していたとは考えにくいであろう。

そうだとすると、軍国主義を経験した日本国憲法は、第九条によって個別的自衛権の在り方については明確な態度決定を示したと考えることができるが、集団的自衛権の問題については一定の態度決定を示したものとはいえない、と考える余地があろう。

このような場合、いわば憲法の沈黙に伴う観念包摂の問題がつきまとう。つまり、このように憲法制定後に登場してきた事象や活動について、憲法典が直接それを規律する明文規定を設けていないのは言うまでもないが、その意味については、(a)そうした事象や活動をも包摂すべき規範――それに対する態度決定を含むもの――として理解するか、それとも、(b)当初予想されていなかった事象や活動である以上、憲法上は未決定の事項――その意味で憲法上の命令にも憲法上の禁止にも当たらない――として理解するかは、実は、憲法解釈のあり方にも関わる基本的問題に属するのである。(15)

この点について、先に紹介した内閣法制局の見解は何も語っていない。もちろん、結論からみる限り、当然に前者を採用すべきものとしているように思われるが、その論拠は必ずしも明確でない。しかし、例えば、旧軍隊の解体を受けて「非武装」を憲法上の統治原則としたことについてはほとんど異論がないと結論する論者にあっても、「憲法九条一項に導入された『不戦条約』は、条約そのものとしては国際連盟（今の国際連合）による強制軍事行動を否定していないし、また国連憲章五一条に規定された個別的、集団的自衛権（の「保持」と「行使」）も禁じていない。従ってこれをほぼそのまま導入した憲法九条一項も、明示的な留保がない限り、同趣旨と解するのが合理的な理解である」(16)と説くくらいであるから、憲法の沈黙について何らかの解答を用意する必要はあろう。

2　法制局見解の定着——一九七二年資料

さて、一九六〇年（昭三五）の日米安保条約の改定時期には、とくに集団的自衛権と憲法との関係について盛んに議論が行われた。なかでも、予算委員会や日米安保特別委員会（同年二月設置）などにおいて、自衛隊・在日米軍の活動と個別的・集団的自衛権との関係について論戦が展開されたことは、よく知られている。[17]

しかし、一般的に政府・内閣法制局の考え方が定着したのは、一九七〇年代に入ってからとみられている。すなわち、一九七二年（昭四七）一〇月一四日、水口宏三参議院議員による再三の質疑に応ずるかたちで同院決算委員会に提出された資料は、後の政府見解の基礎となる比較的詳しいもので、集団的自衛権と憲法との関係について政府の立場をみる場合にきわめて重要な位置を占めているが、その内容は次のごとくである（段落番号は大石による）。

(1)　国際法上、国家は、いわゆる集団的自衛権、すなわち、自国と密接な関係にある外国に対する武力攻撃を、自国が直接攻撃されていないにもかかわらず、実力をもって阻止することが正当化されるという地位を有するものとされており、国際連合憲章第五十一条、日本国との平和条約第五条(c)日本国とアメリカ合衆国との間の相互協力及び安全保障条約前文並びに日本国とソヴィエト社会主義共和国連邦との間の共同宣言三第二段の規定は、この国際法の原則を宣明したものと思われる。そして、わが国が国際法上右の集団的自衛権を有していることは、主権国家である以上、当然といわなければならない。

(2)　ところで、政府は、従来から、一貫して、わが国は国際法上いわゆる集団的自衛権を有しているとしても、国権の発動としてこれを行使することは、憲法の容認する自衛の措置の限界をこえるものであって許されないとの立場にたっているが、これは次のような考え方に基づくものである。

(3)　憲法は、第九条において、同条にいわゆる戦争を放棄し、いわゆる戦力の保持を禁止しているが、前文において「全世界の国民が……平和のうちに生存する権利を有する」ことを確認し、また、第十三条において「生命、自由及び幸福追求に対する国民の権利については、……国政の上で、最大の尊重を必要とする」旨を定めていることからも、わが国がみずからの存立を全うし国民が平和のうちに生存することまでも放棄していないことは明らかであって、自国の平和と安全を維持しその存立を全うするために必要な自衛の措置をとることを禁じているとはとうてい解されない。しかしながら、だからといって、平和主義をその基本原則とする憲法が、右にいう自衛のための措置を無制限に認めているとは解されないのであって、それは、あくまでも国の武力攻撃によって国民の生命、自由及び幸福追求の権利が根底からくつがえされるという急迫、不正の事態に対処し、国民のこれらの権利を守るための止むを得ない措置として、はじめて容認されるものであるから、その措置は必要最小限度の範囲にとどめるべきものである。そうだとすれば、わが憲法の下で、武力行使を行うことが許されるのは、わが国に対する急迫、不正の侵害に対処する場合に限られるのであって、したがって、他国に加えられた武力攻撃を阻止することをその内容とするいわゆる集団的自衛権の行使は、憲法上許されないといわざるを得ない。(18)

ここでとくに注目したいのは(3)であって、「次のような考え方に基づくもの」としてなされた説示は、要するに、「平和主義をその基本原則とする憲法」の精神によれば、「国民のこれらの権利を守るための止むを得ない措置として、はじめて容認されるものであるから、その措置は必要最小限度の範囲にとどまるべき」であり、「したがって、他国に加えられた武力攻撃を阻止することをその内容とするいわゆる集団的自衛権の行使は、憲法上許されない」と結論するものである。

3　さまざまな疑問

けれども、この立論にはいろいろと疑問がある。まず、それは憲法が使用していない「平和主義」の文言を用いているが、その内容は——いわゆる非武装中立論から国連中心主義・戦力保持説に至るまで——人によってイメージが異なっている。にもかかわらず、それを「基本原則とする憲法」と始めることは、解釈のあり方として適切であろうか。

また、その前半では個別的自衛権について説かれた「必要最小限度の範囲」という要件が、「したがって」という接続詞によって、それとは相当違った根拠や内容を有する集団的自衛権の行使の要件にいとも簡単に転用されるのは、妥当であろうか。個別的自衛権と集団的自衛権とを同じ基準で括る以上、両者の間に存する法的性質・根拠又は「権利」内容の共通性に対する認識を明確に示す必要があり、「武力の行使」という点だけをとらえて議論を組み立てるのは、必ずしも適切でないように思われる(19)。

ここに個別的自衛権の発動について説かれる「必要最小限度の範囲」基準を持ち出すとすれば、自国に対する武力攻撃のない事態を前提とした集団的自衛権の行使がその範囲を超えることは火を見るより明らかで、これを説くのにことさら「解釈」という営為は要しない。しかも、その場合、平和条約・日米安保条約・日ソ共同宣言、そして国連憲章といった国際約束において、日本国として繰り返し「個別的又は集団的自衛の固有の権利」を確認し、承認してきたことは、一体どう評価されるのであろうか。

さらに、先に指摘したように、憲法制定時などには明確に認識されていなかった事象や活動を憲法解釈上どう位置づけるか、という基本的な問題に対する答えを回避することもできないように思われる。

4　一九八一年答弁書

このように一九七二年に提出された資料にはいろいろな問題が含まれている。したがって、後に改めて、「集団的自衛権と憲法第九条、国際法との関係については必ずしも明瞭でないので、これを明らかにすることがこの際必要と考える」ということから、稲葉誠一衆議院議員によって、五項目からなる「憲法、国際法と集団的自衛権に関する質問主意書」が提出された(昭和五六年四月二二日)。

その内容は、「一　内閣としての統一した定義／二　独立主義国家たる日本は当然自衛権を持ち、その中に集団的自衛権も含まれるのか。／三　集団的自衛権は憲法上「禁止」されているのか。とすれば憲法何条のどこにどのように規定されているのか。／四「禁止」されていず政策上の問題として「やらない」としているのか。／五　集団的自衛権が「ない」ということで我が国の防衛上、実質的に不利を蒙ることはあるか。」というものであったが、一九八一年（昭五六）五月二九日付け内閣答弁書は、次のように述べる。

> 国際法上、国家は、集団的自衛権、すなわち、自国と密接な関係にある外国に対する武力攻撃を、自国が直接攻撃されていないにもかかわらず、実力をもって阻止する権利を有しているものとされている。
>
> 我が国が、国際法上、このような集団的自衛権を有していることは、主権国家である以上、当然であるが、憲法第九条の下において許容されている自衛権の行使は、我が国を防衛するため必要最小限度の範囲にとどまるべきものであると解しており、集団的自衛権を行使することは、その範囲を超えるものであって、憲法上許されないと考えている。
>
> なお、我が国は、自衛権の行使に当たっては、我が国を防衛するため必要最小限度の実力を行使することを旨としているのであるから、集団的自衛権の行使が憲法上許されないことによって不利益が生じるというようなものではない。

この答弁書については、先に述べたのと同じ問題が含まれているが、政府見解を支持する立場からも「構成に問題がある」との批判が寄せられた。つまり、その文面からする限り、集団的自衛権を行使することも「我が国を防衛するため」にするのであり、それが「必要最小限度の範囲にとどまる」限りは憲法上認められる、というように解し得るからである。そこで正しくは、「自国に対して武力攻撃があった場合においてさえ『必要最小限度』の実力行使しか認められないのであるから、まして他国に対して武力攻撃があった場合に実力行使が認められるはずがない」という趣旨で構成されるべきだというのである。(20)

5　「国際紛争を解決する手段」との関係

憲法解釈問題としては、なお、集団的自衛権の行使は、第九条にいう「国際紛争を解決する手段」に当たるとした元内閣法制局長官の見解の当否も議論になり得る。それは、他国が第三国から武力攻撃を受けた場合、その他国と利害を同じくするわが国が、武力攻撃を受けていないにもかかわらず、その他国を防衛するため第三国に対して武力を行使することは、その他国と第三国との間の武力衝突にちなむ国際紛争を解決する手段に仕えるものであり、「国際紛争を解決する手段」としての武力行使を禁止した憲法からみて認められない、というものである[21]。

この見解は、一九二八年不戦条約を踏まえ、侵略戦争や侵略的な武力行使という形の国権の発動を読み込んできた「国際紛争を解決する手段」の解釈に新たな項目を加える意味を持つが、これまでみてきた政府答弁書の中にその趣旨を明記したものは見当たらない。すでに紹介したとおり、集団的自衛権の法的性質については幾つかの考え方があるが、そのような解釈は、そのいずれとも齟齬をきたし、個別的・集団的自衛権を「固有の権利」と位置づけた国連憲章の基本的な考え方にも背馳することになるからであろう。

おわりに

すでに述べたところから明らかなように、私は、憲法に明確な禁止規定がないにもかかわらず集団的自衛権を当然に否認するという議論にはくみしない。ただ、念のため付言すれば、その意味は、明らかに違憲と断定する根拠は見出しがたいというものである。憲法上認められるからといって集団的自衛権の行使を推奨するものでないのはもちろん、そこには集団的自衛権自体の行使の要件、武力行使に伴う文民統制、対外関係その他を考慮して行われるべき政治的な総合判断と国会両議院の成熟した議論こそが重要である、と言いたいのである。

集団的自衛権は、結局、日米安保体制のために用いられるだけだとの観念には、過去の集団的自衛権の濫用的行使を考慮すると、確かに首肯すべきものがある。けれども、憲法解釈論に過度の負荷をかけ、さまざまな政治的判断の是非をもっぱら憲法条項への当てはめの問題に収斂させる傾向——この点は内閣法制局とは関係がない——には、私は同調することができない。

とはいえ、一部の論者が唱えるように集団的自衛権の解釈の変更が必要だとしても、内閣法制局自身も再三説いてきたとおり、[22]「憲法は我が国の法秩序の根幹であり、特に憲法第九条については過去五十年余にわたる国会での議論の積み重ねがあるので、その解釈の変更については十分に慎重でなければならない」ことは、確かである。

最高裁判所の憲法判例がある場合は別として、具体的な争訟性を備えた憲法訴訟となりにくい分野における内閣法制局の憲法的機能は、最高裁判例に匹敵するものがある。[23]とくに、その憲法判断が長い年月を経て形成された確定的なものであるなら、それ自体、憲法秩序を形づくる要素として尊重することは、法の安定性・予見可能性という観点からいっても望ましい。法令の公権解釈権を有する機関がその解釈を唐突に変えるとすれば、その機関に対する信頼性を大きく損なうだけでなく、法令それ自体に対する不信感を醸成することになりかねず、決して賢明な選択とは思われない。

これまで憲法上否認されると公権的に解釈されてきたものを是認するというためには、やはり憲法改正という公式手続を踏んで明文化するのが最も賢明なやり方だと考えられる。これは、複雑な政治過程を経て形成されてきた解釈の故に規範が有すべき明断さに欠けるような条項にも言えることで、憲法改正は既存の法文につきまとう紛議を解消することを可能にする途でもある。いずれにしても、民主主義の下では、そうした途を選択するかどうかは、法令解釈機関がなすべきことではなく、国政運営の重責を担う政治家の任務に属することは疑いない。

なお、冒頭に示した内閣法制局の見解については、先に紹介したように、同じ質問が国会議員から繰り返し発せられてきたことへのある種の想いが滲み出ているようにも思われるが、これは深読みに過ぎるであろうか。

そもそも、憲法上、内閣は国会と同格部門にすぎず、国会は、法令等の合憲性について最終決定権を持つ最高裁判所の憲法判例がある場合は別として、独自の憲法解釈権を有しているはずで、議院法制局という補助機関も存在する。行政府内部の法令解釈の統一を図るべく内閣の補助機関として設けられた法制局に「国権の最高機関」の構成員がもたれかかっている構図自体、本来、奇妙なことなのである。

（1）参照、浅野一郎＝杉原泰雄監修『憲法答弁集一九四七〜一九九九』（信山社、二〇〇三年）一一九頁以下。
（2）近年の第九条解釈学説の状況については、例えば、樋口陽一ほか『憲法Ｉ〔注解法律学全集(1)〕』（青林書院、一九九四年）一四九頁以下、芦部信喜監修『注釈憲法(1)』（有斐閣、二〇〇〇年）三九四頁以下、青井美帆「九条・平和主義と安全保障政策」安西文雄ほか『憲法学の現代的論点』（有斐閣、二〇〇六年）九三頁以下など参照。
（3）本稿で言及する質問主意書・答弁書は、両議院会議録（官報号外）のほか両議院のホームページ、国会図書館の国会会議録検索システムでも容易に見出すことができるので、煩雑さを避けるため、逐一典拠を示すことは控えた。
（4）例えば、島議員の二〇〇四年五月二八日「政府の憲法解釈変更に関する質問主意書」に対する六月一八日付け答弁書、鈴木議員の二〇〇七年四月二四日「自衛権に関する質問主意書」に対する五月一一日付け答弁書など。
（5）横田喜三郎『自衛権』（有斐閣、一九五一年）一二二頁。
（6）山本草二『国際法〈新版〉』（有斐閣、一九九四年）七三六〜七三七頁。
（7）杉原高嶺ほか『現代国際法講義〈第二版〉』（有斐閣、一九九五年）四五六頁。
（8）山本・前掲書七三六頁。
（9）芦部信喜『憲法学Ｉ』（有斐閣、一九九二年）二九一頁参照。
（10）杉原ほか・前掲書四五六頁。
（11）芦部信喜〔高橋和之補訂〕『憲法〈第三版〉』（岩波書店、二〇〇二年）六〇頁。
（12）高橋和之『立憲主義と日本国憲法』（有斐閣、二〇〇五年）五一頁は、このような政府見解を紹介している。
（13）参照、防衛省編『平成一九年版　日本の防衛』（ぎょうせい、二〇〇七年）九三頁。
（14）佐瀬昌盛『集団的自衛権――論争のために』（ＰＨＰ研究所、二〇〇一年）一七八頁。
（15）そうした考え方から、私自身は、ＰＫＯ協力法について「明らかに憲法に反するとはいえないという意味において、合憲とみるべき」ことを説いている。大石眞『憲法講義Ｉ』（有斐閣、二〇〇四年）五七頁。誤解のないように付言しておくと、私は、ここで違憲か合憲かの問題を述べているのであって、政策的に妥当かどうかを判断しようとしているのではない。

(16) 広瀬善男『戦後日本の再構築——領土・外国人参政権・九条と集団的自衛権・東京裁判』（信山社、二〇〇六年）一一五頁〜一一六頁。

(17) 参照、粕谷 進『憲法第九条と自衛権』（信山社、一九九二年）一四五頁以下。

(18) 佐瀬・前掲書一三〇頁〜一三二頁所引参照。

(19) 私が、「個別的自衛権に関する考え方を集団的自衛権の中に持ち込んでいるにすぎないのではないか」（大石・前掲書五六頁）と記したのは、そのような疑問を指している。

(20) 安田 寛ほか『自衛権再考』（知識社、一九八七年）三二頁〜三三頁。なお、安田 寛『防衛法概論』（オリエント書房、一九七九年）二二三頁。

(21) 高辻正己「政治との触れ合い」内閣法制局百年史編集委員会編『証言　近代法制の軌跡——内閣法制局の回想』（ぎょうせい、一九八五年）四二頁〜四三頁。これに同調する見解として、安田ほか・前掲書三三頁参照。対して、これを「驚くべき」解釈として排斥するものとして、佐瀬・前掲書四四頁以下。

(22) 土井たか子議員の「小泉内閣発足にあたって国政の基本政策に関する質問主意書」に対する二〇〇一年五月八日付け答弁書、同議員の「ミサイル防衛構想、集団的自衛権に関する質問主意書」に対する七月一〇日付け答弁書、伊藤英成議員の「内閣法制局の権限と自衛権についての解釈に関する質問主意書」に対する七月一五日付け答弁書など。

(23) 参照、大石眞「内閣法制局の国政秩序形成機能」公共政策研究六号（二〇〇六年）七頁以下。〔本書Ⅴ部**3**参照〕

Ⅲ部　天皇と皇室

1　元号制度の諸問題

はじめに

千三百年の歩みをもつ伝統的な紀年法、元号（年号）は、「大化」の改新（六四五年）を嚆矢としつつ、律令編纂の完成を期した「大宝」の建言（七〇一年）以後になって、制度として確立したと言われる。そして、長い間、元号を建て年号を改めることは、「天皇の大権に属した」[1]という歴史がある以上、元号制度をめぐる議論は、「天皇制と最も深い関係にある」[2]ことを出発点としなくてはならない。同時に、それは、天皇制というものに対する歴史的・政治的評価が――多かれ少なかれ――つきまとう所以でもあるが、ここではもっぱら憲法論の立場から、元号制度について考察したいと思う。

一　明治憲法下の元号制度

1　「明治」改元詔書と行政官布告

一八六七年二月一三日（慶応三年一月九日）、孝明天皇に嗣いで睦仁親王が践祚した。そうして、即位の礼の一〇日後の翌年一〇月二三日（同四年九月八日）になって、「其れ慶応四年を改めて明治元年と為す。今より以後旧制を革易し、一世一元、以て永式と為す」との改元詔書が発せられ、あわせて、「是迄吉凶の兆象に随ひ屢々改号これ有り候へども、自今御一代一号に定められ候。之に依りて慶応四年を改め明治元年と為す可き旨」決定されたことが、行政官布告によって全国に伝達された。

この改元詔書および行政官布告は、従来行われてきた改元制度と比較すると、①いわゆる代始改元を当然の前提として、②一世一元（一代一号）、すなわち天皇の治世の初めに一度改元すると、その治世の終わるまでその年号を変えないという原則をとる点、そして、③一世一元の制を今後も守るべき「永式」とした点において、特色をもっている。

というのも、古来行われてきた改元には、その理由から分類すると、ほぼ、

（イ）新天皇の治世の初めに行う代始改元（即位改元とも言う）

（ロ）珍しい現象を吉兆とみて行う祥瑞改元

（ハ）大きな災害や異変を天の誡めとして行う災異改元

（ニ）特定の数理に基づく予言思想に従った革年改元

といった種別が見られた。[3]しかも、これらは一世の間でも併用されたから、いきおい改元回数はふえ、さきの孝明天皇の一代を例にとっても、嘉永・安政・万延・文久・元治・慶応の六年号を数える有様であった。

こうした改元のやりかたこそ、「明治」改元詔書にいう「旧制」にほかならず、近代国家の建設を目指す合理主義の立場からすれば、祥瑞・災異・革年などを理由とする改元は、要するに、行政官布告にいう「吉兆の象兆」に左右されるものとして、捨てられるべき方法であったわけである。そして、右のような政府決定の背後に、岩倉具視の一代一号論や、これより前の中井竹山および藤田幽谷の同旨の構想などが存したことは、今日広く知られているところである。(4)

2　一世一元法制の確立

このように、一世一元の制が「永式」と宣言されたためであろうか、その制度を法文化する作業は、直ちには行われなかった。例えば、一八七五年（明八）に設置された立法機関たるべき元老院は、翌年からの五年間、三次にわたる「国憲」（憲法）案をまとめたが、そのいずれにも、改元関係の規定を見出すことはできない。

もちろん、「明治」改元に際し、一世一元の制の実施を強く推した岩倉具視などは、多少の問題を意識していたごとくで、実際、元老院による「国憲」案調査の頃、別に「奉儀局開設建議」を提出し、その「憲法」調査議目の中に、「改元」について「一代数改」を許すか、「一代一元」とするか、さらには「元号を用いず紀元何年と称す」るか、という問題点を示している。(5)が、これに対しては、「漢土も明代より一代一元の制を定め今日清朝これに沿襲す、これに沿ふべし。御維新後一代一元の制なれば此れにて当然なるべし。御一代数度の改元は巳に無用なるべし」(6)（宮内省出仕・伊地知正治の意見）というのが、大方の態度であったようである。そのため、後の皇室典範の始源的草案と位置づけられるべき宮内省立案の「皇室制規」（明治一八年）にも、それを改修した「帝室典則」（同一九年）にも、元号に言及した部分はまったく見られない。

ところが、この態度は、一八八七年（明二〇）一月、柳原前光の起草した「皇室法典初稿」(7)が、建元について、「一世間再び改めざること明治元年の定制に従ふ」ことを明記してから、明らかに変更された。そして、こののち、とくに伊藤博文、井上毅および伊東巳代治の三人が、柳原を囲んで開いたいわゆる高輪会議（同年三月）における決定以後は、皇室典範草案の中に、一貫して建元に関する規定が設けられており[8]、枢密院会議でもほぼ異論なく通過して、一八八九年（明二二）二月一一日に勅定された皇室典範第一二条は、「践祚ノ後元号ヲ建テ一世ノ間ニ再ヒ改メサルコト明治元年ノ定制ニ従フ」と規定したのである。

しかし、これで問題が片付いたわけではなかった。というのも、右の規定は、一世一元の制を成文化したにすぎず、その実施に際して具体的に問題となる改元の時期・手続・公布形式などについては、何ら定めるところがないからである。一世一元が新機軸である以上、これらについても再検討することが必要となろう。これに答えたのが、明治天皇の年齢も五〇歳を超え、副総裁に伊東巳代治を迎えてから（明治三六年）、本格化した帝室制度調査局の作業である。すなわち、その一成果である登極令[9]（明治四二年皇室令一号）は、「天皇践祚ノ後ハ直ニ元号ヲ改ム　元号ハ枢密顧問ニ諮詢シタル後之ヲ勅定ス」（二条）として、即時改元の方式とその手続とを定めるとともに、「元号ハ詔書ヲ以テ之ヲ公布ス」（三条）という形式を明記している。これによって、「明治」改元以来約四〇年を経て、ようやく一世一元の元号制度が完備したことになる。

ここで、改元時期が「直ニ」と限定された点は、大いに注目されよう。というのも、従来、践祚の翌年に年号を改めるという踰年改元がほぼ慣例化しており、「明治」改元自体これにならったにもかかわらず、右の登極令の規定は、むしろ即時改元と特定し、少なくとも、伝統的な踰年改元法を、はっきりと否定する意味をもつからである[10]。言い換えると、典範第一二条の「明治元年ノ定制」とは、もっぱら一世一元のみを指し、踰年改元の方法までを含意していないと解されるわけである[11]。

こうしてみると、一世一元かつ即時改元という明治憲法下の元号制度は、古来の伝統をそのまま尊重したものというより、むしろ意識的な変更、新しい選択の産物であったと言うことができよう。したがって、「元号は明治元年の定制に依り其の法律上の性質を変じたるものにして、旧制に於ては元号は単純なる年の名称なりしに反して、現時の制に於ては天皇在位の称号として其の終始は全く在位と相一致す[12]」と説明されたのである。

3　改元実例と元号法制との間

明治憲法施行の間、改元は二度あった。嘉仁親王および裕仁親王の践祚の時で、いずれの場合にも、所定の枢密顧問への諮詢を経、践祚当日、内閣総理大臣以下各大臣の副署を経て、官報号外により、改元詔書が公布されている。両詔書の文言には多少の異同もあるが、ともに枢密院における議決どおり勅定された。

しかしながら、枢密院に諮詢されるべき内閣原案の決定に至る過程には、大きく異なる部分があった[13]。すなわち、いずれの場合も先帝崩御以前から検討が進められたものの、「大正」改元の時は、内閣総理大臣（西園寺公望）が、旨を承けて元号勘進の内案を有識者に作成させたのに対し、「昭和」改元の時は、内閣による元号案提出に先行するかたちで、宮内大臣（一木喜徳郎）の命を受けて宮内省による勘進案の検討が別に行われ、これも内閣総理大臣に提出されたのである。そして、「昭和」はこの宮内省案の中に存したものであったが、この場合における宮内省独自の動きがとくに注意されるべきであろう。

さて、上述のとおり、両改元詔書については、内閣総理大臣以下各国務大臣の副署が行われた。この点も大いに注目に値する。というのも、登極令公布の二年前に制定された公式令（明治四〇年勅令六号）によれば、皇室の大事を宣告する詔書については、宮内大臣および内閣総理大臣のみの副署が要求される一方、大権の施行に関するものに限って、内閣総理大臣・国務各大臣の副署が求められていたからである（一条二項）。したがって、二度の改元実例が後者の詔書によって行われたことは、改元関係の規定が、当初「皇室の家法[14]」として条定された皇室典範、そして皇室令たる登極令の中に置かれたにもかかわらず、改元という行為が、宮務ではなくむしろ、いわゆる政務に属することを示したものと解されよう。

ここでも、その意味で、次のような美濃部達吉の分析を紹介し、参考に供しておきたい。いわく、(15)

元号を建つるは事直接に国民の生活に関し、性質上純然たる国務に属することは勿論にして、固より単純なる皇室の内事に非ず。故に、之を憲法に規定せずして、皇室典範に規定したるは恐くは適当の場所に非ず。其の皇室典範に規定せられたるに拘らず、大正又は昭和の元号を定めたる詔書が宮内大臣の副署に依らず、各国務大臣の副署を以て公布せられたるは蓋し至当の形式なり。

二　現行憲法下の再法制化と問題点

1　元号制度の根拠法をめぐって

一九四七年（昭二二）五月三日、日本国憲法の施行と同時に、新しい皇室典範が同年法律第三号として施行されたが、ここには旧典範第一二条のような元号関係の規定がまったく存しない。新典範の内容は皇室の身位に関するものに限り、「国務的な事項」を含みえないと考えられたからである。もちろん、当時、政府において、「皇位の継承があったときは、あらたに元号を定め、一世の間これを改めない。元号は政令でこれを定める。」という、閣議決定まで行った元号法案も用意されていた。ところが、「元号制度は年を数えるについての一つの権威として天皇を扱うことになり、新憲法のたてまえからいって好ましくない」旨の占領軍総司令部（ＧＨＱ）の意向が伝えられたため、その元号法案は撤回されている。(16)

したがって、「昭和」改元詔書自体は、日本国憲法の「条規に反する……詔勅」として「その効力を有しない」（第九八条二項）とは断言できず、また現に「昭和」年号は広く国民の間でも用いられていたとはいうものの、少なくとも、旧典範が廃止された以上、一世一元という制度は、明らかにその法的根拠を失ったかのように見えた。

けれども、一九五五年（昭三〇）頃まで、政府および有力な学説の立場は、そうではなかった。すなわち、旧典範第一二条が「明治元年ノ定制」と呼んだ上記の行政官布告は、なお存続しているというのである（行政官布告有効説）。この考え方は、新典範草案を審議した第九一回帝国議会における金森徳次郎国務大臣の答弁の中に、すでに登場する(17)が、学説上も、たとえば佐々木惣一は、一代一号の制は、「日本国憲法と矛盾するものではないから、今後これを改廃しない限り、その効力を存続する(18)」と解していたし、美濃部達吉は、一層はっきりと、「別に法律を以て定められない限り、明治元年以来の一世一元の制（明治元年九月八日布告）は其の儘維持せられて居るもの(19)」と説いていたのである。

しかしながら、こうした行政官布告有効説には大きな難点があった(20)。まず、一世一元を定める行政官布告は主権者天皇制と一体であり、国民主権の原理・象徴天皇制をとる現行憲法に抵触するという立場（違憲無効説）からの論難が予想される。さらに決定的に重要なのは、政府見解を前提とした場合の内在的な問題点である。すなわち、上述のごとく、新典範とともに元号法案が用意されたということは、改元にかかわる規定が法律事項に属するとの解釈を前提とする(21)。ところが、他方、新旧両憲法間の経過措置を定めた「日本国憲法施行の際現に効力を有する命令の規定の効力等に関する法律」（昭和二二年法律七二号）の第一条によって、従前の「法律を以て規定すべき事項を規定するもの」は、一九四七年（昭二二）末日まで効力を有すると定められていた。そうすると、政府見解に立っても、右行政官布告は、やはりその日をもって効力を失ったと考えざるをえないわけである（法律七二号による失効説）。

そのため、一九六〇年（昭三五）頃から、政府の立場は明らかに変更された。有力な学説の中には、「昭和」元号制度は慣習法として行われるが、一世一元の原則は無効であるとする考え方を示すものもあった(22)。けれども、政府は、一世一元を元号制度の不可欠の要素とみたごとくで、逆に、右行政官布告は現行憲法施行とともに失効したとの前提に立った上で、「現在の元号制度というものは法律的な根拠をもってその使用を強制するというような性質のものではなく、「いわば事実たる慣習として昭和という年号が用いられている」と言明するようになった[23]（昭和四三年四月三日内閣法制局次長答弁、習律説または慣習説）。一般には法律行為の解釈について意味をもつ「事実たる慣習」（民法九二条参照）という概念がここで登場する意味は、実はよく判らない。ただ、当局者の説明によれば、「現在の陛下の御在世中に限る」、したがって、次の皇位継承の時は「空白の時代が始まる」趣旨である、とされた（昭和五〇年三月一八日内閣法制局第一部長答弁）。

2　元号法の制定過程と憲法論議

こうした政府見解の揺れは、元号制度が法的に不安定な状況にあることを示しているが、そのため、その法制化を求める運動も活発になる。もちろん、この頃行われた総理府の世論調査は、国民の約八割が元号の存続に賛成することを伝えており、これを反映して、学説の上でも、元号の法的根拠を「慣習法的なもの」[24]とみる有力な考え方は、なお維持されていた。しかしながら、明確な法制化を求める声は強く、一九七八年（昭和五三）には、「元号法制化促進国会議員連盟」や民間レヴェルの「元号法制化実現国民会議」などが結成され、政府も閣議決定をおこなって、翌年（昭和五四）二月初めには、次のような本則と附則各二項から成る簡単な元号法案を、国会に提出するに至った[25]。

1　元号は、政令で定める。
2　元号は、皇位の継承があった場合に限り改める。

附則

1　この法律は、公布の日から施行する。
2　昭和の元号は、本則第一項の規定に基づき定められたものとする。

かつて撤回された元号法案（昭和二二年）と較べると、「一世の間これを改めない」旨が削られ、一項と二項が入れ替っただけで、一世一元（一代一号）の原則はまったく変わっていない。言うまでもなく、現行法上、皇位の継承は天皇崩御の場合に限られると解されるからである（皇室典範四条参照）。この時の総務長官の説明によれば、法案の提案趣旨は、元号は国民生活の間に定着し、大多数の国民もその存続を希望しているものの、法的根拠はなく、「昭和」年号も事実たる慣習として使用されているにすぎないので、「元号を制度として明確で安定したものとするため、その根拠を法律で明確に規定する」という点にある。

もちろん、こうした動きに対しては、一方で強い批判も存した。その憲法的な要点は、一世一元の元号制度は、君主主権の体制を前提とし、国民主権という現行憲法の原則と根本的に矛盾する、というところにある。その立場から、各種の元号法制化反対声明[26]が出され、学説上も、それは「違憲ないし不適当」だと論じられたりした。[27]元号法制化の問題が、「日本国憲法下の天皇制をいかに受けとめるか、新旧天皇制の継続面と断絶面とをいかに評価するかの問題」である[28]、と言われた所以である。

さて、両議院における元号法案の審議は、各々の内閣委員会を中心に行われたのち、四月二四日の衆議院での可決、六月六日の参議院での可決によって、元号法は政府原案どおり成立し、法律第四三号として公布された。その審議の過程において、①国民主権・象徴天皇制との関係が問われたことは言うまでもないが、②国民の元号使用義務の問題も、相当に議論されている。[29]

まず、①の問題について言えば、一世一元の元号制度を法制化することは、国民主権を原理とし、象徴天皇制をとる現行憲法と相容れない、とする反対論があった。これに対して、政府は、元号の法制化は天皇の地位や性格に何ら変更を加えるものではなく、主権の存する国民の総意に基づく象徴天皇制の下で、天皇の在位期間に合わせて年号を改めるとしても、憲法違反の問題は生じない、とする。議論は最後まで並行線をたどったごとくであるが、ただ、参考人林修三氏の主張されたように、天皇の在位期間に年号を合わせる一世一元の元号制が、「象徴制に最もふさわしい」「きわめてふさわしい」とまで言えるかは、かなり問題であろう。従来、天皇「象徴」制の効果として、そのように年号が積極的にとらえられたことはないからである[30]。思うに、この点について言えることは、国会が、現行憲法の下における国民生活を考慮して、伝統的な年号方式を紀年法の一つのあり方として定めうるということにすぎまい。

次に、②の元号使用義務について問題とされたのは、とくに、(イ)出産届など国民が公的機関に提出すべき書類への元号記載の強制と、(ロ)公務員の使用義務とである。まず、(イ)については、従来の取扱いでも西暦による届出をそのまま受理しており、ただ戸籍簿への記載といった国の事務については、統一的な事務処理の必要上元号に書き換えることが行われ、政府も今回その点を確認している。一方、(ロ)について、政府は、「元号法そのものには使用規定はない以上、公務員に使用義務が生ずることはない。しかし、上司から使用の命令がある場合には服務規定に基づいて、これに従わざるを得ず、これに反する場合には当然懲戒処分の対象となりうる」旨の答弁をしている。なお、公務員の表現の自由との関係で問題があるという主張も行われた。けれども、公文書作成上の職務命令にしたがう限りで、それが制限されるとしても、仕事の性質上やむをえないであろう。

3　元号法の合憲性

現行の元号法は、以上のような論議を経て成立し、公布即日施行された。けれども、今日なお、元号法違憲論または憲法不適合説も有力に唱えられているので、これについて検討しておこう。

何といっても、「問題は、国民主権の下における象徴天皇制と『一世一元』元号制度との関係にある」[31]と考えられるが、この点について、例えば樋口陽一教授は、その有力な立場を代表して、次のように説かれる[32]。

「象徴」としての天皇の在位ごとに元号を改めるという制度は、論理的にいえば、日本国憲法のもとで適合的でないとは必ずしもいえないであろう。しかし、歴史的にみるならば、……一世一元制は、明治維新による天皇親政、および帝国憲法によって確認される天皇主権の原理と密接不可分に結びついていたのであり、……旧憲法の天皇と、日本国憲法の天皇との間におかれているはずの質的な断絶性を、あいまいにするものといわなければならない。そしてそれは、日本国憲法の「象徴」規定が、旧憲法下の天皇のありかたを否定する消極的な意味での規範的意味をもつと解する以上、それとの適合性を疑われる余地があるといわなければならない。

ここで注目されるのは、端的に違憲と断定されていないことである。それは、おそらく、さきの政府答弁をふまえ、さらに、一世一元制に固有な要素は在位中改元しないということであるから、そうした元号制度を採用すること自体は何ら憲法に違反しないといった反論[33]（合憲説）をも、ありうる一つの立場として考慮に入れたためであろう。

さて、そもそも、国事行為以外の天皇の権限を法律によって新たに創定することが、現行憲法の下でみとめられないことは、多言を要しまい（憲法四条一項参照）。しかし、元号法という法律の形式をとることは、国民生活に関わりの深い紀年法の決定が、現行憲法施行の時まで存続していた旧来の天皇の「元号大権[34]」に属することを明らかに否定し、現行憲法の下では、それが本来国会の所管に属することを示す、という法的な意味をもつはずである[35]。したがって、紀年法を法律によって規定することは、憲法上の「象徴」規定に合意される「消極的な……規範的意味」にも合致する。そして、さきに一言したように、国会が国民生活の実際を考慮して、その紀年法のあり方として、伝統的な年号方式の採用を決定することも、一つの選択としてありうる、と私は思う。その意味で、元号法の違憲論または憲法不適合説には賛成しがたい。と同時に、他方また、一世一元の元号制こそが、「象徴」天皇制に「最もふさわしい」といった積極的合意論にも、与しがたい。なぜなら、この考え方は、特定の制度を憲法的に固定することを意味し、右のような立法的な選択の余地を残さないものだからである。

すでに現行法上、「象徴」制のゆえに、天皇誕生日を国民の祝日とし（国民の祝日に関する法律第二条）、天皇に特別の敬称をみとめ（皇室典範二三条）、天皇崩御に際して国家的儀式を行う（同二五条）ことなどが定められている。そして、一般に、これらの法定措置は、憲法の許容範囲内にあると解されている。[36] 元号制度についても、これらと同様に考えるべきである。つまり、それは、「象徴」天皇制をとる憲法が、積極的に要求するものでも、逆にまた積極的に排除するものでもなく、通常の立法によって改廃することの可能な、憲法の許容する範囲に属することがらと見るべきであろう。私が、一つの選択として元号制度を法定することもありうると強調するのは、その意味である。

4　元号法運用上の諸問題

元号法には、右にみた憲法問題のほかに、なお、その具体的な運用をめぐるいくつかの論点が存する。というのも、同法は、改元の事由について定めるのみで（二項）、改元の方法や時期などの手続については特定せず、たんに「元号は、政令で定める」（一項）というにすぎない。そして、「政令で定める」との文言は、政府答弁によれば、新元号の名称と年号改称の時期とを内閣が決定する、という意味をもつにとどまるからである。[37]

そこで問題となる第一点は、新元号の具体的な選定手続のあり方である。ただ、これについては、元号法の施行後半年して、閣議報告を経て承認された政府の手続要綱[38]が作成された（昭和五四年一〇月二三日）。五年後の行政組織改革および十年後の昭和天皇の崩御に際して一部手直しされ[39]、その結果、政府の元号選定手続要綱は、現在、大要次のように整理することができよう。

①　内閣総理大臣が、高い識見をもつ若干名の考案者を選び、各考案者は、複数の元号候補名を提出する。

②　内閣官房長官は、候補名を検討・整理し、その結果を内閣総理大臣に報告したのち、その指示に従い、内閣法制局長官の意見を聴いて、数個の新元号原案を選定する。

③　内閣官房長官は、その選考にかかる各界の有識者懇談会を召集し、新元号の原案について意見を求めて、その結果を内閣総理大臣に報告する。

④　全閣僚会議において、新元号の原案につき協議し、改元の政令を閣議決定する。なお、内閣総理大臣は、新元号の原案について、両議院正副議長の意見を聴くこととされる。

これによって、具体的な改元方法は、ひとまず示されているわけである。当然のこととは言え、「昭和」改元の時に見られたような、宮内関係者の関与が一切排除されることは、注目されよう、もちろん、制度上、天皇の関与も、改元政令の公布という場面に限られることになる（憲法七条一号参照）。

第二に、内閣が新元号の名称とともに決定すべき改元の時期の問題がある。これについて、元号法を審議した際の政府答弁は確答を避けているし、また右の手続要綱も、まったく触れるところがない。そのため、種々の議論が可能であるが、大別すると、次の二つの考え方に分かれよう。

(a)　改元の決定と施行を同時に行うというもの。具体的には、「大正」「昭和」改元の実例にならって、即日決定かつ即日施行とする。

(b)　改元の決定・公布と新元号の施行時期とを区別するもの。ここではさらに、決定・公布は可能な限り速やかに行うという点では同じでも、施行については、(イ)いわゆる踰年改元とするものと、(ロ)翌日施行とするものとがありうる。

このうち、(a)方式については、先述のごとく、古来の改元方法からすると、むしろ異例に属するという消極的な評価がまずありうる。さらに、改元の決定に要する実際的な時間を考慮すると、先帝崩御の前に、右に紹介した選定手続を開始するとともに、新元号の遡及する日時を示すという必要が出てこよう。したがって、一般的には、(b)方式が妥当と思われるが、その中でも、(イ)踰年改元の原則を最も明瞭に主張されるのは所功教授であって、次のように提案される。(40)

改元の実務は可能な限り速やかに進めて新元号を決定し公布したうえで、その施行は翌年正月一日午前零時からとする二段階方式をとる……（中略）その準備は、新帝践祚の諸儀式……終了後、内閣から然るべき学者に元号候補名の考案を委嘱することからはじまる。そして……前記のような選定手続きを慎重に進め、閣議で新元号を決定すると同時に、施行期日も翌年元旦からと決定し、その両事項を記載した政令を速やかに公布する。

もっとも、常に施行時期を踰年とするのが妥当かどうかは問題である。ある年の前半、しかも一、二月といった早い時期に改元事由が生じた場合、残りの長い日月をずっと旧い元号で通すというのも、現在の国民生活には多少なじまないように感じられるからである。

実際、さきの「平成」改元に際しては、(b)方式のうちの(ロ)、つまり「公布の翌日から施行する」旨の附則を含む政令が制定されている（昭和六四年政令一号）。もちろん、この政令はことがらの性質上処分的なものであるから、その附則も、今後翌日施行を原則とするような趣旨まで含むものではない、と解するのが妥当であろう。

（1）石井良助『天皇』（山川出版社、一九八二年）二三五頁。
（2）瀧川政次郎『元号考証』（永田書房、一九七四年、再版・一九八八年）一七四頁。
（3）参照、所 功『日本の年号』（雄山閣出版、一九七七年）八九頁以下、植木直一郎『皇室の制度典礼』（第一書房、一九一四年、復刻版・一九八六年）九四頁以下。

(4) その点については、とくに所 功『年号の歴史』(雄山閣出版、一九八八年)一七八頁以下および荒川久壽男「一世一元制の成立」神道史学会編『年号の歴史』(皇学館大学出版部、一九七九年)六八頁以下を参照。
(5) 小嶋和司「帝室典則について」同『憲法論集』第一巻(木鐸社、一九八八年)七四頁。
(6) 小嶋・前掲書七八頁。
(7) 稲田正次『明治憲法成立史』下巻(有斐閣、一九六二年)九六六頁以下、梧陰文庫研究会編『明治皇室典範制定本史』(大成出版社、一九八六年)七五頁以下に所収。
(8) 小嶋・前掲書一八七頁以下参照。
(9) 参照、所 功「『登極令』の成立過程」産大法学二二巻三・四号(平一)一一八頁以下。
(10) 賀茂百樹『登極令大要』(大一)には特別の言及はないが、多田好問『登極令義解』はそれを明言する。所 功「昭和の践祚式と改元」別冊歴史読本『天皇の即位礼と大嘗祭』(一九八八年)一八六頁の引用部分を参照。なお、奥田義人『登極令義解』(一九一四年)も存する由であるが、未見。
(11) その点については、所『年号の歴史』一八六-一八七頁。
(12) 美濃部達吉『憲法撮要』(改訂第五版、一九三二年)二一九頁。
(13) 大部の公的記録が存するが、ここでは、所 功『日本の年号』二一八頁以下、同『年号の歴史』一八八頁以下による。
(14) 皇室典範義解の序文に見える表現。『憲法義解』(岩波文庫、一九四〇年)一二七頁。
(15) 美濃部『憲法撮要』二一九-二二〇頁。したがって、美濃部は「皇室典範第十二条に建元大権のことを定めて居るのは、事純然たる国務に関するもので……宜しく憲法中に規定せらるべきものである」と説く(同『逐条 憲法精義』〈有斐閣、一九二七年〉一一三頁)。
(16) 参照、佐藤達夫「西暦と元号」時の法令三三八号(一九六〇年)二一-二三頁。
(17) 所 功『年号の歴史』一九二頁、二二〇-二二一頁所収。
(18) 佐々木惣一『改訂日本国憲法論』(有斐閣、一九五二年)一六〇-一六一頁。
(19) 美濃部達吉『日本国憲法原論』(宮澤俊義補訂版・有斐閣、一九五二年)二三二頁。
(20) 諸説については、結城光太郎「元号制」清宮四郎ほか編『新版憲法演習Ⅰ』(有斐閣、一九八〇年、改訂版・一九八七年)五頁以下。
(21) 林修三内閣法制局長官の答弁も、同旨を説く(昭和三四年二月六日)。ただし、美濃部・前掲書二二六頁は、政令所管説に立つ。
(22) 宮澤俊義「元号について」(一九五〇年)同『憲法と天皇』(東京大学出版会、一九六九年)二一〇-二一一頁。なお、我妻栄編

『新版・法律学辞典』（有斐閣、一九六七年）三〇六頁も、元号を「慣習法的な」ものとみる。

(23) 詳しくは、所・前掲書一九二頁、二二六頁以下。本文紹介の次の答弁も同じ。

(24) 宮澤俊義「元号と憲法」（一九七三年）同『憲法論集』（有斐閣、一九七八年）三九八頁。同旨、伊藤正己ほか編『憲法小辞典』（有斐閣、一九七八年）八四頁。

(25) 参照、所『年号の歴史』二二八頁以下、高橋幸男「元号法点描」内閣法制局百年史編集委員会編『証言・近代法制の軌跡』（ぎょうせい、一九八五年）四四〇頁以下。

(26) 永原慶二＝松島栄一編『元号問題の本質』（白石書店、一九七九年）一九七頁以下に賛否両論の資料が収められているが、法律的論議としては、特集「元号の法制化問題」ジュリスト六八八号（一九七九年）がある。

(27) 有倉遼吉「元号法制化問題の憲法学考察」法律時報五一巻四号（一九七九年）五二頁、奥平康弘「国歌・国旗・元号」奥平＝杉原泰雄編『憲法学6』（有斐閣、一九七七年）一八八頁など。

(28) 佐藤 功『憲法問題を考える』（日本評論社、一九八一年）一一頁。

(29) 参照、佐藤 功・前掲書一一頁以下、高久泰文「元号法について」ジュリスト六九六号（一九七九年）六六頁以下、林 修三「元号法制定をふりかえって」法律のひろば三二巻八号（一九七九年）二一頁以下など。

(30) なお、小森義峯「年号と現行法」神道史学会編『年号の研究』八四頁以下は、積極的合意論に通じるが、「象徴」制の効果として論じられているわけではない。

(31) 佐藤 功『新版・憲法（上）』（有斐閣、一九八三年）五一頁。

(32) 樋口陽一ほか『注釈日本国憲法・上巻』（青林書院、一九八四年）八〇頁。ほぼ同旨を説くものとして、小林直樹「元号法成立の意味と問題点」法律時報五一巻八号（一九七九年）一四頁、小林孝輔「元号制度と憲法」ジュリスト九三三号（一九八九年）一五六頁、針生誠吉＝横田耕一『国民主権と天皇制』（法律文化社、一九八三年）三六九–三七〇頁。

(33) 結城・前掲論文一〇頁、百地 章「天皇」佐藤幸治編『憲法Ⅰ』（成文堂、一九八六年）所収二六一頁を参照。

(34) 瀧川・前掲書三一頁。ただし、現行憲法の下、その用語が妥当しないことをのちに自認された点については、同書二一頁参照。

(35) したがって、針生＝横田『国民主権と天皇制』三七一頁も、「その意味で、元号法は日本の『伝統』を破り、天皇から機能を奪うことを確認した一面もある」と言う。

(36) 参照、宮澤俊義＝芦部信喜『全訂日本国憲法』（日本評論社、一九七八年）五二–五三頁。

(37) 以下の問題点については、所 功『年号の歴史』一九四頁以下に詳しい。

(38) 『内閣制度百年史・下巻』（一九八六年）七五–七六頁所収。

(39)　参照、齋藤憲司「資料集成・象徴天皇制（二）」ジュリスト九三八号（一九八九年）一一五頁。
(40)　所・前掲書一九九頁。また、同「昭和の践祚式と改元」一八七頁。

2 皇室典範改正論議

はじめに

皇位継承制度の歴史的なとらえ方を、新旧の皇室典範またはそれ以前の皇室制度に照らして解説するとともに、憲法上の世襲要件についての考え方、皇室典範改正論議のあり方などについてコメントすること——これが編集部から私に与えられた課題である。

この問題については、周知のように、小泉政権下の二〇〇五年（平一七）一一月二四日、将来にわたり皇位継承を安定的に維持するための制度と関連諸制度のあり方を検討してきた「皇室典範に関する有識者会議」——以下では「有識者会議」と略称する——が、①皇位継承資格を女子や女系の皇族に拡大すること、②皇位継承順位は男女の区別なく長子優先の年齢順とすることの二点を柱とする、注目すべき『報告書』を提出している。

その後、この報告書の趣旨に沿った皇室典範改正法案が用意されたものの、秋篠宮妃の懐妊とともに法案をめぐる動きは止まってしまい、さらに翌二〇〇六年（平一八）九月六日、久しぶりの皇族男子、悠仁（ひさひと）親王が誕生したことを契機として、政府・与党の内外において、皇室典範改正論議それ自体を棚上げしようとする空気が強くなり、今ではほとんど停滞している。

こうした状況に、われわれはどう向かい合ったらよいのか。その何らかの手がかりを探ること——これが編集部の意図されたところかと思われる。もとより、皇位継承制度については、現行憲法制定時の憲法議会と臨時法制調査会、約五〇年前の内閣「憲法調査会」、そして国会両議院「憲法調査会」などにおいて、相当の論議があった。いずれも大いに参考になるが、ここでは、このたび提出された有識者会議の『報告書』を具体的に参照しながら、その期待に少しでも応えることにしよう。

一　皇位継承制度への基本的な視点

皇位、すなわち天皇の地位が世襲されることを前提として、その継承制度のあり方を見るときの主なポイントとしては、(a)継承資格、(b)継承順位、(c)継承原因が挙げられる。そして、いずれもその認定について複数の基準があり、具体的な皇位継承制度がどの基準によっているかを見極める必要がある。これに対する理解を抜きにしては、制度のあり方を議論することはできないからである。

すなわち、まず、(a)皇位継承の資格については、皇族の範囲、父方・母方という血筋の系統、母親の地位および性別の四点に着目して、それぞれ、永世皇族制・世数限定制、男系・女系、嫡子・庶子及び男子・女子といった区別が、重要な意味をもつことになる。このうち、永世皇族制とは、世数——親子関係の順序の数——を問わず、天皇・皇族の子孫はすべて皇族とする制度をいい、世数限定制とは、皇族の範囲を一定の世数までの者に限定するものを指している。

他方、(b)皇位継承の順位については、血族関係の直接性、血統の長幼の序及び皇子の年齢順の三点に着目して、それぞれ、直系・傍系（親子のつながりを重視するものと同一先祖をもつことを重視するもの）、長系・幼系および長子・次子・第三子といった区別が、やはり重要な意味をもつことになる。

また、(c)皇位継承の原因については、天皇の死亡——とくに「崩御」と呼ばれる——の場合に限るか、天皇が生前に退位して他の者が皇位に就くこと——これも「譲位受禅」と呼ばれる——を認めるかの違いがある。

以下では、このような基本的な予備知識を前提として議論をすすめるが、ここでは、法的な性格が大きく異なるにもかかわらず、同じ名称が与えられている新旧の皇室典範を指示する際に混乱を来たさないようにするため、現に有識者会議『報告書』がそうしたように、一八八九年（明二二）二月一一日に「皇室の家法」として勅定された皇室典範を「明治典範」、一九四七年（昭二二）一月一六日に法律第三号として公布された皇室典範を「現行典範」と呼んで、両者を区別することにしたい。

なお、有識者会議『報告書』は、議論の素材ともされた詳細な充実した『参考資料』をともなっており、これを検討することなしには、その立論の背景と提案の内容をよく理解することはできないように思われる。ここでは、紙幅の関係上それらを逐一紹介することはできないので、テーマに興味をもたれた読者には、是非ご参照をお願いしたい。

二　不文憲法時代から現行憲法体制まで

1　不文憲法体制

帝国憲法と明治典範が制定されるまでの長い歴史は、いわば不文憲法の時代に相当するが、ここでは、皇位が世襲されることを大前提として、複数配偶制または側室制度が当然視され、天皇の非嫡出子——皇庶子——にも皇位継承権がみとめられていた。

また、一時的な変例であったにせよ、推古天皇に始まり、皇極天皇・持統天皇・孝謙天皇に代表されるように、八人一〇代の女性天皇——しばしば「女帝」と言われる——の例があったことは、広く知られている。さらに、そこでは生前退位の制度がみとめられ、摂政就任資格も必ずしも皇族に限られてはいなかった。

このような状況について、有識者会議『報告書』は、以下のように整理している（『参考資料』二九頁、三二頁）。

① 皇位は、すべて皇族に属する者により継承されている。
② 皇位は、すべて男系により継承されている。
③ 奈良時代・江戸時代に、一〇代八人の女性天皇が存在する。但し、いずれも男系に属する女子である。
④ 明治天皇より前の皇位継承者の半数近くは、非嫡出子である。
⑤ 天皇の直系子孫による継承例が半数を超えるが、直系子孫がいないときは、傍系によって継承されている。

2　明治典憲体制の場合

しかし、明治政府になって、新たな憲法秩序を成文化しようとする動きが活発になる。これは、いわゆる不平等条約の改正という大きな目標に向けた法典編纂事業という意義も帯びることになるが、明治典範も、その一環として宮内省図書頭、井上毅を中心に憲法草案に先立って起草され、これと同時に勅定されたものであった。

このように憲法典とは別個に独自の法典を設けるという構想は、次のように明記した一八八一年（明一四）七月の岩倉意見書以来の既定方針に沿ったものであった。


帝位継承法は祖宗以来の遺範あり。別に皇室の憲則に載せられ、帝国の憲法に記載は要せざる事

明治典範によって、これまで通り皇庶子の皇位継承権はみとめられたものの、嫡出・嫡系優先の原則が採用された。また、過去に例のあった女性天皇やそれまでしばしば行われてきた生前退位の制度、そして皇族以外の者の摂政就任資格は、すべて否定されることになった。その限りで、「祖宗以来の遺範」は明らかに変更されたものと見られるが、

皇位継承について帝国憲法・明治典範が定めた原則は、以下のごとくであった（読みやすさのため読点を施している）。

憲法第二条　皇位ハ、皇室典範ノ定ムル所ニ依リ、皇男子孫、之ヲ継承ス。
典範第一条　大日本国皇位ハ、祖宗ノ皇統ニシテ男系ノ男子、之ヲ継承ス。
同　第二条　皇位ハ、皇長子ニ伝フ。
同　第三条　皇長子在ラサルトキハ、皇長孫ニ伝フ。皇長子及其ノ子孫皆在ラサルトキハ、皇次子及其子孫ニ伝フ。以下皆之ニ例ス。
同　第一四条　皇子孫ノ皇位ヲ継承スルハ、嫡出ヲ先ニス。皇庶子孫ノ皇位ヲ継承スルハ、皇嫡子孫皆在ラサルトキニ限ル。

明治典範第一条にいう「祖宗ノ皇統」とは、「一系の正統を承くる皇胤」、つまり天皇の子孫を意味し、同条全体としては、①「皇祚《こうそ》（＝皇位）を践《ふ》むは皇胤に限る」、②「皇祚を践むは男系に限る」、③「皇祚は一系にして分裂すべからず」という「万世に亙りて易《か》ふべからざる……三大則」を表現したものと解説されている（伊藤『帝国憲法・皇室典範義解』参照）。

もっとも、ここに至るまでの立案過程においては、例えば、元老院の三次にわたる「国憲按」（明治九年・一一年・一三年）などが女帝制度を認めていたこと、にもかかわらず、井上の「謹具意見」などを契機に明治典範において女性天皇の制度が否定されたことに注意する必要がある。その否定理由は、しばしば誤解されるように男女差別思想などによるものではなく、むしろ、過去の女性天皇も実はすべて男系であり、かつ、すべて寡婦または未婚に限られていたから、古来、男系の天皇に限定される点は変わることがなかったという歴史的事実を重視するとともに、女性天皇をみとめると将来必ず女系の天皇の可否という問題に逢着せざるをえない、という点に配慮した結果であることは、今日ではすでに常識になっているといってよい。

3　日本国憲法の時代

現行憲法体制の場合、皇位の世襲制を当然視しつつ、皇庶子の存在を予定していないので、庶子の皇位継承権も認められないと考えられるが（側室制度も否定される）、現行憲法・典範は、その前提に立って、皇位について以下のように規定している。

憲法第二条　皇位は、世襲のものであって、国会の議決した皇室典範の定めるところにより、これを継承する。
典範第一条　皇位は、皇統に属する男系の男子が、これを継承する。

その上で、現行典範は、「皇位は、左の順序により、皇族に、これを伝える」（二条一項）と定めて、まず「皇長子」、次いで「皇長孫」、そして「その他の皇長子の子孫」を挙げた（一号〜三号）後に、「皇次子及びその子孫」と第三子以下の「その他の皇子孫」を位置づけ（四号・五号）、さらに、これに劣伍するかたちで「皇兄弟及びその子孫」、次いで「皇伯叔父及びその子孫」を掲げている（六号・七号）。

なお、ここに登場する皇長子・皇長孫・皇次子などの表現は、いずれも天皇の第一子・最初の孫・第二子などを意味し、「皇伯父」は先帝（前天皇）の兄、「皇叔父」は先帝の弟を指している。

こうして、現行制度上、皇位継承は直系・長系・長子主義を原則とし（五号まで）、現天皇の直接の子孫に皇位継承者を見出すことができないときに初めて、天皇の兄弟などの傍系に移るものとしているのである。

いずれにしても、明治典憲体制の場合と同じように、女性天皇の可能性は閉ざされているが、他方、明治典範とは異なって、皇庶子の存在は予定されていない。このことは、戦後の皇族離脱——一一宮家五一人に上る——とあいまって、結果的に、皇位継承資格者の範囲がかなり狭くなってしまったことを示すとともに、皇位とその継承のあり方は、かつての不文憲法時代はもちろん、明治典範と比べても大きく変化しており、皇位継承制度にかかわる確立した伝統というべきものは、男系の天皇に限られる点を除いては、なかなか見出しがたいことを意味している。しかも、この状態が、現行皇室典範の施行後七〇年近く続いてきたのである。

三　皇位継承制度をめぐる解釈・政策問題

1　有識者会議『報告書』の立場

そこで、有識者会議『報告者』は、(1)国民の理解と支持を得られるものである、(2)伝統を踏まえたものである、(3)制度として安定したものであるという三点を、立論の基本的な視点として据えた上で、「皇位の安定的な継承を維持するためには、女性天皇・女系天皇への途を開くことが不可欠」であるとの認識に至ったものである。

ここで直ちに起こる大きな疑問は、すでに述べたように、皇位継承制度のあり方は時代により変遷しており、ある特定の時期に行われた制度をそのまま維持することは難しいものの、少なくとも男系の天皇に限られる点は確かな伝統に属するものということと、上記の(2)「伝統を踏まえたもの」でなくてはならないとする出発点との関係をどのように調和させるかということである。

もちろん、『報告書』はその点に触れ、「一貫して男系により皇位が継承されてきた伝統があり、女子が皇位に即き、更に女系の天皇が誕生する場合、こうした伝統的な皇位継承の在り方に変容をもたらす」という認識を示した上で、以下のように述べ、その問題について答えている（『報告書』一一頁）。

皇位の継承における基本的伝統が、世襲、すなわち天皇の血統に属する皇族による継承であることは、憲法において、皇位継承に関しては世襲の原則のみが明記されていることにも表れており、また、多くの国民の合意するところであると考えられる。

男系男子の皇位継承資格者の不在が懸念され、また、歴史的に男系継承を支えてきた条件の変化により、男系継承自体が不安定化している現状を考える、と男系による継承を貫こうとすることは、最も基本的な伝統としての世襲そのものを危うくする結果をもたらすものである、と考えなければならない。

換言すれば、皇位継承資格を女子や女系の皇族に拡大することは、社会の変化に対応しながら、世襲という天皇の制度にとって最も基本的な伝統を、将来にわたって安定的に維持するという意義を有するものである。

つまり、皇位継承制度の伝統を考えるについては、「最も基本的な伝統」に目を向けるべきであり、その核心的要素は、男系の天皇に限られることよりも、むしろ皇位の世襲制に見出される、というわけである。したがって、その点について少し検討を加えよう。

2　世襲要件についての考え方

現行憲法第二条にいう「世襲のもの」の意味について、政府および多数の憲法学説は、①それが確認的規定であることを認め、したがって従来の天皇の血族に属する者のみが皇位継承資格を有すると説くものの、②明治憲法第二条のように「皇男子孫」と限定されていないことから、憲法上、皇位継承資格を男子に限るかどうかは立法政策に委ねられており、現行典範第一条によって、いわば創設的に「男系の男子」と特定されたにとどまる、と解釈している。これによれば、女性天皇・女系天皇の導入は、当然に法律の改正で足りることになる。

これに対し、少数の有力説は、前記①の立場を共有しつつ、そうであるなら、②憲法上も、皇族に属する男系による継承のみを前提とした「世襲」制と解すべきであり、現行典範第一条が「男系の男子」と定めたことも確認的規定にすぎない、と解するのである。これによれば、もちろん、女性天皇・女系天皇の導入は憲法改正を要する問題になってくる。

この点について、有識者会議『報告書』が、政府および多数説の解説に立っていることは疑いない。政府内に設けられた同会議が政府見解を前提とするのは自然なことであるが、そこには、前記の小数説に立つ有識者も加わっていた。したがって、どのような議論が具体的にあったのか興味深いが、公表されている議事要旨を見る限り、その詳細までは判らない。ここでは、その座長代理を務めた園部逸夫氏（元最高裁判所判事）も、その立場を明確に採られていたことのみを記しておきたい（園部『皇室法概論』三七頁以下、三一六頁以下参照）。

3　養子の問題

江戸時代までは、皇位の直系継承を擬制することなどを目的として養子をすることが行われてきたが、明治典範が「皇族ハ養子ヲ為スコトヲ得ス」（四二条）と明文化して以来、今日に至るまで、「天皇及び皇族は、養子をすることができない」とされている（現行典範九条）。このように養子を禁止する理由としては、世襲制との関係から皇統の純粋さを損なうこと、皇族間の養子も皇統を乱す原因となること、などが挙げられている。

ここでの禁止の対象は、皇族であるか皇族以外の者であるかを問わない。つまり、天皇・皇族が、皇族以外の者を養子とすることが禁じられるだけでなく、他の皇族を養子にすることも、禁じられている。また、その禁止には、いわゆる普通養子・一般養子（民法七九二条以下）だけでなく、とくに幼子を養育するために設けられた特別養子（同八一七条の二〜八一七条の一一）も含まれている。

この点については、一般社会において、例えば、伝統ある家名を継ぐためにしばしば親族間の養子が行われるように、皇族間の養子制度を認めるように皇室典範を改めてはどうか、という声もないではない。これだと、皇統の純粋さを損なうといった心配をする必要がないからである。しかし、これに対しては、当該養子の皇位継承順序が、自然血縁に従って定められた典範第二条の順序より先になることもありうるので、恣意的に継承順序を変更することを許すので妥当でない、という反論が可能であろう（園部『皇室法概論』五五一頁参照）。

4　関連諸制度の再検討

さて、もし仮に女性天皇・女系天皇を制度化するとすれば、有識者会議『報告書』も的確に指摘しているように、関連する諸制度についても根本的に見直す必要があろう。その主なものとしては、以下の諸点が挙げられる（『報告書』一六頁以下）。

① まず、皇族女子の身分の問題がある。これについては、現在のように、天皇および皇族以外の者と婚姻したときは、皇族の身分を離れるというのでなく、「婚姻後も、皇位継承資格者として、皇族の身分にとどまり、その配偶者や子孫も皇族となる」ことに改めなくてはなるまい。

② 次に、皇籍離脱制度の問題がある。これについては、現在のように、皇族女子である内親王は、自らの意思により——皇室会議の議を経て——皇籍を離脱することができるというのでなく、むしろ「内親王に関する制度を親王に関する制度に合わせ、共に意思による離脱ができない」ように改める必要もある。

③ さらに、女性天皇などの配偶者の取扱いの問題がある。これについては、現在、天皇・親王・王の配偶者は皇族となるとされるのと同様に、「女性天皇、内親王、女王の配偶者も皇族の身分を有する」ものとし、「戸籍上の扱いも、天皇（男性）、親王、王の配偶者と同様、婚姻の際に、その戸籍から除かれ、皇統譜に登録する」ことに改める必要があろう。

おわりに

このように皇位継承制度についてはいろいろな論点が含まれているが、私自身としては、先に提出された有識者会議の『報告書』は、考えられる論点を慎重に熟慮された上でのやむをえない結論であった、と評価するものである。また、そこでまとめられた提案に全面的に賛同するかどうかは別としても、初めて皇位継承制度について踏み込んだ検討を加えられたことは、皇室典範改正論議のあり方にも貴重な一石を投じたものとして、高く評価したい。

なお、この問題については、例えば、皇太子夫妻に愛子内親王が誕生された際、皇室・国民ともに喜びに浸っている時に、女帝を容認するような皇室典範改正論議をあからさまにすることは非礼きわまりないといった声があったように、それを時期尚早とする意見もある。もちろん、二〇〇五年（平一七）一月以来、約一〇か月にわたった有識者会議において、皇室の意向が直接聴かれる機会はなかったようで、この点についても批判があるように見受けられる。いずれにしても、冒頭で述べた政府・与党内外の一連の動きは、そうした雰囲気を代弁するものであろう。

しかし、われわれが議論しなくてはならないのは、「天皇制」――この語を用いるのは、もちろん、戦前の反体制政党が込めたような否定的ニュアンスを伴うものではない――という憲法制度の問題なのであって、むしろ、これまで真剣な検討が加えられて来なかったことにこそ問題がある、というべきであろう。そして、何事にせよ、ある制度の設計をめぐっては、当事者・関係者はいつの時代にも存在するものであるから、その心情に配慮すべきだとか時期尚早だとかいった批判は当たらない、と私は思う。もちろん、政治制度というのはぎりぎりのところに来ればよい智恵が生まれるのが常だと、大局的に――いわば歴史哲学的に――達観するのなら別論であるが。

【主要参考文献】

芦部信喜＝高見勝利編『皇室典範』（信山社・日本立法資料全集、一九九〇年）
伊藤博文『帝国憲法・皇室典範義解』（国家学会蔵版、一八八九年〔宮澤俊義校註・岩波文庫版、一九四〇年〕）
皇室法研究会編『現行皇室法の批判的研究』（神社新報社、一九八七年）
小嶋和司「『女帝』論議」『小嶋和司憲法論集2　憲法と政治機構』（木鐸社、一九八八年）
小林　宏＝島　善高編『明治皇室典範（上・下）』（信山社・日本立法資料全集、一九九六～九七年）
酒巻芳男『皇室制度講話』（岩波書店、一九三四年）
坂本多加雄『象徴天皇制度と日本の来歴』（都市出版、一九九五年）
島　善高『近代皇室制度の形成――明治皇室典範のできるまで』（成文堂、一九九四年）
園部逸夫『皇室法概論――皇室制度の法理と運用』（第一法規出版、二〇〇二年）
特集「象徴天皇制」ジュリスト九三三号（一九八九年）
齋藤憲司「資料集成・象徴天皇制（一）（二・完）」ジュリスト九三三号・九三八号（一九八九年）
横田耕一「『皇室典範』私注」横田＝江橋　崇編『象徴天皇制の構造』（日本評論社、一九九〇年）

Ⅳ部　国民と国会

1　選挙制度の原理的諸問題

はじめに

(1)　選挙の性質については、かつて「国民主権」論とともに委任説が唱えられたが、今日では公務説に席を譲っている。他方、選挙権、つまり選挙人たる地位の性質に関しては、かつて権利説・権限説・二元説などが説かれてきたが、少なくとも選挙を通じての国民の政治参加を当然視する立憲民主制の枠組みからすれば、そこに、①選挙人団の一員として選挙という公務に参与する権限である側面と、②選挙人がとくに選挙との関連において有する個人的な権能とを見出す二元説が通説的な立場を占めることは、自然の流れであろう。

この点に関しては、近年新たに、選挙権を人民の主権的権利とみる「権利一元説」なるものが繰り返し説かれている。[2]しかし、この場合の「主権的権利」とは、個人の私益のための法的能力を指すのでなく、国家権力たる主権の行使にかかわるものであるから、要するに国権的権利（権限）を問題としているのであり、ミスリーディングな用法である。それがもし人権という意味での権利を意味するものであるなら、それを一定の資格要件を備えた者が集合的に行使しない限り効果を生じないことを合理的に説明できないのみならず、なぜ公務員の選定という公的効果が個人的権利の行使から生まれるのかも充分に説明できないであろう。

(2)　それはともかく、この「権利一元説」に対しては、それと通説とを対比的に検討するかたちで——しかし、通説を支持する立場から——その間の「差が意外と小さいものにすぎない」といった、いわば実利主義的な対応に終始するものが多いように見受けられる。[3]

しかし、重要なのは理論的な整合性の問題であって、その意味における原理的な検討が必要であろう。

本章で試みるのは、そうした選挙制度の原理的な諸問題の考察である。ここでは、この分野における先駆的な代表的理論を参考としつつ、選挙制度のあり方について基本的な考え方を整理した後（一・二）、主として最高裁の判例を素材としながら、選挙法の公理および選挙制度と立法裁量の問題について議論を進めることにしよう（三・四）。したがって、選挙制度に関するその他の個別的問題、例えば近年立法化された政党助成、選挙運動と選挙報道の関係および最近強化された連座制といった諸問題については、個別報告を参照されたい。[3a]

一　現代民主制における選挙権

1　選挙と選挙権の性質

(1)　およそ選挙とは、古典的な表現に従えば、独任制の機関がおこなう任命と区別された「集合制の機関が他の機関を選定する行為」を指すが、近代的な議会組織法における選挙は、とくに「選挙人団と云ふ一の合議機関が他の国家機関たる議員を選定する行為」をいう。[4] つまり、選挙とは国家機関としての選挙人団（有権者団）がおこなう議員選定という公務であるが、この場合、選挙人団を組成する個々の選挙人は、議員の選定という集合的行為に参与する部分機関として行動する地位を認められ、この地位が一般に「選挙権」と呼ばれる。

問題は、「選挙権者が選挙権を有すると云ふことが何を意味するか」であるが、ここで重要なのは、選挙という集合制機関の行為（公務）と選挙にかかわる個人の諸行為とは区別されなくてはならない、ということである。そこで問題となるのは、選挙人団のおこなう公務たる選挙とそれに参与する選挙人の地位（選挙権）との関係──「選挙と選挙人との関係」──である。それは、結局のところ、選挙人団がおこなう選挙において「個人の占める地位及び其性質の問題」に帰着する。[5]

その際、選挙という作用のもつ手続的・総合的な性格に充分留意する必要があろう。つまり選挙は──当選人が当選を受諾することにより完成するということを別としても──選挙期日の告示、議員候補者の届出、投票、開票、当選人の決定、当選の告知といった諸行為が相俟って意味をなすものであり、それによって初めて「国家機関としての選挙人団の意思表示」が成立するところの、「連続的に為さるゝ多数の行為の綜合」であるということを、よく認識しなくてはならない。[6] 要するに、投票所に赴く行為をはじめとして、選挙人の諸行為のすべてが公務とされるわけではなく、「公務を行ふこと、関連して、いかに多くの個人的行動がなさるゝか」「個人的要素の加わる機会がいかに多いか」ということも、よく理解しておくべきであろう。[7]

(2)　したがって、個々の選挙人は、選挙人たる地位において、いろいろな権利義務または権能および拘束をもちうるのである。もし、選挙権を狭くたんに選挙する権と解するなら、それは選挙人団自体に属する選挙の権限または選挙人団の部分機関としての個々の選挙人に属する選挙の権限と解されよう。しかし、選挙権をひろく選挙人に属する権能と解するときは、この権能のほかに、選挙人がとくに選挙との関連において有する個人的な権能を含むものと解されることになる。選挙権が権利であるという場合には、とりわけこの種の個人的な権能（例えば、投票の要求）に着目しているわけである。[8]

なお、強制投票制度・自由（任意）投票制度は、公務をおこなうための個人の義務付けの程度の問題であって、公務説・権利説の対立と直接に関係するわけではない。[9] したがって、いわゆる棄権の自由が権利説の帰結と考えることはできない。

2　選挙人団から公民団へ

そこで選挙人団の構成方法が問題となるが、選挙が公務である以上、公務をおこなうにふさわしい能力が必要とされ、この能力要件を充たした者のみが選挙人団を組成することになる。この要件は、政治社会に関する一定の判断能力の有無というかたちで問題にされるが、保有資産や納税額などの経済的要件に続いて性別要件も撤廃された今日では、一般に――国籍要件を前提として――年齢要件のみが意味をもつことになる。ここに、いわば完全普通選挙制が成立するわけである。

さて、かつての代表統治制（いわゆる代表民主制）の下では、「選挙人団はただ選挙する権限のみを有つ機関」[10]であったが、現代の半直接民主制にあっては、選挙人団は、たんに議員の選定という公務だけでなく、議会に対する発案（イニシアチブ）や議会制定法等に対する表決（レファレンダム）、さらには国政担当者の解職（リコール）をおこなう権能をも与えられている。

その際、いわば選挙人団への加入要件は、一般に国民発案・国民表決などの権能行使についても拡大的に応用されており、ここに組織化された国家機関としての有権者団というものが観念されることになる。そこで従来の選挙人団は、これらの諸権能をもつ文字通りの「始原的な国家機関」としてとらえられ、選挙人団というよりむしろ「公民団」と呼び変えられるのがふさわしい[11]。

こうして公民団の行為——それは一般に公民による投票というかたちをとる——は、公的事務にふさわしく、公的制度として組織化されてなくてはならない[12]。つまり、公務として組み立てられ、そういうものとして公正さを維持し、各種の制約に服さなくてはならない。いわゆる選挙の公営や選挙の公正といった原理は、その典型的な表現であるが、同様の理は国民発案・国民表決・国民解職における投票にも当てはまるであろう。

なお、国籍要件の問題に関しては、いわゆる外国人参政権の問題もあるが、これは別の報告で取り扱われるので[12a]、ここでは論じない。

二　実質的意味の憲法としての選挙法

1　選挙法の憲法的意義

選挙という公民団の行為は、前述のように、選挙期日の告示、議員候補者の届出、投票、開票、当選人の決定、当選の告知といった一連の諸行為によって国家機関としての意思表示が成立し、当選人による当選受諾によって完成するという手続的なものである。言うまでもなく、こうした手続は、選挙権（選挙人資格）、被選挙権（被選挙人資格）、両議院議員の定数、選挙区、投票・開票・当選人の決定方法などについて、一定の規範が存在することを前提として初めて有効に機能しうる。

これらの選挙の実体および手続に関する多くの法規範——実質的意味の選挙法——は、選挙のあり方を規定し、国政運用に大きな影響を与えるという意味において、実質的意味の憲法としての意義を認められる。そのため選挙法こそ憲法だと言われるのであるが[13]、比較法的にみると、選挙権・被選挙権・議員任期といった基本的な重要事項が憲法典の規律事項とされるほか、両議院議員定数・議席配分方法を定める憲法例も少なくない。

例えば、アメリカ合衆国憲法第一条および修正第二六条は、選挙権・被選挙権・議員任期・議席配分方法を、ベルギー憲法第六一条〜第七〇条は選挙権・被選挙権・比例代表法・議員定数・議員任期・議席配分方法を、ドイツ・ワイマール憲法第二二条および第二三条は比例代表法・選挙権・議員任期を、ドイツ連邦憲法第三八条および第三九条は選挙権・被選挙権・議員任期を、そしてイタリア憲法第五六条〜第六〇条は議員定数・選挙権・被選挙権・議員任期・議席配分方法を、それぞれ具体的に定めている。

むろん、この場合でも、それら以外の選挙事項はやはり通常の議会制定法などに委ねられている。そこで、これらの制定法は「憲法附属法」としての性格をもつことになる（スペイン憲法六八条・六九条参照）。

2　選挙事項法定主義

この観点からすると、実質的意味の選挙法の大半を法律事項とする「選挙事項法定主義」というべきものが、日本憲法の伝統をなしているといえよう。というのも、明治憲法は両議院組織方法のみを定めていたが（三四条・三五条）、現行の日本国憲法も議員任期を定めるにとどまり（四五条・四六条）、選挙権・被選挙権・両議院議員の定数のみならず、「選挙区・投票の方法その他」をすべて「法律でこれを定める」（四三条・四四条・四七条）としているからである。

これは、議員任期・議員定数・被選挙権などの重要事項をすべて憲法附属法に委ねた現行フランス憲法の立場に近いといえよう（二五条）。この点において、話題を呼んだ読売新聞社『憲法改正試案』も含めて、こうしたいわば過度の選挙事項法定主義のあり方を改めようとする提案は、ほとんど見当たらないようである。

このように日本国憲法は、両議院議員の定数はもちろん、議席配分方法もまったく特定していない。にもかかわらず、判例は、後述のように、選挙権の平等（平等選挙）という原理のみから、少なくとも衆議院議員選挙について人口比例主義を導き出しており、また幾つかの最高裁判決における反対意見は、これを参議院（地方区または選挙区）議員選挙についても妥当すべき憲法上の絶対的要求とみているようである。これは不当な拡大解釈ではないかと思われるが、この点については後述することにしよう（**四―2**参照）。

三　選挙法の公理をめぐる諸問題

1　現代選挙法の通則

前述の選挙法――実質的意味のそれ――のうち、国民の国政参加にとくに大きな意味をもつものについては、近代立憲国家の立法例や経験を通じて、今日ほぼ諸国に共通して認められる通則が確立している。しかも、通例、それらは憲法典にも明記され、例えば下院の場合についていえば、ドイツ・ワイマール憲法第二二条は普通・平等・直接・秘密選挙を、ドイツ連邦憲法第三八条一項は普通・直接・自由・平等・秘密選挙を、イタリア憲法第四八条は普通・平等・自由・直接選挙を、スペイン憲法第六八条は普通・自由・平等・直接・秘密選挙を、フランス憲法第三条三項・第二四条二項は普通・平等・秘密・直接又は間接選挙を、オーストリア憲法第二六条は平等・直接・秘密・普通選挙を、それぞれ定めている。

そうした選挙制度をめぐる通則を、ここでは――宮澤俊義にならって――現代「選挙法の公理」と呼ぶことにしよう[14]。それは、具体的には普通選挙・直接選挙・秘密選挙・平等選挙・自由選挙といった原理に代表される。

以下では、それらをめぐる若干の問題を順次検討することにしよう。ただ、秘密選挙の原理については現行法上とくに問題はないと思われるので、ここでは取り扱わない。また、選挙人団の投票による選定効果を問題とする直接選挙の原理は、下院組織法上の公理としてのみ妥当すると考えられる。というのも、上院の組織・権能をどうするかは両院制のあり方に直接かかわる問題であり、立憲各国の例をみても、そこに共通原理を見出しうるわけではないからである。この点については、後述の参議院組織法の問題を参照されたい（**四―2**）。

2　普通選挙と平等選挙

(1)　まず、周知のように、衆議院議員定数不均衡違憲判決（最大判昭和五一年四月一四日民集三〇巻三号二二三頁）以後の最高裁判例は、普通選挙の保障（憲法一五条三項・四四条但書）から、選挙権の内容の平等、すなわち議員選出における各選挙人の投票価値の平等（平等選挙の原理）を導き出している。有力な学説も同様であるが[15]、普通選挙にかかわる規定を平等選挙の根拠とすることができるかは疑わしい。

確かに、選挙資格に差別を設けないという点において、普通選挙の原理は平等原則を「政治的関係」に適用したものであるが（憲法一四条参照）、比較法的にみると、普通選挙と平等選挙とは明確に区別されており、後者は前者の論理的帰結とされてはいない。というのも、普通選挙は選挙人の資格要件にかかわる厳格な人格主義的原理であるのに対し、平等選挙の原理はその資格を認められた有権者の投票効果を問題とするものであって、議論の局面がかなり異なっているからである。

これに加えて、平等選挙は、一人一票制（one man, one vote）を大前提としてさらに一票等価制（one vote, one value）を要求するものである。それは、下院組織法についていえば、確かに選挙法の公理に属するといってよいが、上院議員の選挙法については、それを一般原理とまで断言できるかは問題である。なぜなら、上院組織法そのものが両院制のあり方に大きく左右される側面をもっているからであり（例、連邦型上院における支分国代表）、上院組織法について当然に平等選挙の原理が適用されるかどうかは、別途慎重な検討を要する問題なのである（**四―2**参照）。

(2)　普通選挙の原理は、日本国憲法も採用するところであるが、実は、その「成年者による」(一五条三項)普通選挙とはどういう意味かという別の論点もある。これを市民法上の成年制度と一体のものと観念する論者もいるが[16]、妥当とは思われない。比較法史的にみても、一般に、公民の要件としての年齢は私法上の行為能力の年齢基準より高く設定されてきたし、今日、欧米では両者を合致させる傾向があるものの、例えば、「結婚は成年にする」といった考え方(民法七五三条参照)は、選挙成年の制度についてはまったく通用しないのである。

したがって、民事成年・選挙成年という区別は、やはり制度上無視できないのであって、今なお欧米諸国並みに一八歳選挙権が実現しない背景の一つには、両者を一体的にとらえる見方があるように思われる。ただ、それが実現するためには、民事成年それ自体をも見直す必要があろう[17]。

3　自由選挙と「選挙の自由と公正」

(1)　他方、自由選挙の原理は、必ずしも一義的な意味で用いられているわけではなく、任意投票制を指したり、投票の自由(投票環境の問題としての選挙干渉の禁止)であったり、選挙運動の自由、さらに立候補の自由をも意味したりする[18]。ただ、自由選挙制を掲げつつ強制投票制度を定める例(イタリア憲法一二六条)や、自由選挙を前提としつつ選挙強制を認める例(オーストリア憲法四八条)もあるので、少なくとも、任意投票制と直結させる考え方は基本的に妥当でないと思われる[19]。

思うに、自由選挙の原理は――諸憲法の用例に照らし――基本的には、投票の自由・選挙干渉の禁止として理解されるべきであろう。これを広く選挙運動の自由や立候補の自由を含むと解する場合は、例えば立候補の届出に際して保証金を要求する供託制度(公職選挙法九二条・九三条)の合憲性も、自由選挙の侵害問題として位置づけられることになろうが、それでは比例代表選挙制度において政党・政治団体に課される供託制度をどうみるかという問題に遭遇する（この論点についてはここでは取り扱わない）。

(2)　選挙運動の自由に関しては、最高裁の判例でしばしば言及されてきた「選挙の自由と公正」（最大判昭和三〇年四月六日刑集九巻四号八一九頁、最大判昭和三九年一一月一八日刑集一八巻九号五六一頁、最大判昭和四四年四月二三日刑集二三巻四号二三五頁、最二判昭和五六年六月一五日刑集三五巻四号二〇五頁など）という考え方を、憲法論としてどう位置づけるかという問題がある。それは、事前運動・戸別訪問の禁止や文書図画の頒布制限といった、選挙運動に対する公職選挙法上の各種の制約を合憲とする際の根拠とされているので、憲法典には明記されていないが、それ自体、憲法上の法理として理解しなくてはならない。

そして、それが具体的に意味するところは、おそらく「公職選挙が選挙人の自由に表明せる意思によって公明且つ適正に行われること」（最大判昭和三七年三月一四日民集一六巻三号五三〇頁）であろう。だが、最高裁は、正しく選挙運動の自由に対する公職選挙法上の制限が問題となる場面で「選挙の自由と公正」を持ち出しているために――「選挙の公正」という要請は別としても――その憲法上の法理としての性格を不透明なものにしていると言わざるをえない。というのも、その定義づけは、問題視される制限を設けている公職選挙自体が述べたところ（法一条参照）を、公共の福祉（憲法一三条）に託すかたちで、そのまま繰り返したものにすぎないからである。これでは、法律上の制限を憲法的法理に照らして精査するという憲法論の筋道が明確にならないであろう。[20]

この点では、選挙運動について通常の自由原理を妥当させることを疑問視し、むしろ選挙の公正という原理を出発点にすべきことを説いた伊藤正巳裁判官の補足意見（最三判昭和五六年七月二一日刑集三五巻五号五六八頁以下）に耳を傾ける必要があろう。

すなわち、同意見によれば、「選挙運動は……あらゆる言論が必要最小限の制約のもとに自由に競いあう場ではなく、各候補者は選挙の公正を確保するために定められたルールに従って運動するものと考えるべき」で、「法の定めたルールを各候補者が守ることによって公正な選挙が行なわれる」ものである。そして、「このルールの内容をどのようなものとするかについては立法政策に委ねられている範囲が広く、それに対しては必要最小限度の制約のみが許容されるという合憲のための厳格な基準は適用されない」というのである。

4　立候補の自由

最高裁のやや無造作な「選挙の自由と公正」論は、「立候補の自由は、選挙権の自由な行使と表裏の関係にあり、自由かつ公正な選挙を維持するうえで、きわめて重要である」（最大判昭和四三年一二月四日刑集二二巻一三号一四二五頁）と述べたところにも表れている。だが、ここで立候補の自由を憲法第一五条一項の保障する「重要な基本的人権の一つ」であると断定した点については、個人が立候補する余地をなくすような選挙制度は憲法上まったく認められないのか、という別の問題点も伴っている。

現に公職選挙法は、両議院議員のうち比例代表選出部分（衆議院二〇〇人、参議院一〇〇人）については、政党その他の団体のみが候補者名簿の届出をおこなうことのできる制度になっている。だが、最高裁の論理によれば、例えば、そうした比例代表制を全面的に取り入れた選挙制度を衆議院に採用することは、個人の「基本的人権の一つ」とされる立候補の自由を完全に排除するものとして、憲法違反ということになってしまうであろう。

こうした帰結は、選挙制度をもっぱら個人本位制のものとしてのみ考えたことから生ずるものである。しかし、その考え方は、現代民主制において政党・政治団体が果している役割に思いを致し、政党本位制の選挙制度もありうるという視点を欠いたものと評さざるをえない。その意味で、最高裁の考え方に対しては、「被選挙資格が立法政策的に決定される可能性をもつこと、および政党本位制選挙のありうることを看過している点で、適当でない(21)」との手厳しい批判が当てはまるであろう。

四　立法政策問題としての選挙制度

1　「公正かつ効果的な代表」

(1)　先述のように、現行憲法は「選挙事項法定主義」というべきものを採用しているが、ここでは選挙制度のあり方について最高裁が「立法政策の問題」として説くところを素材として検討を進めよう。

まず現行憲法は、選出された議員を「全国民の代表」(四三条)とする。この「国民代表的性格とは、本来的には、両議院の議員は、その選出方法がどのようなものであるかにかかわらず……選挙人の指令に拘束されることなく独立して全国民のために行動すべき使命を有するものであるということ」(最大判昭和五八年四月二七日民集三七巻三号三四五頁)を意味する。

これは「国民代表」の意味に関する標準的な理解に立ったものであるが、他方、日本国憲法は、選挙制度のあり方に関してしばしば議論になる多数代表法・少数代表法・比例代表法という代表の性格、小選挙区・大選挙区といった選出議員数の問題、そして単記制・連記制という投票の方法などについても、何ら特定するところはない。

(2)　そこで最高裁は、「国会は、衆議院及び参議院それぞれについて他にしんしゃくすることのできる事項をも考慮して、公正かつ効果的な代表という目標を実現するために適切な選挙制度を具体的に決定することができる」(最大判昭和五一年四月一四日〈前出〉)という。この「公正かつ効果的な代表」とは、「国民の利害や意見が公正かつ効果的に国政の運営に反映されること」を意味するが、選挙制度のあり方について具体的な帰結を伴うようなものではない。その意味で、あたかも憲法論であるかのように議論が展開されているが、かなり抽象的な要請にすぎない。

したがって、「憲法は、どのような選挙制度が国民の利害や意見を公正かつ効果的に国会(国政)に反映させることになるのかの決定を国会の極めて広い裁量に委ねている」（最大判昭和五八年四月二七日〈前出〉）と解さざるをえないのである。そこで、議員定数不均衡の問題については、いわゆる一票の較差の許される限度いかんというかたちで国会の立法裁量の限界内かどうかを議論することになるが、両院制を採用した趣旨から、衆議院とは異なって、「参議院議員については……その代表の実質的内容ないし機能に独特の要素を持たせよう」（同上）とする試みも、立法政策の問題として憲法の容認するところであろう。

2　参議院組織法の問題

(1)　参議院議員選挙のあり方を考える場合も、従来しばしば前記の平等選挙の原理との関係が問題とされてきた。そして、この投票価値の平等（一票等価制）をめぐっては、衆知のとおり、前記のような衆議院議員定数不均衡訴訟に代表される多くの裁判例があるが、その最初の違憲判決後に出された参議院議員定数訴訟（地方区・選挙区）に関する最高裁判決のみを取り上げれば、これまで以下のものがある（本章の初出時までのもの）。

①最大判昭和五八年四月二七民集三七巻三号三四五頁（最大較差一対五・二六）
②最一判昭和六一年三月二七日判時一一九五号六六頁（同一対五・三七）
③最一判昭和六二年九月二四日判時一二七三号三五号（同一対五・五六）
④最二判昭和六三年一〇月二一日判時一三二一号一二三頁（同一対五・八五）
⑤最大判平成八年九月一一日民集五〇巻八号二二八三頁（同一対六・五九）
⑥最大判平成一〇年九月二日民集五二巻六号一三七三頁（同一対四・九九）
⑦最大判平成一二年九月六日民集五四巻七号九九七頁（同一対四・九八）

このうち、④までは、いずれも合憲と判断していたものの、⑤になって初めて違憲問題が生ずる程度の著しい不平等状態が生ずるに至ったものと判断した。もっとも、その後の⑥、⑦は再び合憲と判断している。

この場合、改正後の人口移動の結果による較差の場合（①～⑤）も、改正自体による較差の場合（⑥）も、同一の判断基準によっているが、前者の場合には不平等状態の相当期間の継続が必要とされる。いずれにせよ、これらを通じて、参議院議員選挙についても憲法第一四条などから投票価値の平等が要求されることは、すでに「判例理論として確立している」[22]とも言われる。

(2)　しかし、その意味については十分な注意が必要であろう。というのも、判例によれば、憲法上要求される「投票価値の平等は、国会が正当に考慮することのできる他の政策的目的ないしは理由との関連において調和的に実現さるべきもの」（最大判昭和五一年四月一四日〈前出〉）である。しかも、その前提となる「投票価値」自体、実は、決して機械的・形式的に計測できるようなものではなく、「国民各自、各層の様々な利害や意見を公正かつ効果的に議会に代表させるための方法としての具体的な選挙制度の仕組みをどのように定めるかによって何らかの差異を生ずることを免れない性質のもの」（最大判昭和五八年四月二七日、最大判平成八年九月一一日〈前出①、⑤〉）とされているからである。

つまり、憲法はもともと投票価値の平等を「選挙制度の仕組みにおける唯一、絶対の基準」とするものでなく（最大判昭和五八年四月二七日〈前出①〉）、両院制を採用した趣旨から、前記のように、代表の実質的内容・機能に独自の要素をもたせることもできる。したがって、現行の参議院議員選挙制度における投票価値の平等は、「人口比例主義を最も重要かつ基本的な基準とする選挙制度［衆議院議員選挙］の場合と比較して、一定の譲歩を免れない」（最大判平成八年九月一一日、最大判平成一〇年九月二日〈前出⑤、⑥〉）とされる。要するに、旧地方区選挙の定数配分は文字通りの人口比例主義によってはいないとするのである。ただ、この点については事実誤認があるという指摘もあり[23]、そう断定するにはより慎重な考慮が求められよう。

(3)　これに対し、最大判平成一〇年九月二日（前出⑥）における尾崎行信・河合伸一判事ほか三人による共同反対意見は、都道府県代表的要素は、憲法上にその地位を有するものではなく、投票価値の平等に対比してはるかに劣位にあるにすぎない、と批判する。また、尾崎行信・福田博判事の追加反対意見によれば、国会は、その最高機関性を維持するためには、その構成員の選出について可能な限り平等原則を貫徹し、選挙区間の較差を一対一に近づけるためには、都道府県の区域を越えて選挙区割りを変更することも躊躇すべきでない、とも説かれる。[24]

しかしながら、こうした議論は一つの原理のみを絶対化する悪しき法律論であるように思われ、政治制度のあり方への総合的な展望を欠いたものと評さざるをえない。前記のように、そもそも、日本国憲法は議席配分方法を特定していないにもかかわらず、前記の反対意見は、選挙権の平等という理念のみから厳格な人口比例主義を導き出そうとするものである。だが、選挙制度の決定は人口要素のみで行われるわけではなく、とくに参議院の場合は、両院制の捉え方によって、そのあるべき組織法も大きく異なってくるのである。そこで、この点を以下に検討してみよう。

(4)　一般に両院制は、組織類型と権能類型の両面から考えることができるが、[25]現行憲法の場合、すでに権能類型として非対等型の一院制型両院制を特定している。[26]したがって問題となるのは、その憲法の趣旨に適合する両議院組織法のあり方であるが、前記のように、比較議会法の示すところによれば、立憲諸国の下院は全部交替制をとり、国民による直接・普通・平等選挙により選出された議員で組織されるという点において、ほぼ共通した要素を備えている。これに対し、上院のあり方は一様でなく、その組織法・議員選挙法――現行憲法では参議院組織法――は、両院制の意義をどこに見出すかによって大きく異なってくる。

この点については、いわゆる連邦型（支分国代表型）を別とすれば、両院制の意義は、しばしばカール・レーベンシュタインのいう「機関内コントロール」という思想に基づき、一院における決定に反省の手続を加え、審議・決定を慎重にするという点に求められる。ただ、これでは、一般に上院にほぼ共通して見られる組織法上の特徴、つまり上院議員の場合、①その任期は下院議員のそれより長い、②全部入替制でなく部分入替制がとられる、③被選挙人の年齢要件が下院議員のそれより高い、といった具体的な諸要素をそなえた上院のあり方について、適切な説明をしたことにはならないだろう。

(5)　この点を考えるとき、別稿でも述べたように、「上院には、ある時期の選挙によって一挙に政治勢力が大きく変化しうる下院のダイナミズムを緩和する——その意味で「保守的な」といってよい——役割、いわば経験的な理性の働きに対する期待がある」[27]ということを直視すべきであろう。参議院の特色としてよく言われる「良識の府」としての機能も、そうした期待を込めた表現と考えられる。そうであるなら、衆議院の議決の優越性を認めた一院制型両院制の憲法構造をも併せ考えるとき、下院組織法の原理である直接選挙制・平等選挙制という枠に捉われない参議院議員選挙法を採用したとしても、憲法上とくに問題はないように思われる[28]。

この点で、私は、むしろ参議院議員選挙については、投票価値の平等は「憲法上の要求としてではなく、妥当な選挙制度の仕組みを考える場合の重要な要素であるにとどまる」とした横井大三判事の意見（最大判昭和五八年四月二七日〈前出①〉）に賛成するものである。これについては、また、上記の最高裁判例における法廷意見の枠組み自体、現行選挙制度を前提とした憲法判断にすぎないことを想起すべきであろう。その意味では、同じ判決における団藤重光判事の反対意見が説いたように、例えば、国会が過疎地域対策として人口比例を意図的に破るような議員定数配分を定めたとしても、直ちに違憲とはいえないのではあるまいか。

(6)　この点について、最近、東京高裁は、参議院選挙区選出議員の定数不均衡事件において注目すべき判断を示した（東京高判平成一一年六月二九日判時一六九一号三八頁）。すなわち、同判決によれば、憲法は、参議院議員の「選出方法について、人口比例主義とは異なる独自の方法を採用すること」をむしろ求めており、大きな人口較差が生じたとしても、そうした「憲法の精神に従い参議院の制度趣旨を優先した結果によるものであり、これをもって違憲とするべき根拠はない」というのである。

これは、従来の最高裁判例が議員定数不均衡問題の処理において分明さを欠いていたことを率直に認め、むしろ前記の団藤判事の反対意見に示されたような論旨を推し進めたものとして、大いに注目に値しよう[29]。

おわりに

以上、必ずしも網羅的ではないが、選挙制度の原理的諸問題について検討してきた。これまで述べてきたところを確認するために、最後に一般論のかたちでまとめてみると、次のようになろう。

(1)　まず、公民団による選挙という行為は、手続的・総合的性格をもち、一連の行為群からなる総合的な作用である。確かに、選挙という合同行為自体は公務員の選出という公的な性格を帯びるとしても、それに関わる選挙人のすべての行為が当然に公務としての性格をもつわけではない。

選挙の性質をめぐる公務説・権利説といった対立図式は、その点を忘れて、選挙という作用を過度に単純化してしまったところで意味をもつにすぎないように思われる[30]。

(2)　また、公民団による選挙は、議会組織法の要をなすものであるから、それに関する諸規範、つまり選挙法は実質的意味の憲法に属する。そして、選挙というものの手続的・総合的な性格からいって、公民団による選挙は、その要素をなす個々の行為を規律する実に多くの規範を前提として成り立っている。

その意味で、憲法上の原理として説かれる普通選挙・平等選挙・秘密選挙・自由選挙などの選挙法の公理は、とくに国民または公民の地位に着目して、選挙制度の一部の要素を取り出したものにすぎない。したがって、平等選挙制の解釈に往々見られるように、その一要素のみを強調しても選挙制度のあり方を特定することはできず、その全容を語ることはできない。

(3)　さらに、そのことを認識することは、両院制を採用する憲法体制の下で、とくに重要である。というのも、ほぼ共通憲法的な一般原理の認められる下院組織法の場合はともかく、そのような共通原理が認められない上院組織法については、憲法の定める両院制の実を上げるためにも、選挙のもつ手続的・総合的な性格を充分に考慮して、選挙制度が考案されるべきものだからである。

その意味で、すでに憲法上、両議院の権限関係は一院制型両院制として固定されている日本国憲法下の参議院議員選挙法について、例えば、直接選挙制・平等選挙制といった選挙制度の一部要素のみを特化したかたちで論じることは決して適切ではなく、むしろ両院制の実質化という広い視点から総合的に論議すべきものであろう。

（1）　参照、林田和博『選挙法』（有斐閣、一九五八年）三六頁以下。

（2）　代表的な論著として、杉原泰雄『憲法Ⅱ』（有斐閣、一九八九年）一七六頁以下、辻村みよ子『「権利」としての選挙権』（勁草書房、一九八九年）一六九頁以下。

（3）　高見勝利「参政権」共著『憲法Ⅰ〈新版〉』（有斐閣、一九九七年）四七九頁以下。同じような立場から、通説と権利一元説とを対比した先駆的な論考として、奥平康弘「参政権論」ジュリスト総合特集『選挙』（一九八五年）六頁以下がある。なお、奥平『憲法Ⅲ』（有斐閣、一九九三年）四〇三頁以下も参照。

（3a）　梅村光久「選挙運動と選挙報道について」、前田英昭「選挙の自由と連座制」、市村充章「日本の政党公的助成の課題」など（いずれも比較憲法学研究一二号〈二〇〇〇年〉所収。

（4）　宮澤俊義『選挙法要理』（一元社、一九三〇年）三-四頁。

（5）　森口繁治『選挙制度論』（日本評論社、一九三一年）六九頁。なお、こうした選挙性質論を明治憲法体制との関連でのみ理解しようとするのは（辻村みよ子『憲法』〈日本評論社、二〇〇〇年〉三四五-三四六頁）、必ずしも正当とは思われない。

（6）　森口・前掲書一七頁、宮澤・前掲書八頁。

（7）　森口・前掲書七八頁。

（8）森口・前掲書八四頁。
（9）森口・前掲書七九頁。
（10）宮澤・前掲書三九頁。
（11）参照、高辻正巳『憲法講説〈全訂2版〉』（良書普及会、一九八〇年）一八三頁以下、大石 眞『立憲民主制』（信山社、一九九六年）八四頁以下。
（12）森口・前掲書二六頁。
（12a）平松 毅「選挙権・被選挙権」比較憲法学研究一二号（二〇〇〇年）一九頁以下参照。
（13）樋口陽一『憲法』（創文社、一九九二年）三〇八頁。
（14）参照、宮澤俊義『憲法〈改訂版〉』（有斐閣、一九七二年）一五六頁。なお、かつて宮澤は、普通・直接・秘密・平等選挙に加えて、比例代表制についても、技術的性質をもつ選挙法の指導原理としての「人格主義」のコロラリィとみていた（前記『選挙法要理』一二頁以下参照）。したがって、その「人格主義」の内容も後年やや変化したかのように思われる。
（15）佐藤幸治『憲法〈第3版〉』（青林書院、一九九五年）一一〇頁。
（16）小嶋和司『憲法概説』（良書普及会、一九八七年）三三六頁。
（17）大石・前掲書八六-八七頁参照。
（18）参照、前田英昭『憲法Ｉ』（有信堂高文社、一九九〇年）九三頁。
（19）芦部信喜『憲法〈新版補訂版〉』（岩波書店、一九九九年）二三七頁は、自由選挙の原理を任意投票制と同視している。
（20）大石「政治活動の法的枠組み」講座『現代の法3　政治過程と法』（岩波書店、一九九七年）二三五頁以下参照。〔大石『憲法秩序への展望』（有斐閣、二〇〇八年）所収〕
（21）小嶋・前掲書三四一頁。
（22）本文中の⑥最大判平成一〇年九月二日に関する判時一六五三号三一頁以下の解説を参照されたい。
（23）市村充章「参議院議員選挙地方区／選挙区の定数配分はどのように計算されたか」議会政策研究会年報四号（一九九九年）六五頁以下。
（24）民集五二巻六号一三八三頁以下参照。さらに、遠藤光男判事の追加反対意見もある。
（25）佐藤・前掲書一五二頁参照。
（26）むろん、一院制構想も考えられないわけではないが、そのためには憲法改正を要するという実際的な問題のほか、一億三千万人に近い国民の意思を単一の議院に「代表」させることの政策的な当否も問題となろう。

(27) 大石「憲法問題としての『国会』制度」佐藤幸治＝初宿正典＝大石　眞編『憲法五十年の展望Ⅰ』(有斐閣、一九九八年)一五七頁。〔大石『憲法秩序への展望』〈前出〉所収〕

(28) 佐藤・前掲書一一七頁も、衆議院議員選挙については「厳格な投票価値の平等」を求めつつ、衆議院組織法については、「都道府県ないしそれより大きな政治単位における国民の意見や利害を均等に反映させるように構成することも可能」だという意味で、「別の観点から捉えること」の適切さを説く(但し、同教授は直接選挙制を当然視する)。

(29) この東京高裁判決(確定)については、原田一明「衆議院議員の選挙制度と立憲裁量」ジュリスト増刊『平成一一年度重要判例解説』二一-二二頁を参照されたい。

(30) いわゆる権利一元説においても、普通選挙・平等選挙及び自由選挙・任意投票制はその論理的帰結とされるが、選挙制度・選挙区割・定数等の具体的決定や選挙資金・選挙活動規制などは、「必ずしも選挙権の本質論から直接に論理的帰結が導かれるわけではない」とされる(辻村『憲法』三五五頁)。

【附記】本章は、一九九九年度の比較憲法学会における報告原稿を基とし、必要な補正を加え、参考文献を注記したものである。なお、筆者は、本報告の当時、たまたま斎藤十郎参議院議長の私的諮問機関である「参議院の将来像を考える有識者懇談会」(一九九九年四月～二〇〇〇年四月)に、一委員として参加する機会を得ていたが、本章で述べたところが私の個人的な見解にすぎないことは言うまでもない。

2　立法府の機能をめぐる課題と方策

はじめに――基本的視点と課題

国民主権の下における議院内閣制においては、立法府が適切な政府統制の機能をそなえるとともに、本来の立法機能を発揮しつつ内閣を支えるという構図を、国民の前にはっきり示すことが重要である。そうした実効的な立法府を背景とする内閣でなければ、国民から安定した支持を獲得し、維持することはできないであろう。

このような立法府の機能の強化という観点からすると、これまで日本では、自民党の長期政権・一党優位制という状況のゆえに、与党議員や政党などから特段に違和感をもたれることなく、いわば当然視されてきた幾つかの慣行についても、これを根本から見直す必要があるように思われる。こうした慣行については、しばしば、わが国が議院内閣制を採用していることから説明されることも多いが、実は、議院内閣制諸国ではむしろ採り入れられていないものが目立つ。その意味で、それらの慣行は決して自明なものではないのであって、それらを正当化すべき根拠がかなり曖昧なものもある。

以上のような観点と反省に立って、与野党を通じて立法機能の充実を阻害している各種の「事前規制」の抜本的な見直しや審議・統制機能の強化などを図る必要がある。そこで以下では、そのために取り組むべき当面の主な課題と方策について、①立法機能の活性化、②統制機能の強化という二つの観点から、具体的に論ずるとともに(1)、新たな課題として、③「立法評価」に代表される立法統制の問題なども取り上げることにしたい。

一　立法機能の活性化

1　立法機能に対する「事前規制」の緩和

（一）　議員提出法案に対する発議・修正要件を撤廃すること

現在、個々の議員が法律案や修正案を提出するに際しては、衆知のように、一定数の賛成者——通常議案の場合は衆議院で二〇人以上・参議院で一〇人以上、予算をともなう場合はそれぞれ五〇人以上・二〇人以上——が必要とされている（国会法五六条一項・五七条参照）。この制度は、かつて横行したと言われる選挙目当ての「お土産立法」に対する反省から生まれたものであって（一九五五年一月の国会法第五次改正〈昭和三〇年立法三号〉による）、当座の措置としてはそれなりに理解できないわけではない(2)。

しかし、もともと、現行憲法と同時に施行された当初の国会法にはそのような制限はなく、議員は単独でも議案を発議することができた。このような制限は、本来、立法府のメンバーである議員一人ひとりが有しているはずの憲法上の法案発議権を不当に制約するものであって、他の議院内閣制の諸国には見られない。したがって、ある病理現象に対応するための一時的な変例としては理解できるとしても、そうした発議・修正要件を現在でもなおそのまま維持し、これをいわば恒久法化することは、「全国民の代表」としての国会議員の本来的な職権を著しく制約するものとして憲法上も大きな問題を含んでいることを、よく認識する必要があろう。

もちろん、このような議論に対しては、多くの政策課題を抱え、議案を山積みしている中で、しかも限られた会期の間に、おびただしい数の法律案や修正案が出てくることを懸念する見方がありうるかも知れない。しかし、この点は、実は、委員会のあり方と深く関連する問題であって、むしろ、多くの議案・修正案を手際よく処理することにこそ委員会における議案審査の意味がある、と言うべきであろう。

なお、以上に述べた議員の議案発議権・修正権の行使に対する賛成者要件を撤廃するには、関係する国会法の諸規定を改正する必要があることは言うまでもない（国会法五六条一項・五七条。予算案自体に対する修正については、五七条の二参照）。

（二）　議員提出法案に対する「機関承認」制度を廃止すること

この発議・修正要件と同様に問題なのは、衆議院において、「議員が法律案及び決議案等を提出する場合には、党三役と国会対策委員長の承認を得ること」（自由民主党の国会対策要領）を義務づけている、いわゆる機関承認の制度である。この慣行は、もともと、かつての自由党の与党幹事長が、事務局の議案課長・議事課長に対して、幹事長・総務会長・政務調査会長・国会対策委員長の承認印のない与党所属議員の提出書類は受理しないように申し入れたことに端を発している（一九五二年〈昭二七〉四月）。

このように、政党・会派において「機関承認」を要求する制度は、いわゆる占領管理体制の終了と同時に、連合国最高司令官総司令部（ＧＨＱ）の事前審査に代わるチェック体制を自らの所属議員に求めたことの名残りであって、いわば占領後遺症の一つに数えられるべきものである。さらに、上記の発議提出要件と同様に、議員の議案提出に対していわば事前規制を加えるこうした制度・慣行も、実は、他の議院内閣制諸国では見られない特異なものである。

それ以来、現在まで、機関承認の制度は、衆議院のすべての会派で採用されてきたが、国会法・衆議院規則にはもちろんのこと、『衆議院先例集』にも記載されていない。そのため、国会法所定の議案発議の要件は優に充たしているのに、所属会派の機関承認がなかったために衆議院事務局において受理されなかったことを不服として、ある野党議員が憲法違反として提訴する事件も起こされた。この国民投票法案不受理違憲訴訟[3]において、東京高等裁判所は、基本的に議院自律権の問題と同様に考えて合憲と判断し、元議員の訴えをしりぞけており（平成九年六月一八日判決・判例時報一六一八号六九頁）、上告も棄却された（最高裁第二小法廷平成一一年九月一七日判決・訟務月報四六巻六号二九九二頁参照）。

しかしながら、この場合の司法裁判所の判断は、違憲ではないと言うにすぎないのであって、制度の合理性・妥当性それ自体を裏書きしたものでは決してない、ということに注意する必要がある。この観点からすると、いわゆる機関承認の制度は、右に述べた国会法所定の議案発議の要件にさらに別の制約要件を付加するものであって、議員の立法活動に対する不当な事前制約であることは明らかであろう。

この問題は、与野党のいずれかが慣行を改めようとする姿勢があれば、直ちに解消することができるものである。その意味で、「機関承認」制度の廃止は、その意思さえあればすぐにでも実現可能なものであるから、これを国会改革の目玉の一つとして位置づけるなら、いわば内なる事前規制の撤廃というかたちで新しい政治スタイルを国民にはっきり提示する施策として、大きな反響を呼ぶであろう。そして、このことが契機となり、前に述べた発議・修正要件の撤廃とも相俟って、「政策決定の構造改革」をもたらすことも期待されよう。

2　審議機能の充実

(一)　与党審査を廃止して委員会審査を充実させること

広く知られているように、慣行上、政府が国会に法律案を提出する場合には、事前に、つまり内閣の閣議決定に先立って、与党の政務調査会・総務会・国会対策委員会の承認を得ることが必要とされている。こうした与党審査は、すでに一九五八年（昭三三）一〇月の自由民主党の「国会対策要領」の中にも見出され、これによって確定的に制度化されたものである。(4)

これと同時に、党の国会対策委員会などに中央省庁の官僚が出席し、法律案などを説明する仕組みも制度化されていくことになる。すなわち、その仕組みは、自由民主党の国会対策委員会から内閣官房長官に対して申入れがあり、これに応じて、内閣官房長官が、事務次官会議のメンバーに対し、「関係各省庁の事務次官、局長又は官房長等が同委員会に出席し、説明されたいとの申し越しがありましたので、原則」とする旨を通知したことに端を発している（一九五九年〈昭三四〉一〇月）。さらに、この後に、同党の国会対策委員会から「各省庁官房長への要望事項」として詳細説明の要求、すなわち、「国対［国会対策委員会］の法案説明の場合、局長又は官房長が説明すること」が求められると同時に、この場合の「法律案の説明は、従来の概要説明だけでなく、特にその法案の問題点、対立点（各種情報）等を説明すること」が加えられるに及んで（一九七三年〈昭四八〉一二月）、現在のやり方がほぼ確立したのである(5)。

こうした慣行の背景について、大山礼子教授は、内閣それ自体が議院の法案議事プロセスに介入する余地を排除している現行法のあり方を問題視し、与党審査は内閣提出法案の成立を確実にするために案出された「ある意味ではきわめて合理的な政策決定手続」であると説明される(6)。

しかし、このような申入れや要望は法律上の根拠をまったく欠いており、また、国民一般・外部に対する公開性を欠いたまま与党審査を行うことは、不透明だとの批判を免れない。それだけでなく、そのやり方では与党と野党との間に極端な情報格差を生み出すことになる。より根本的に考えれば、そもそも、一政党の組織にすぎない機関やその代表者が、内閣・中央省庁に対して法案の取扱い方を義務づけることができるはずはなく、法案の説明に官僚の出席を義務づけることもできない。したがって、このような慣行もまた、他の議院内閣制の諸国では採用するところとなっていない。

もし、このような仕組みを議院内閣制やその下での政官関係の慣行として当然視することが許されるとするなら、野党の会派から同様の要望があるときは、そこでの事前審査のためにも、官僚は法案の説明に奔走しなくてはならないはずであろう。しかも、もし、このような仕組みを当然の制度として維持するとすれば、いったん政権交代があったときは一挙に形勢は逆転し、従来の野党は特権を手にして、今までの与党は悲哀を味わう羽目になるであろう。

したがって、健全な議院内閣制の下では、立法府の生命線である法律案の審議は、公開性と透明性という大原則に立ち返って、しかるべき位置づけを与えられるべきである。すなわち、法律案の審査については、与党審査を国会における立法機能と混同することなく、本会議、そして、とくに濃密な審査を行うことを使命とする常任委員会その他の委員会に委ねるべきであろう。

なお、この点についても、法律的な手当てはまったく不要であって、与党側にその意志さえあれば直ちに実現することができるのである。

(二)　会期不継続の原則を廃止すること

日本の現行制度によれば、国会の会期中に議決に至らなかった案件は、原則として後の国会に継続しないという、いわゆる会期不継続の原則が存在する。このため会期は、ある政府提出法案の阻止を目指す野党にとっては、何とか時間稼ぎをして会期末まで持ち込めば、それを審議未了・廃案とするための戦術的武器として利用されることも多い。

しかし、そもそも、会期不継続の原則は、イギリスにおいて議会が国王の要請によって不定期に召集された時代の産物にすぎないであって、その原則が現代の常設化した議会制度のあり方として合理性を有するものとは、とうてい考えがたい。現に、他の議院内閣制の諸国でも、会期制度自体は採られているが、会期不継続の原則を採っているところはない。つまり、会期制度それ自体と会期不継続の原則とは、決して一体不可分のものではないのである。

そこで、こうした会期制度は廃止して、諸国の議会制度に共通している「立法期」という考え方に立った議会運営を導入することを真剣に検討すべきであろう。この「立法期」の制度は、下院議員の総選挙の時期を基準として議事・議案の継続性を判断するものであり、その導入は安定した議院運営につながるし、政権の安定にもつながるはずである。

このように議会の議席に占める党派的な構成が総選挙によって変化する時期を基準として議会を運営することは、きわめて理にかなっているが、もし仮に正面から「立法期」の制度を導入するのが無理だとすれば、会期制度を維持しつつ、会期不継続の原則を廃止することによって実質的な通年国会制を実現することも、一つの選択肢として考えられよう。

なお、会期制度それ自体は憲法上のものであるが、上に述べたように、会期の区分と会期不継続の原則とは決して不可分のものではない。したがって、会期不継続の原則を廃止するには、両者を切り離し、国会法を改正することによって実現することができると考えられる（同法六八条参照）。

二　統制機能の強化

1　国政調査制度の健全な活用を図ること

（一）　国政調査権の発動態様

司法手続に似た強制力を用いて国政に関する調査を行うことは、日本国憲法で認められた各議院の重要な権能である（憲法六二条）。この権限を実際に行使するのは、本来、特別の院議決定で設けられた調査特別委員会であるが、常任委員会による国政調査要求を議長が承認するかたちをとることも多い。

しかし、後者、すなわち常任委員会による場合は、議院運営委員会にも諮られることがないため、院議決定で設けられた調査特別委員会の場合とは異なり、証人喚問の対象となりうる国民への事前告知という意味をもつ手順を踏まない点において、国民一般との関係では、いわゆる適正手続の観点からみると大きな問題がある。しかも、今日では、調査結果をまとめて国民に示す公式の報告書が作成されることもないし、国民に公表されることもないために、国会における証人喚問は往々にして緊張感を欠き、しばしば「政治ショー」化しているという手厳しい批判すらある。(6a)

そこで、国政調査権を用いて証人を喚問し、証言を求めるなどして調査を行ったような場合には、国民に対する説明責任を明らかにする意味でも、報告書の作成・公表を義務づけるとともに、ドイツ連邦共和国憲法が明記しているような少数派調査権の制度（同憲法四四条）を導入することも、十分検討に値するものと思われる。こうした報告書の作成・公表の義務づけは、野党側による無責任な国政調査要求に対しても、一定の効果的な抑止力ともなりうるであろう。

この少数派調査権の制度は、このように憲法典に明記することも考えられるが、必ずしも憲法改正を必要とするわけではなく、法律改正でも対応できると考えられる。他方、国政調査報告書の作成・公表の義務づけは、国会法・議院証言法などの法律を改正することによって実現することが可能である。

(二)　予備的調査制度の展開

この点で注目されるのは、一九九八年（平一〇）から衆議院で実施されている「予備的調査」の制度である（衆議院規則五六条の二・五六条の三・八六条の二）。これは、委員会がおこなう審査・調査のために、下調査として衆議院調査局長・法制局長に調査を命ずるもので、前記の国政調査権を補完する意味をもつが、とくに運用上いわゆる少数派調査権に類する機能をもつように配慮されたものである。

この「予備的調査」の要件・手続としては、(a)委員会が議決した場合、(b)議員四〇人以上による要請をうけて委員会が議決した場合に、調査局長等に調査を行わせるもので、調査局長等は、官公署に対する資料提出などの調査協力を要請する権限を有するが、委員会の国政調査と異なり、強制力を伴うものではない（但し、官公署がその協力要請に応じない場合は、その拒否理由を述べさせることができる旨の議院運営委員会の申合せがある）。そして調査結果は、調査局長等による報告書として取りまとめられ、命令主体である委員会に提出されるが、これをうけて当該委員会の委員長は、その写しを議長に提出し、議長が議院に報告するものとされている。

その導入から二〇〇七年末にいたるまでの実績は、**図表Ⅳ－1**「予備的調査一覧」に示した通りであって、(a)委員会による議決に基づく予備的調査は二件にとどまるが、(b)議員の要請に基づく予備的調査は三〇件を超えている（一九九八年一月～二〇〇七年一二月）。とくに最近では民主党を中心とする調査要求が目立っているが、その調査結果に基づいて鋭い質疑が展開されるなど、予備的調査の制度は実際上も相当の効果を挙げているように思われる。

2　行政立法を効果的にコントロールすること

図表Ⅳ－2「内閣提出の法律案・条約と制定政令件数」にも示されているように、現在、内閣が定める政令は成立した法律の数を大きく上回り、毎年常に法律のほぼ四、五倍に上っている。その中には、法律の委任を受けて制定されたもの（受任政令）も多いが、一般に、議員は、法律の内容に強い関心を示すことはあっても、法律により委任された側（各省庁）が定めた内容を注意ぶかく検討することはほとんどない、といってよい。これでは、もともと政府提出法案の比率がきわめて高いという状況の下において、委任という手続を経由して法律から政令に移された事項は、結局のところ、各省庁または官僚により独占的に決定されることを許してしまうことになる。

そこで、このような委任立法については、責任ある立法府としては、委任者としての自覚に立って、受任政令（案）を自らをチェックする方法を採り入れるべきであろう。この方法は、現在のように受任政令に対する統制の問題をもっぱら司法部の事後的な判断に委ねているやり方と比較すると、その委任法（母法）との整合性だけでなく、政策的な当否や妥当性をも含めた効果的なコントロールを行うことができるという意味を有する。

図表Ⅳ－１　予備的調査一覧

1　委員会の議決に基づく予備的調査

（1998年〔平10〕～2007年〔平19〕）

	件　名（番号）	委員会	議決日	命令日	報告書提出日
1	事務・事業の評価・監視システム導入に関する予備的調査（10-３）	決算行政監視	平成10.６.17	６.17	８.28
2	国会等の移転の規模及び形態等の見直しに関する予備的調査（14-４）	国会等移転特	14.７.30	７.３	10.16

2　40人以上の議員からの要請に基づく予備的調査

	件　名（番号）	要請者	提出日	送付日（委員会）	命令日	報告書提出日
1	後天性免疫不全症候群の予防に関する法律案策定過程に関する予備的調査（10-１）	山本孝史外62名	10.３.24	３.25（厚生）	３.３	４.３
2	国鉄長期債務関連法案に関する予備的調査（10-２）	佐藤敬夫外54名	10.４.13	４.23（運輸）	５.22	
3	中華人民共和国ベチューン医科大学病院に対する政府開発援助に関する予備的調査（10-４）	中村鋭一外39名	10.６.18	６.18（外務）	８.７	10.６
4	公益法人の運営実態に関する予備的調査（11-１）	仙谷由人外40人	11.５.20	５.21（内閣）	５.21	６.９
5	特定公益増進法人の認定及び寄附の実態に関する予備的調査（11-２）	山本孝史外41名	11.８.11	８.12（内閣）	８.13	11.５
6	公益事業の個別事業内容・実施状況等に関する予備的調査（11-３）	前原誠司外40名	11.12.９	12.10（建設）	12.15	12.３.16
7	銀行、生保など金融機関の行き過ぎた営業活動による個人債務者、契約者の被害に関する予備的調査（11-４）	小澤辰男外43名	11.12.13	12.14（大蔵）	12.14	12.３.16
8	神奈川県警の警察官不祥事発生の対応に関する予備的調査（11-５）	坂上富男外49名	11.12.14	12.15（地方行政）	12.15	12.２.15
9	医原性クロイツフェルト・ヤコブ病に関する予備的調査（12-１）	中川智子外53名	12.２.28	２.29（厚生）	４.21	解散により消滅（６.２）
10	医原性クロイツフェルト・ヤコブ病に関する予備的調査（12-２）	中川智子外65名	12.８.１	８.３（厚生）	８.４	９.12
11	新潟県刈羽村生涯学習施設等建設における電源立地促進対策交付金の使途に関する予備的調査（12-３）	佐藤謙一郎外52名	12.11.29	11.30（商工）	12.１	13.２.５（経済産業）
12	原子力発電所の発電単価の計算根拠に関する予備的調査（14-１）	鮫島宗明外42名	14.２.13	２.14（経済産業）	２.２	３.28
13	独立行政法人の組織等に関する予備的調査（14-２）	野田佳彦外45名	14.６.13	６.17（総務）	７.11	７.３
14	東海地震の強震動予測に基づく主要施設の耐震安全性に関する予備的調査（14-３）	細野豪志外44名	14.７.22	７.23（災害対策特）	７.25	10.17

	件　名（番号）	要請者	提出日	送付日（委員会）	命令日	報告書提出日
15	年金福祉施設の建設と運営に関する予備的調査（16-1）	海江田万里外44名	16.3.1	3.3（厚生労働）	3.11	4.8
16	「官製資格ビジネス」に関する予備的調査（16-2）	鈴木克昌外40名	16.3.12	3.16（総務）	3.23	4.27
17	独立行政法人の組織等に関する予備的調査（16-3）	武正公一外40名	16.6.10	6.11（総務）	6.16	8.3
18	金融機関等からの借入の連帯保証の実態に関する予備的調査（16-4）	中津川博郷外87名	16.6.14	6.15（財務金融）	6.16	10.13
19	知的財産権保護に関する施策と教育現場における著作権保護に関する予備的調査（17-1）	額賀福志郎外41名	17.8.8	8.8（文部科学）		解散により消滅（8.8）
20	独立行政法人の組織等に関する予備的調査（17-2）	武正公一外53名	17.10.13	10.14（総務）	10.18	18.1.19
21	知的財産権保護に関する施策と教育現場における著作権保護に関する予備的調査（17-3）	前田雄吉外44名	17.10.27	10.28（文部科学）	11.1	18.2.10
22	中央省庁の事務事業の精査に関する予備的調査（17-4）	松本剛明外45名	17.10.28	10.28（決算行政監視）	11.1	18.1.20
23	公益法人等における国家公務員の再就職状況及び中央政府からの補助金等交付状況に関する予備的調査（17-5）	松本剛明外45名	17.10.28	10.28（内閣）	11.1	18.2.3
24	三位一体の改革に伴う地方公共団体の財政への影響及びその調整に関する予備的調査（18-1）	中川正春外50名	18.3.3	3.7（総務）	3.1	10.24
25	中央省庁の補助金等交付状況、事業発注状況及び国家公務員の再就職状況に関する予備的調査（18-2）	松本剛明外45名	18.11.16	11.17（決算行政監視）	11.22	19.3.29
26	独立行政法人の組織等に関する予備的調査（18-3）	武正公一保丘54名	18.11.21	11.21（総務）	11.24	19.3.6
27	国民年金・厚生年金の納付した保険料の記録が消滅する事案等に関する予備的調査（18-4）	松本剛明外42名	18.12.14	12.14（厚生労働）	12.19	19.2.14
28	中小企業及び個人に対する金融機関などによる債権回収の実態、これについての司法統計等に関する予備的調査（19-1）	前田雄吉外48名	19.6.28	〈不明〉	〈同左〉	〈同左〉
29	国家公務員の再就職状況に関する予備的調査（19-2）	平岡秀夫外112名	19.10.29	11.1（内閣）	11.22	20.3.18
30	独立行政法人の組織等に関する予備的調査（19-3）	武正公一外112名	19.10.29	11.1（総務）	11.15	20.2.5（一部）
31	特殊法人の組織等に関する予備的調査（19-4）	原口一博外112名	19.10.29	11.1（総務）	11.15	20.3.19
32	決算及び平成20年度予算の概算要求等に関する予備的調査（19-5）	中川正春外112名	19.10.29	11.1（予算）	11.20	20.2.22
33	中央省庁の補助金等交付状況、事業発注状況に関する予備的調査（19-6）	松野頼久外111名	19.10.29	11.1（決算行政監視）	11.21	20.2.15(第1次) 20.5.16(第2次) 21.1.28(第3次)

図表Ⅳ－２　内閣提出の法律案・条約と制定政令件数

年	国会回次	閣法／成立	条約	政令	備考
1992（平４）	123（通常）１／24～６／21	84／80	11		（宮澤内閣）
	124（臨時）８／７～８／11	0	0		第16回参院選（７／８）
	125（臨時）10／30～12／10	10／10	0		
	計	94／90	11	395	
1993（平５）	126（臨時）１／22～６／18（解散）	76／72	10		第40回総選挙（７／18）
	127（特別）８／５～８／28	0	0		細川内閣（８／９成立）
	128（臨時）９／17～１／29	20／17	4		
	計	96／89	14	410	
1994（平６）	129（通常）１／31～６／29	75／67	15		→羽田内閣（４／28成立）
	130（臨時）７／18～７／22	0	0		村山内閣（６／30成立）
	131（臨時）９／30～12／9	19／19	1		＊小選挙区比例代表制の導入
	計	94／86	16	421	
1995（平７）	132（通常）１／20～６／18	102／102	18		第17回参院選（７／23）
	133（臨時）８／４～８／８	0	0		
	134（臨時）９／29～12／18	17／17	7		
	計	119／119	25	439	
1996（平８）	135（臨時）１／11～１／13	0	08		橋本内閣（１／11成立）
	136（通常）１／22～６／19	99／99	0		第41回総選挙（10／20）
	137（臨時）９／27（解散）	0	0		
	138（特別）11／７～11／12	0	0		
	139（臨時）11／29～12／18	12／９	8		
	計	111／108		352	
1997（平９）	140（通常）１／20～６／18	92／90	16		
	141（臨時）９／29～12／12	20／20	0		
	計	112／110	16	391	
1998（平10）	142（通常）１／12～６／18	117／97	21		第18回参院選（７／12）
	143（臨時）７／30～10／16	10／７	1		小渕内閣（７／30成立）
	144（臨時）11／27～12／14	６／６	1		
	計	133／110	23	423	
1999（平11）	145（通常）１／19～８／13	124／110	15		
	146（臨時）10／29～12／15	74／74	2		
	計	198／184	17	436	
2000（平12）	147（通常）１／20～６／２（解散）	97／90	11		→森内閣（４／５成立）
	148（特別）７／４～７／６	0	0		第42回総選挙（６／25）
	149（臨時）７／28～８／９	0	0		
	150（臨時）９／21～12／1	21／20	1		
	計	118／110	12	556	
2001（平13）	151（通常）１／31～６／29	99／92	11		→小泉内閣（４／26成立）
	152（臨時）８／７～８／10	0	0		第19回参院選（７／29）
	153（臨時）９／27～12／7	28／28	1		
	計	127／120	12	443	
2002（平14）	154（通常）１／21～７／31	104／88	18		
	155（臨時）10／18～12／13	71／71	0		
	計	175／159	18	407	

2003（平15）	156（通常）1／20～7／28	121／118	9		第43回総選挙（11／9）
	157（臨時）9／26～10／10（解散）	6／6	0		
	158（特別）11／19～11／27	0127／124	0		
	計		9	558	
2004（平16）	159（通常）1／19～6／16	127／120	21		第20回参院選（7／11）
	160（臨時）7／30～8／6	0	0		
	161（臨時）10／12～12／3	20／19	1		
	計	147／139	22	429	
2005（平17）	162（通常）1／21～8／8（解散）	89／75	9		第44回総選挙（9／11）
	163（特別）9／21～11／1	24／21	2		
	計	113／96	11	393	
2006（平18）	164（通常）1／20～6／18	91／82	14		安倍内閣（9／26成立）
	165（臨時）9／26～12／19	12／12	2		
	計	103／94	16	404	
2007（平19）	166（通常）1／25～7／5	97／89	19		第21回参院選（7／29）
	167（臨時）8／7～8／10	0	0		→福田内閣（9／26成立）
	168（臨時）9／10～08.1／15	10／10	0		
	計	107／99	19	400	

注1）閣法／成立は内閣提出法案の数と成立数を意味し、条約は国会承認件数、政令は交付件数を、それぞれ示す。
2）通常国会が1月召集に変更された1992年（平4）以降を対象とする。

この場合、参考になるのは、イギリス議会で現に行われてきた委任立法の統制方法であろう。すなわち、イギリス議会では、(a)一院又は両院合同の委員会などによる積極的な承認を政令の発効要件とする「積極手続」(affirmative procedure）と、(b)そうした委員会などによって否定的評価が行われる不承認がない限り政令はそのまま効力を有することになるという「消極手続」(nefative procedure）の二種類があるが、これによって委任立法の統制を図ろうとしているのである。(7)

もっとも、こうした制度を日本に導入し、実行に移すためには、国会両議院は常に活動能力を有し、委員会も常に議案審査をおこなうことのできる体制を整えておくことが不可欠であろう。この意味でも、先に述べたように（一—**2**（二）参照）、立法期を細分化した会期を設けて、これに会期不継続の原則を結び付けている現行の会期制度については、抜本的に見直す必要がある。

三　立法統制の問題

1　立法のインフレーション

立法機能については、今日、さらに、いわゆる政策評価的な手法を導入することの必要性が議論されている。そもそも、現代国家は立法のインフレーションの波に洗われており、例えば、ドイツ連邦では、一九一〇年には制定法律は二二件であったが、第一二立法期（一九九〇〜九四年）には五〇七件に及び、官報の頁数も一九五四年には五三二頁であったのに対し、三〇年後の一九八三年には一六八四頁に及んでいる、と言われる。

ここで、ドイツ連邦議会（下院）の立法活動実績をもう少し紹介しておくと、一九四九年〜二〇〇二年の間に合計一四立法期（被選挙期）――現在、第一六立法期に当たる――を経ているが、その間に九二七三件の法律案が提出され（このうち内閣提出は五一八四件である）、六〇二一件が可決された（このうち内閣提出が七五％を占める）。平均すると、一立法期当たり六六二件が提出され、四三〇件が可決されたことになるが、一年平均にすると、一七四件提出されて、一一三件が可決されていることになる(8)。

日本もこれとほぼ同じ状況にあると言ってよい。例えば、帝国議会が開設された一八九〇年（明二三）には一〇九件の法律が制定されたが、戦後改革期の一九四八年（昭二三）には二八二件、一九五二年（同二七）には三五八件、いわば第三の制度改革期を迎えた一九九九年（平一一）には二二六件を数えた。そして、図表Ⅳ-3「最近の法律案提出・成立件数」も示しているように、第四二回総選挙後の議会期（二〇〇〇年〔平一二〕七月〜二〇〇三年〔平一五〕一〇月）には、合計四九七件の法律が制定されている。

図表Ⅳ－3　最近の法律案提出・成立件数

＊上段括弧書きは、継続審査に付されていた法律案の件数（外数）を示す。

区分／国会会期	内閣提出法律案		議員立法		計	
	提出件数	成立件数	提出件数	成立件数	提出件数	成立件数
第168回（臨時会） （2007.9.10～08.1.15）	（9） 10	（4） 10	（31） 38	（0） 12	（40） 48	（4） 22
第167回（臨時会） （2007.8.7～8.10）	（9） 0	（0） 0	（31） 2	（0） 0	（40） 2	（0） 0
第166回（常会） （2007.1.25～7.5）	（2） 97	（1） 89	（27） 68	（1） 22	（29） 165	（2） 111
第165回（臨時会） （2006.9.26～12.19）	（10） 12	（6） 12	（30） 16	（3） 4	（40） 28	（9） 16
第164回（常会） （2006.1.20～6.18）	（3） 91	（2） 82	（11） 61	（0） 14	（14） 152	（2） 96
第163回（特別会） （2005.9.21～11.1）	（0） 24	（0） 21	（0） 28	（0） 7	（0） 52	（0） 28
第162回（常会） （2005.1.21～8.8）	（2） 89	（1） 75	（22） 49	（2） 18	（24） 138	（3） 93
第161回（臨時会） （2004.10.12～12.3）	（7） 20	（5） 19	（21） 21	（1） 7	（28） 41	（6） 26
第160回（臨時会） （2004.7.30～8.6）	（7） 0	（0） 0	（21） 8	（0） 0	（28） 8	（0） 0
第159回（常会） （2004.1.19～6.16）	（0） 127	（0） 120	（1） 83	（0） 15	（0） 210	（0） 135
第158回（特別会） （2003.11.19～11.27）	（0） 0	（0） 0	（0） 0	（0） 0	（0） 0	（0） 0
第157回（臨時会） （2003.9.26～10.10）	（4） 6	（1） 6	（60） 8	（0） 2	（64） 14	（1） 8
第156回（常会） （2003.1.20～7.28）	（5） 121	（4） 118	（45） 69	（2） 14	（50） 190	（6） 132
第155回（臨時会） （2002.10.18～12.13）	（17） 71	（7） 71	（60） 20	（4） 5	（77） 91	（11） 76
第154回（常会） （2002.1.21～7.31）	（2） 104	（1） 88	（46） 69	（3） 13	（48） 173	（4） 101
第153回（臨時会） （2001.9.27～12.7）	（7） 28	（5） 28	（36） 40	（3） 10	（43） 68	（8） 38
第152回（臨時会） （2001.8.7～8.10）	（7） 0	（0） 0	（36） 0	（0） 0	（43） 0	（0） 0
第151回（常会） （2001.1.31～6.29）	（1） 99	（1） 92	（6） 86	（1） 18	（7） 185	（2） 110
第150回（臨時会） （2000.9.21～12.1）	（0） 21	（0） 20	（3） 42	（0） 12	（3） 63	（0） 32
第149回（臨時会） （2000.7.28～8.9）	（0） 0	（0） 0	（3） 9	（0） 0	（3） 9	（0） 0
第148回（特別会） （2000.7.4～7.6）	（0） 0	（0） 0	（0） 3	（0） 0	（0） 3	（0） 0
第147回（常会） （2000.1.20～6.2）	（9） 97	（7） 90	（25） 55	（1） 20	（34） 152	（8） 117

2　立法評価の問題

(一)　立法評価の意味と試み

こうした状況を背景に登場してきたのが、「立法評価」(Evaluation der Gesetze)という問題である。これは、ドイツでの議論を参考にして提示された韓国法制研究院の用語にしたがえば、「立法的性格をもつ国家的措置に対する評価」、すなわち「法形式を備えた規範が全体適用領域に対して及ぶ財政的及び非財政的、意図的及び非意図的影響全般を分析するもの」であるが、日本の場合、従来それについて自覚的な対応がなされてきたとは言いがたい。

しかし、立法評価に類する試みが従前なかったわけではない。すなわち、同様のことは、例えば「立法者のありうべき意思決定モデル」の探求というかたちで議論されたことがあり、ここでは、そうしたモデルの再構成として、①問題点の理解、②現状分析、③原因の解明、④立法目的とその明確化、⑤目的達成の前提条件、⑥目的達成の手段とその評価、⑦決定とその理由づけ、⑧事後的コントロール、という八点が挙げられている。[9]

この意思決定モデルに登場する立法の「目的」、そして「目的達成の手段」といった概念に接するとき、とくにアメリカ合衆国の憲法訴訟論に依拠するかたちで議論されてきた司法審査における「立法事実論」が想起されよう。そして、とくに薬事法違憲判決(最高裁大法廷昭和五〇年四月三〇日民集二九巻四号五七二頁)などで示された判断方法が、国会の立法活動に及ぼすであろうインパクトについても考えざるをえない。

しかしながら、このような「立法事実論」が、ここで問題としている「立法評価」のあり方にどれほど有益な視点を提供するかは疑わしい。

というのも、まず、薬事法違憲判決などで展開された議論は、もっぱら違憲か合憲かの法的判断、すなわち具体的な立法について、その目的だけでなく目的を達成する手段の必要性と合理性を検討して、「立法府の判断がその合理的裁量の範囲を超えないかどうか」を判断する点に向けられたものにすぎず、一般に評価要素として用いられる効率性・有効性基準（Effizienz-Effektivitätstest）といったものとは大きく異っているからである。[10]

また、確かに、特定的・個別的な政策課題を追求する立法または補助金等をともなう産業育成的な立法などについては、効率性・有効性基準などによる検証が可能なのかも知れない。しかしながら、国民生活の基盤を形づくる包括的・総合的な立法——一般社団法その他の民事基本法および刑法改正その他の刑事基本法などを想起されたい——については、そうした立法評価にはなじまないのではないか、と考えられるのである。

（二）　立法統制への視点

この意味において、立法評価という手段には限界があるものと考えざるをえない。しかしながら、例えばドイツにおいて、立法評価（Evaluation der Gesetze）が、裁判官による合憲性の統制（richterliche Kontrolle der Verfassungsmäßigkeit）及び行政による実施可能性（Durchführbarkeitskontrolle durch die Verwaltung）とともに語られるとき、立法統制（Kontrolle der Gesetzgebung）という広い文脈の中で、その一つの形態として位置づけられていることは[11]、この際、十分に自覚しておく必要があろう。

すなわち、われわれは、例えば「違憲審査基準論」というかたちで法律の合憲性を議論したり、裁判法理としての「立法裁量論」[12]を分析したりすることが多いが、この場合すでに、そうした「立法統制」の領域に足を踏み入れていることになる。したがって、立法評価の問題は、憲法学や議会法にとっても決して無縁な課題というわけではないのである。

四　制度改革案の要点

以上に述べた諸点、とくに立法機能・統制機能をめぐって指摘したところは、決して筆者一己の独断などではなく、学界のみならず実務界をも通じて、多くの論者によって以前からしばしば指摘されてきた代表的な論点でもある。

実際、長年実務を担って来られた元衆議院法制局第三部長の松本　進氏も、本章で議論した多様な論点、すなわち、与党審査その他のさまざまな問題点を指摘するとともに、政府提出法案の決定過程に関する情報公開、その立案過程に対する国会の監視体制、国政調査権の実効性の強化、議案発議に対する賛成者要件の廃止、機関承認制度の廃止などの具体的な「制度改革案」を提示しておられる[13]。もちろん、立法府の立法機能・統制機能の充実をはかる上では、本章で論じた諸点のほかにも、例えば、現在ほとんど行われていない本会議における口頭質問を活用して政府の説明責任を果たさせることなど、長期的にみるとさらに検討すべき課題は多いが、ここでは、さらに以下の点をも指摘して参考に供したいと思う。

①　本会議・委員会の「議事」定足数の廃止　　このうち、委員会の議事定足数の廃止は、委員会制度自体が憲法事項ではないので、国会法を改正することによって実現することができるが（国会法四九条参照）、本会議の議事定足数の問題は、憲法典の規律事項であるため（憲法五六条一項参照）、その変更には憲法改正を必要とする。これについては、しかし、アメリカ連邦議会がそうしているように、各院の議事規則によってその範囲を限定するかたちで――憲法改正をすることなく――運営するやり方も考えられる。

②　情報収集・評価機能の充実　　立法府の統制機能は、情報収集・評価機能の充実によって、はじめて効果的なものになりうるものである。こうした観点からすると、例えば、アメリカ合衆国議会の補助機構として設けられている政府監査院――GAO（Government Accountabilily Office）。二〇〇四年七月まで General Accounting Office と称していた――などを参考にしながら、情報収集・評価機能をもつ立法府独自の組織を導入することも、検討に値するかも知れない。

おわりに

この十年余り、政治主導の確立、内閣機能の強化などを旗印とする一連の「政治・行政改革」が進められてきたが、このことは、何より「政治決定の構造改革」が不可避の課題であることを教えてくれる。この点において、長く衆議院議事部に籍を置かれ、議事運営の諸問題に精しい今野彧男氏の論考は示唆的である。

すなわち、同氏は、筆者も早くから与してきたいわゆる国会法違憲論について、「理論的にも、また実際の両院間の不均衡な状態からも、無視できない」と評しつつ、ひとまず「現行の国会法規や実際の運営面においても、検討を要するいくつかの問題点がある」として、議員発議案に対する会派の事前承認——いわゆる機関承認の制度——や委員会における会派別の発言時間割当などを疑問視し、「五五年体制の負の遺産とも言うべき偏った慣行を見直すこと」の必要と、その上での法規の全面的な再検討の必要を説かれるのである[14]。

筆者も同感である。その意味で、ここに述べたような立法府のあり方をめぐる各種の改革、つまり「国会改革」又は「立法改革」もまた、これまで以上の熱意と固い決意をもって取り組まなくてはならない緊急の課題といえよう。

（1）　その背景となる私自身の分析・主張については、とくに大石眞「憲法問題としての『国会』制度」佐藤幸治＝初宿正典＝大石眞編『憲法五十年の展望Ⅰ』（有斐閣、一九九八年）一三九頁以下〔大石『憲法秩序への展望』〈有斐閣、二〇〇八年〉一一三頁以下所収〕、大石眞『議会法』（有斐閣、二〇〇一年）などを参照されたい。

（2）　国会法の改正経過については、衆議院事務局編『国会法改正経過概要』（財務省印刷局、二〇〇一年）を参照されたい。

（3）　その国民投票法案不受理違憲訴訟の概要と「機関承認」制度の問題については、前掲の大石『議会法』七-八頁、五二頁のほか、第一審の東京地裁判決（平成八年一月一九日）を取り扱った論考として、木下和朗「議院自律権と司法審査」平成八年度重要判例解説・ジュリスト一一一三号（一九九七年）二三-二四頁、高見勝利「『議員立法』三題」レファレンス六二九号（二〇〇三年）一一頁以下など参照。

（4）もっとも、この点については、明治憲法下の帝国議会時代における政党の議案審査システムにその濫觴が見出され、現行憲法の新国会の下でもそれが継承されたとする見方があることに留意する必要がある。向大野新治「議案事前審査制度の通説に異議あり」議会政治研究八〇号（二〇〇六年）一二頁以下参照。

（5）以上の要領・要望などは、内閣法制局編『法令審査事務提要（Ⅰ）』（一九九一年）の中にも編綴されている。

（6）大山礼子『国会学入門〈第2版〉』（三省堂、二〇〇三年）五四-五五頁、一五五頁。

（6a）成田憲彦「憲法制定過程と国会」読売新聞社編『内閣・行政機構　改革への提言』（一九九六年）一七八頁。

（7）参照、Robert Blackburn=Andrew Kennon=Miheal Wheeler-Booth, *Griffith=Ryle on Parliament-Functions, Practice and Procedures*, 2nd ed., 2003, pp. 345 et s.

（8）以上について、Klaus von Beyme, *Der Gesetzgeber*, 1997, S. 320.: Joachim Jens Hesse=Thomas Ellwein, *Das Regierungssystem der Bundesrepublik Deutschland*, Bd.1, 9. Aufl., 2004, SS. 227, 229.: *Derselbe*, Bd. 2, S. 474.

（9）高見勝利「あるべき立法者像と立法のあり方」公法研究四七号（一九八五年）九五頁以下。

（10）なお、政策評価法（平成一三年法律八六号）は、行政機関がおこなう政策評価について、「政策効果（当該政策に基づき実施し、又は実施しようとしている行政上の一連の行為が国民生活及び社会経済に及ぼし、又は及ぼすことが見込まれる影響）を把握し……必要性、効率性又は有効性の観点その他当該政策の特性に応じて必要な観点から、自ら評価するとともに、その評価の結果を当該政策に適切に反映させなければならない」（三条）と定めている。これをうけた政府の「政策評価に関する基本方針」（平成一三年一二月閣議決定。堂一七年一二月改定）は、政策評価の観点として、必要性・効率性・有効性のほか公平性・優先性を挙げている。この政策評価については、「内閣府本部政策評価基本計画」（平成一七年四月内閣総理大臣決定。同一八年三月、一九年六月に一部改正）なども参照されたい。

（11）K. von Beyme, *op.cit.*, S. 336ff.

（12）戸松秀典『立法裁量論』（有斐閣、一九九三年）参照。

（13）松本　進「社会科学としての『立法学』の構想」中村睦男＝大石　眞編『立法の実務と理論』（信山社、二〇〇五年）一三七頁以下参照。なお、同氏の次の指摘は、「立法評価」との関係でも参考になろう（同書一六〇頁）。

……従来の立法政策を変更し、または新しい立法政策を採用しようとする場合には、その実施による結果の予測について、十分な事前評価（アセスメント）及び社会現象の模擬実験（シミュレーション）による慎重な検証が必要であろう。

この際最も注意すべきことは……従前の立法政策が実際にもたらした効果（その結果としての現在の政治的・経済的・社会的実態を含む）に関する客観的考察（略）の集積を組み込んで実施されるべきこと（モデルの最適化等）であろう。

(14) 今野彧男「国会の法規・慣例において検討を要する問題点――審議形骸化の起因と経過」議会政治研究七七号（二〇〇六年）一頁以下参照。

【附記】佐藤幸治先生は、行政法学の藤田宙靖先生（最高裁判所判事）とともに、本章でも一言した「行政改革」に主導的な役割を果たされる一方、引き続いて司法制度改革審議会の会長として、新たな司法制度の設計・構築にも大きな功績を遺された。その先生が、いわば残された重要課題として「国会改革」または「立法改革」にも並々ならぬ関心を寄せて来られたことは、改めて言うまでもない。本章では、文字通りの拙稿ではあるが、そうした先生のご関心に多少とも応え、これまで受けた学恩に少しでも報いることができるなら、幸いである。

なお、予備的調査の実例の日付などについては、衆議院法制局企画調整監の伊藤和子氏（当時）のご援助を忝くした。ここに記して篤くお礼を申し上げたい。

3 立法府の役割と課題

はじめに

およそ議会制民主主義においては、議会の多数派に支えられた安定した政府・内閣と、法律制定と政府統制の二大機能を発揮する機会とが対峙することで、国民に国政上の争点を明示し、必要な情報を提供するという仕組みを構造化することが求められる。現行憲法の定める衆議院による再議決要件は厳しく、その要件に達しない衆議院多数派に支えられた内閣は、衆参両議院の政治勢力が異なる「ねじれ国会」の状況においては、多数派工作により参議院で多数派を確保することができない限り、ずっと立法の停滞を招くことになる。衆議院で圧倒的多数を誇った数年前の自公政権と同様に、衆議院で圧倒的な議席を有する民主党政権下の国会も、そうした事態に直面している。そのような状況下にある立法府のあり方について、これから少し検討を加えることにしよう。

一般に、議会の代表的な機能としては、法律の制定と政府の統制が挙げられる。これに、予算の議定が加えられることもあるが、それが予算法の制定という形式で行われる場合、予算の議定は通常法律の一般的な制定手続に対する特則として位置づけられることになる。いずれにしても、法律制定と政府統制という二つの機能が議会にあることに変わりはないが、とくに議院内閣制の下における議会は、いろいろな方法を用いて政府に対する統制が行われる。ここでは、わが国会における二つの機能にかかわる最近の諸問題を取り上げることにより、立法府の役割と課題について再考してみたいと思う[1]。

一　「ねじれ国会」と立法の停滞

法律の制定は、議員発議に基づいて提出されるか、各府省で起案し内閣により提出されるかに関わりなく、国会の第一義的な機能に数えられる。その立法機能について、ここでは法案提出段階にかかる議員の議案発議権の制限、政権の政策実現能力を占うものとしての内閣提出法案の成立率などの問題を検討することにしよう。

1　内閣提出法案と政策実現能力

二〇一〇年（平二二）一〇月一日に召集された第一七六回（臨時）国会は、七月一一日に行われた第二二回参議院議員通常選挙で与党・民主党が大敗を喫し、九月一四日の民主党代表選挙において菅直人首相がふたたび代表の座を得て初めて臨んだ国会である。

この国会には、前国会で継続審査となった一七件の法案のほか、そこで衆議院で「強行採決」された後、参議院に送付されたために、反って審議未了・廃案となってしまい、その後改めて提出されたいわゆる郵政改革関連三法案を含めて、計二〇件の新規法案が内閣から提出されている。

しかし、「ねじれ国会」のために、案の定というべきか、一二月三日の会期末まで一か月を切ったのに、その新規法案二〇件はもちろんのこと、継続審査に付された一七件の法案すら未だ一件も成立していない（一一月二二日現在）、という事態を招いている。これは、衆議院単独の議決で成立させることのできる補正予算は別として、会期延長の是非などを含めて、会期末を控えたさまざまな混乱が起こることを予想させる数字でもある。

このような事態は、もちろん、今国会で初めて起こったわけではない。次年度予算の早期成立やいわゆる子ども手当支給法の成立などによって順調な滑り出しを見せていた、その前の第一七四回（通常）国会も、次第に紛糾を重ねるようになった。というのも、鳩山内閣は、まず、米軍の普天間基地移設問題で迷走を重ねたほか、与党の一角をなす国民新党が強く望んだ郵政改革関連三法案の取りまとめが難航し、その衆議院への提出は四月末日にずれ込んでいる。

しかも、この間、複数の常任委員長に対する解任決議案のほか、議長に対する不信任決議案が提出されたことに示されるように、異例の事態が続いたほか、郵政関連三法案の提案理由の説明と質疑後直ちに採決という、総務委員会における会期末の事例が示すように、これまでの慣例を破るかたちでの与党による強引な議事運営が目立つようになった。この点では、いわゆる重要広範議案の指定の問題もあるが[2]、これに指定されながら、内閣総理大臣が出席して締めくくり総括質疑を行わないといった議事運営は、政権交代前にも見られたようであり[3]、その取扱いについて確立した与野党合意があると言えるのかは、やや疑わしいように思われる。

そして、社民党の政権離脱（五月三〇日）の後、通常国会の会期も残すところ二週間余りになった六月に入ってからの鳩山首相による突然の退陣表明以後、民主党代表と幹事長の交代、これに伴う国会両議院での首相指名選挙、といった日程が立て込んで、政治空白が生まれた。しかも、菅内閣の誕生で一時的に回復した民主党の支持率に頼んだ内閣や同党の参議院幹部は、間近に迫った第二二回通常選挙への配慮から、これらの重要法案を成立させるために出ていた会期延長論――参議院議員選挙の先送り論――に強く反対した。

その結果、野党から提出されていた菅直人内閣総理大臣問責決議案や江田五月参議院議長不信任決議案は採決に付されることすらなく、予定通り、六月一六日をもって第一七四回国会は幕を閉じた。こうして、衆議院において関係委員会における審査・採決と本会議における報告・議決の後に参議院に送付されていた内閣提出の重要法案、つまり郵政改革関連三法案のほか、「国家公務員法等の一部を改正する法律案」および「地球温暖化対策基本法案」の三件は、すべて審議未了・廃案となったほか、新規の内閣提出法案六四件のうち成立したのは三五件にとどまるという、不本意な結果に終わった。

これは、参議院では、通常選挙という組織替えの時期に当たるときは、審査・審議中の議案――衆議院からの送付案であるか否かを問わない――については、国会法第四七条二項所定の継続審査の制度を用いることができない、つまり、同法第六八条所定の会期不継続原則の適用を受けて後会に継続しないという参議院先例を軽視した、議院運営上の戦術ミスと評することができるが[4]、これに継続審議法案二件のうち成立した一件を加えても、内閣提出法案の成立率はわずか五四・五%にすぎない。これは、最低でも七五%を下回ったことのなかった過去十年間における内閣提出法案の成立率からすると、きわめて低い数値である。

この内閣提出法案の成立率というのは、改めて言うまでもなく、政権与党・政府が設定した政策課題に対する対応能力、つまり政策実現能力を測る重要な尺度である。それが従来の数値に比して著しく悪いことは、政権担当能力に対する疑念をも呼び起こすおそれがあるのみならず、議員運営の問題としては、長い年月をかけて蓄積された議院の先例や確立した院内慣行を軽んじ、与野党間の妥協と協調が欠かせない議事運営への然るべき配慮を怠ったのではないか、という反省を迫られる意味を含んでいる。

2　議員の議案発議権とその制限

衆知の通り、衆議院にあっては、議員が議院事務局に法律案を提出するに際しては、所属会派の代表機関の承認――形式上は国会対策委員長などの印により示される――を必要とする「機関承認」の慣行が行われている[5]。その違憲性を争ったのが、故上田哲・衆議院議員の提起したいわゆる国民投票法案不受理訴訟であるが、これに対して司法裁判所は、全会派による合意に基づいた慣行が存在する事実を確認し、それが先例として確立していたことを認めたうえで、「裁判所としては、衆議院の右自律的判断を尊重すべきであって、本件法律案につき受理法案としての取扱いをしなかったことについて独自に適法、違法の判断をすべきでなく」云々と述べて、上田哲氏の主張を斥けている。(6)

この事案では、議案の提出に一定数の賛成者要件を課している現行法の定め（国会法五六条一項参照）をはるかに超える九二名の賛成者があったにもかかわらず、衆議院事務局としては、会派の代表者の承認がないという一点のみで、不受理とせざるをえなかった。その慣行が議院運営委員会理事会でも確認されている以上、それ自体としてはやむをえない措置であったと考えられる。

しかし、そうだとすれば、むしろ、その慣行自体の合理性に疑いを投げかけたくなるのは、道理というものであろう。そもそも、こうした「機関承認」の慣行は、決して法令上の根拠を有する仕組みではなく、何より議員発議権の尊重という観点からすると、大いに問題のある慣行であることは疑いない。

また、この関連で問題視されるべきは、与党・民主党における「政府・与党一元化」を名目とした、当時の民主党幹事長の指示によって与党議員の法律案の発議がさらに制限されたことである。これは、同党における部門会議や政策調査会の廃止とも関連していたが、与党会派の議員であるがゆえに法律案の提出を認めないという論理には、はなはだ理解しがたいものがある。

そもそも、国会議員一人ひとりは、憲法上、「全国民を代表する」（憲法四三条）ものとして、独立して職権を行使することを保障された「国の唯一の立法機関」（同四一条）の構成員なのであるから、当然に法律案の発議権を有しているはずである。

このような憲法の規定に照らしてみると、議案の提出に一定数の賛成者要件を課している現行法の定めはもとより、会派の代表者の承認を議案受理の要件とする「機関承認」慣行や、幹事長の指示による与党議員の法律案発議の制限といった措置は、明らかに違憲とまでは言えないとしても、原理的にみると、憲法の趣旨と大きく異なっていることは確かであろう。

3　立法府の不作為の問題

立法の不作為という考え方は、憲法上、特定内容の法律を制定する義務があるのにこれをあえてしないという作為義務違反を問題とするものであるが、ここでいう「立法府の不作為」とは、すでに制定・公布された法律の執行義務にかかわる問題を念頭に置いたものである。

すなわち、内閣は、その執行のために必要な政令を制定する憲法上の義務を負っているが（憲法七三条一号・六号参照）、他方、その法律を制定した国会両議院には、関係法律を制定又は改廃したり、必要な内部規定を制定・整備したりする義務は生じないのであろうか。この問題点を端的に示すのが、最近の憲法審査会規程の制定という問題である。

いわゆる憲法改正手続法（平成一九年五月一八日法律第五一号）の制定によって、国会両議院に設けられることになった憲法審査会は、「日本国憲法及び日本国憲法に密接に関連する基本法制について広範かつ総合的に調査を行い、憲法改正原案、日本国憲法に係る改正の発議又は国民投票に関する法律案等を審査する」（国会法一〇二条の六）ものと位置づけられている。

この憲法審査会は、その文言にも示されているように、立法府自身による関連法律の違憲審査の可能性を秘めたものであり、その意味においても積極的な活動が期待されるところである[7]。そこで、衆議院では、二〇〇九年（平二一）六月一一日議決の「衆議院憲法審査会規程」によって、同審査会を始動させるための環境が整備されており、他方、法律執行の責任を負う内閣としても、その施行細則を定める政令「日本国憲法の改正手続に関する法律施行令」を、すでに制定している（平成二二年五月一四日政令第一三五号。本則は全一五〇条に上る）。

ところが、残念なことに、参議院では、諸般の事情から、同法の施行日までにそうした憲法審査会規程は制定されなかったし、それから半年を過ぎた今日（一二月）にいたっても、未だそれは制定されていない。このような状況は政権交代の前から続いていたものであるが、このことは、内閣に対しては、憲法上の法律執行義務との関係から、必要な関係規定を整備することを義務付けながら、法律の制定主体である国会自身の中で、必要な関連規定の整備が行われていない、という奇妙な事態を招いている。

もっとも、新聞報道によれば、参議院議院運営委員会理事会において、一〇月二一日、早期に制定する方針で合意し、案文を起草して、第一七六回（臨時）国会において制定することを目指すと言われている。当然の動きとはいえようが、今国会は波乱含みであって、今後の成り行きを注視したいと思う。

二　政府統制の方法と内実

次に、わが国の憲法論は、これまで議会による政府統制について体系的な枠組みを提示してこなかった。しかし、議院内閣制の憲法構造のもと、政府統制は、立法機能とならぶ議会の主要な機能であって、その機能はいろいろなかたちで果たすことができる。

そのような観点から、私は、比較議会法の教えにも学びつつ、それを常任委員会制度・質問制度・国政調査権・政府問責決議権といった具体的な手段によって説明することができると考えている(8)。

ここでは、与えられた紙数の関係もあるので、さまざまな政府統制手段のうち、とくに質問制度、国政調査権に類する衆議院「予備的調査」制度、そしてこれらに関係する国会同意人事権の問題について検討を加えてみることにしよう。

1　質問制度の活用と法案審議

諸外国の議会では、議員が国政上の問題を質す質問は、内閣を統制する手段として定着しているのに対し、日本ではその位置づけが必ずしも明らかでない。しかし、議院の大臣出席要求権を定めた憲法六三条後段にいう「答弁」は質問を前提とし、また「説明」も質疑に対応するものであるから、質問制度は、憲法上、政府統制の一環として理解されるべきであろう。

なお、ここに付言しておくと、憲法第四章「国会」に収められた第六三条の規定が、その前段において、「内閣総理大臣その他の国務大臣は、両議院の一に議席を有すると有しないとにかかわらず、何時でも議案について発言するため議院に出席することができる」と定めて、政府側を主語とするのは、いとも奇妙である。その所以は、起草過程において、もともと行政部にあった同条を無造作に「国会」章に移した杜撰さにあるが、この点についての十分な反省が学界でも見られないのは、不思議である。

さて、わが国会両議院における質問制度の活用の度合いが、年間数万件に及ぶイギリスやフランスの議会などに比べて著しく低いことは、つとによく知られた事実である。(9) とくに公開の本会議場における口頭質問（国会法七六条参照）がほとんど機能していないことは、議院内閣制国としては、異例というほかはない。

その制度については、諸外国のように、基本的に各大臣あてに出され、したがって、その答弁に閣議決定を必要とすることはないという一般的なやり方からすると、一人の議員が内閣あてに文書質問を提出しうるとする、現行の仕組み自体に対する疑問がないわけではない。とはいえ、質問主意書の提出というかたちでの文書質問が近年少しずつ増える傾向にあることは、積極的に政府統制を行うという観点からは、やはり歓迎すべきことであろう。

その実績は、例えば、一四年前の二〇〇一年（平一三）には衆参両院での提出件数を合計しても、わずか二六四件にすぎなかった質問主意書の数が、二〇〇七年（平一九）以降、一〇〇三件、一三一五件、一二五九件と増えてきたことに示されている。そして今年（二〇一二年）も、第一七四回（通常）国会が開会した一月一八日から第一七六回（臨時）国会の半ばを過ぎた時点で、両議院での提出件数を合わせると、すでに一〇九九件を数えている（一一月二二日現在）。

さて、政府の活動の是非や疑義に関する質問ではなく、時には、現に提出されている政府提出法案の内容や解釈論に対する質問主意書が提出され、これに対して内閣が答弁書の作成を余儀なくされることがある。そうした質問主意書の中には、憲法解釈との関連を直接取り上げるものもあれば、むしろ法体系としての整合性や文言の意義などを問題にするものもある。

例えば、第一六五回国会における江田憲司議員による「教育基本法案に関する質問主意書」（平成一八年一一月一六日提出）は、「教育基本法案（以下「法案」という。）について質問する」として、以下のような事項を問い質している（一・六は省略した）。

二　「国を愛する心」または「国を愛する態度」について問う。

①　法案第二条第五号では「我が国と郷土を愛する……（中略）……態度を養う」と規定されているが、愛する「心」ではなく「態度」とした理由は何か。

②～④　［略］

三　法案第五条第一項で、中教審答申に反し、義務教育期間（九年の年限）を削除した理由如何。法改正後、義務教育期間をどのように規定するのか、あるいはしないのか。

四　株式会社が設立する学校は、法案第六条に規定する「公の性質」等と矛盾せず、六条違反ではないと考えてよいか。

五　法案第十三条に「学校、家庭及び地域住民は……（中略）……相互の連携及び協力に努める」と規定されているが、具体的には何を想定、意味しているのか。具体的にあげて説明されたい。

七　法案第十六条について問う。
①　同条に規定する「不当な支配」とは、どのような場合を指すのか。また、誰が「不当な支配」であると判断するのか。
②　同条において新たに追加された、教育は「この法律及び他の法律の定めるところにより行われるべき」という文言により、現状以上に国家統制色が強まると懸念する向きもあるが、その意味内容如何。現行法下の教育または教育行政にどのような影響または変化が及ぶのか。あるいは、単なる現状追認（確認）規定にすぎないのか。

この質問主意書と同じように、内閣提出法案の内容または文言の意味を問い質すものとしては、第一六五回国会における平沼赳夫議員による「教育基本法案に関する質問主意書」（平成一八年一二月一一日提出）、第一六六回国会における細川律夫議員による「政府が提出した労働契約法案に関する質問主意書」（平成一九年四月一三日提出）などがある。いずれにせよ、ここでとくに問題としたいのは、それらに対する質問主意書または政府答弁の内容自体ではなく、質問主意書が、実は、現に国会に提出されていた法律案の内容それ自体についての質疑である、という点である。というのは、もともと、質問を提出し、政府の答弁を引き出す働きは、政府統制の意義を有すべきものである。したがって、立法機能そのものである国会に提出された法律案の審議に当たって、質問主意書の提出、これに対する内閣の答弁書という迂回路を採ることには、大きな疑問を抱かざるをえない。もちろん、そこには、諸外国の例のように、詳細な法案提出理由が示されることがなく、また、現在の委員会中心主義の法案審議プロセスにおいても逐条審査をおこなう機会がない、といった事情が関係しているのかも知れない。

しかし、そのような点を考慮するとしても、内閣提出法案の内容に対する質疑、そして答弁・説明は、やはり、公開の法案審査過程で持ち出されるべきものであって、関係委員会その他の正式な法律案の審査の場において疑義を質すのが、筋道というべきであろう。というのも、質問主意書・内閣の答弁書という文書質問は、公開の場で行われるものでなく、周知性に乏しい。のみならず、同じ法律案であるのに、議員提出（発議）法案については、そもそも内閣宛の質問主意書の提出というかたちはありえないし、内閣提出法案に対して出された議員の修正案に対する質疑も、そうしたかたちはとりえない、という不合理を生ずるからである。

2　予備的調査の活用度

この関係で見落とすことができないのは、衆議院における「予備的調査」制度（衆院規則第五六条の二・五六条の三・八六条の二参照）の活用の問題である。[10] この制度は、一九九八年（平一〇）から導入されたもので、委員会がおこなう審査・調査のために、下調査として衆議院調査局長・法制局長に調査を命ずるものである。それは、憲法第六二条所定の国政調査権を補完する意味をもっているが、とくに運用上は、いわゆる少数派調査権に類する機能をもつように配慮されたものである。

その導入から二〇〇九年（平二一）一二月までの実績をみると、(a)委員会による議決に基づく予備的調査は二件にとどまる一方、(b)議員の予備的調査の要請は四三件に達している（但し、このうち三件は、衆議院解散のため消滅している）。その大部分は、政権交代前、野党時代の民主党議員の要求によって行われたもので、いわば予備的調査制度の活用は民主党のお家芸というべき様相を呈していたが、二〇〇九年（平二一）夏の画期的な政権交代の後、この制度が自民党その他の野党側から積極的に活用された形跡はとくに見当たらないようである。

この点で興味ぶかいのは、第一七四回国会の衆議院財務金融委員会における後藤田正純議員（自民党）と泉健太・内閣府大臣政務官との間で、先に触れた質問主意書にも言及しつつ交わされた、次のようなやり取りである（三月一日、同委員会議録第五号参照）。

後藤田委員　先般……天下りに一二兆円という、党の同僚議員の谷議員が質問主意書を出させていただきました。質問主意書は、菅大臣が昔から著書でも、国会議員にとっては最大の武器の一つだとおっしゃっていましたね。鳩山さんは昨年五月二七日の党首討論で、四五〇四の天下り団体に二万五千人が天下り、国の予算一二兆一千億円が流れていると断言しました。……自民党はそれに対して、意図的なプロパガンダだと公開質問状を出しました。そうしたら、鳩山さんは次回の六月一七日の党首討論でも、数字は決して間違っていない、質問状は無礼だと言い切っているんですよ。……谷議員の答弁書を拝見すると、そこには、調査に膨大な作業を要することから、お答えするのは困難であると書かれている。これはどういうことですか。

泉大臣政務官　先ほどの一二兆ですとか四五〇四団体というものですけれども、これは平成二一年……五月二一日に、当時野党であった民主党が長妻昭君外一一名で、衆議院の方で……予備的調査を行っていただいた結果……出てきているもので……すべての調査対象法人における国家公務員の再就職者数、そして国家公務員再就職者がいる調査法人に対して行った金銭の交付の合計金額ということでありますので、実は谷先生からあった質問主意書というのは、「政府の定義による」というものが入っているものですから、これは改めて調査をしなきゃいけない。そうなると、すべての公益法人、これはまた調査には相当日数がかかるということで、現在のところ、政府ではその調査については行っていない。しかし一方で、かつて民主党がやったように、院の方でまさに予備的調査を行っていくこと……も可能ではあるのかなというふうには現在思っているところであります。

この質疑応答が行われた後の経過については詳らかにしないが、泉大臣政務官の発言の末尾部分は、あたかも自ら野党時代に駆使してきた武器の威力——民主党による予備的調査は「年金問題」において遺憾なくその威力を発揮されたことを想起されたい——を誇示しつつ、野党になった自民党はなぜ有効に使おうとしないのか、と諭しているように見受けられる。いずれにしても、本章の関心からすると、すこぶる興味を惹かれる場面ではある。

3　内閣人事同意案件の問題

第一七六回国会における懸案事項の一つに、証券取引等監視委員会委員長・公正取引委員会委員などの五機関計一一人に関する国会同意人事案の問題がある。これは、いまや政権交代前の構図を逆転したかたちで争点化しているように見えるが、このうち、証券取引等監視委員会の委員長を含む四人は、法律に基づいて職務継続中のもので、公正取引委員会委員については八月に任期切れになっていたものである。

しかしながら、この問題について、憲法論としてどのように考えるべきかを説いた議論はこれまであまり見ないようであるから、以下にこの点に関する私見を少し詳しく示してみたい[11]。

内閣は、憲法第六五条にいう「行政権」の帰属主体として、広く行政組織統轄権や人事権を有しており、内閣または内閣総理大臣の下にある法定の行政委員会・審議会などについても、「一般行政事務」（憲法七三条柱書）の一つとして、その人事権を有するものと解される。同時に、しかし、憲法は、内閣に対し、国家公務委員に関する事務を掌理する権限について「法律の定める基準」にしたがって行使すべきことを求める（同七三条四号参照）だけでなく、「行政権の行使について、国会に対し連帯して責任を負ふ」（同六六条三項）ものとしている。

そこで、国会制定法の定めによって、内閣または内閣総理大臣による人事権の行使に際し、事前に「両議院の同意」を必要としていることが多い。現行制度上、そうした両議院の同意を要するものとしては、中央人事行政機関の要となる人事官、憲法上の独立機関である会計検査院の検査官、そして独立行政委員会である公正取引委員会の委員長と委員などの任命がある（国家公務員法五条一項、会計検査院法四条一項、独占禁止法二九条二項など参照）。このような人事同意権は、国会による政府統制の一つに方法として、確かに有意義ではあろう。

しかし、その「両議院の同意」のあり方が、衆議院または参議院による一院制的な決定を排除したかたちで法定された場合、両院間の合意が得られないときは、統制を及ぼすべき内閣やその下にある行政機関の正当な機能が大きく損なわれるだけでなく、会計検査院のような憲法上の独立機関が機能不全に陥るおそれすらある。こうした事態を憲法が容認するとは考えがたく、国会両議院による内閣任命人事同意権は、内閣の人事権を奪うに等しいようなかたちで制度化することは認められない、と解すべきであろう。

なお、わが国の中央銀行として通貨・金融の調節をおこなう日本銀行の総裁・副総裁などについても、同じ仕組みをもった国会同意人事制度が設けられている（日本銀行法二三条参照）。この場合の「両議院の同意」については、どのように考えるべきであろうか。確かに、日本銀行は、人事院や公正取引委員会などとは異なって、国の行政組織そのものではない。しかしながら、金融の適切な機能を確保するなど、金融政策それ自体は内閣の重要政策の一つなのであって（内閣府設置法三条・四条一項一五号参照）、その要をなす中央銀行の役員の任命権を内閣がもつのは、そのことと密接に関連している。

そうだとすると、日本銀行の総裁・副総裁などに対する国会両議院による人事同意権についても、やはり、内閣の人事権それ自体を奪うに等しいようなかたちで制度化することはできない、と解すべきであろう。

おわりに

最初に述べたことを繰り返すことになるが、国民主権の下での議会制民主主義においては、議会の多数派に支えられた安定した政府・内閣と、法律制定と政府統制の二大機能を発揮する議会とが対峙することによって、国民に国政上の争点を明示し、必要な情報を提供するという仕組みを構造化することが大事である。

この観点からすると、現行憲法の定める衆議院による再議決要件が厳しいために（憲法五九条二項参照）、その要件に達しない衆議院多数派に支えられた内閣は、衆参両議院の政治勢力が異なる「ねじれ国会」においては、多数派工作により参議院多数派を確保することができない限り、やがて立法の停滞を招き、早晩立ち往生せざるをえない羽目に陥ってしまう。

実際、衆議院で圧倒的多数を誇った数年前の自公政権が、参議院議員通常選挙の結果として現れた「ねじれ国会」で積極的な政策展開を断念せざるをえなかったのと同様に、このたびの民主党主導政権も、衆議院ではやはり圧倒的な議席を有するのに、与野党勢力の逆転をもたらした参議院議員通常選挙を前にして、みずから提出した重要法案をほとんど成立に導くことができない、という事態が生じている。

このように考えると、現行憲法が定めている両院制のありかたは本当にこのままでよいのかという、わが国の統治構造の根本的な問題に逢着せざるをえない。この点に関しては、時に、二元代表制のゆえに分断政府のおそれを内包している大統領制よりも、議会多数派に基礎を置く議院内閣制のほうが、政権基盤が強いとか安定政権による政策展開がしやすいと言われることがある。

けれども、ここで説かれる命題は、上下両院のいずれもが公選制とされ、しかもそれぞれの政治勢力が異なる議院内閣制の下では、当てはまらない。現行憲法がそうであるように、首相指名権を有する下院とは異なった公選制の上院が強い立法権限を有する憲法構造のもとでは、政権基盤の強弱や政権の安定性は、両院制のありかたに大きく左右される、というところがむしろポイントになる。

これと同時に、そうした事態をしばしば招いている国政選挙の頻度、つまり衆議院総選挙と参議院通常選挙とを合計すると、ほぼ一年半ごとに国政選挙を実施しているという選挙制度のありかたを、抜本的に再検討してみる必要があろう。

（1）　以下の論述については、大石眞「違憲審査機能の分散と統合」初宿正典先生還暦記念論集『各国憲法の差異と接点』（成文堂、二〇一〇年）二三七頁以下［本書Ⅵ部**2**所収］、同「議院内閣制と議会の役割――政権交代の試練」公共政策研究10号（有斐閣、二〇一〇年）三四頁以下［本書Ⅳ部**5**所収］と一部重なるところがあることを、あらかじめお断りしたい。

（2）　その意義などについては、参議院総務委員会調査室編『議会用語辞典』学陽書房（二〇〇九年）三〇六頁、伊藤和子「国会審議活

性化法の立法過程」北大法学論集五一巻六号（二〇〇一）九七-九八頁など参照。

（3）例えば、第一五〇回（臨時）国会における参議院提出の公職選挙法の一部を改正する法律案（衆議院議員運営委員会第八号参照）、第一五四回（通常）国会における健康保険法等の一部を改正する法律案（厚生労働委員長解任決議案参照）、第一六六回（通常）国会における所得税法等の一部を改正する法律案及び平成一九年度における財政運営のための公債の発行の特例等に関する法律案（財務金融委員長解任決議案参照）の取扱いなど。

（4）この点については、大石「議院内閣制と議会の役割――政権交代の試練」（前掲）三六-三七頁［本書Ⅳ部**5**所収］参照。

（5）大石 眞『議会法』有斐閣（二〇〇一年）五二頁参照。

（6）東京高判平成九月六月一八日判例時報一六一八号六九頁。上告審でもその結論は支持された。最二判平成一一年九月一七日訟務月報四六巻六号二九九二頁参照。

（7）岡田順太「憲法の番人としての議会の可能性――アメリカOLC報告法案審議を題材として」白鷗法学一七巻一号（二〇一〇年）一〇一頁、一二二頁参照。

（8）大石『議会法』（前掲）一〇七頁以下、『憲法講義Ⅰ〈第2版〉』有斐閣（二〇〇九年）一四八頁以下など参照。

（9）二〇〇八～〇九年会期を例にとると、イギリスの庶民院では五万六一九二件、フランス国民議会では二万七九九〇件に上っている。

（10）これについては、郡山芳一「衆議院決算行政監視委員会設置と行政監視機能の強化」議会政治研究四六号（一九九八年）二四頁のほか、衆議院調査局一〇年史編纂委員会編『衆議院調査局一〇年の歩み――常任委員会調査室制度発足六〇年を迎えて』（衆議院調査局、二〇〇八年）などを参照。

（11）以下については、大石『憲法講義Ⅰ〈第②版〉』一五六-一五七頁参照。

4 憲法と条約締結承認問題

はじめに

(1) 条約の締結をめぐっては、衆知のように、締結承認権を含む国会の外交統制権のあり方という一般的な問題から、いわゆる国会承認条約の範囲、条約内容に対する「修正」権の有無、事後承認が得られなかった場合の条約の効力、国内法とするための形式、国内法としての形式的効力といった解釈上の論点など、いろいろな憲法上の問題がある。

ただ、これまで条約文に対する「修正」や不承認の実例はなく、その意味で「修正」権の有無または不承認の場合の条約の効力いかんの問題は、いわば講学上のものということができよう。また、国内法化の形式の問題については、条約締結権と法令の公布命令権が天皇にあった明治憲法の伝統を継承するかたちで——これ自体は問題視されるべきであるが——公布された条約に国内法としての効力を認めるというのが、現行憲法の施行当初からの取扱いであり、その形式的効力は法律に優位するというのが定説である。

(2) これに対し、国会承認条約の範囲の問題(1)は、現実問題としても争われ、重要な意味をもっている。そこで、ここでは主として、この問題をめぐる政府見解の源泉を現行憲法の制定過程に即しつつ明らかにするとともに、国会両議院における承認議案の処理の実際にもふれた後、最近注目されている特定条項に留保を付した人権条約の締結という問題を取り上げ、その憲法的意味について多少の検討を加えてみたい。

というのも、国際人権規約を代表例とする各種の人権条約は、その裁判規範性を問う訴訟を生み、それらを通じて、条約所定の権利を直に認め、人権条約に抵触する国内法は効力を否定されるとする実体的解釈(2)や、国内法令について条約適合的解釈を施すべきだとする解釈準則(3)が形成されつつある。さらに、国際人権規約のような条約には、「確立した国際法規」として、「憲法に近似した効力」を認めるべきだとする有力な主張(4)も現れているが、留保付き条約締結の承認には大きな問題もあると思われるからである。

一　現行憲法制定過程の論議

1　総司令部案の成立

(1)　明治憲法は、条約の締結を大権事項とし（一三条）、「専ら議会の関渉に由らずして天皇其の大臣の輔翼に依り外交事務を行ふ(5)」という体制をとり、枢密院官制上「列国交渉ノ条約及約束(6)」は同院諮詢事項とされていたものの（六条）、法令の公布を命ずることも天皇の大権事項であった（憲法六条）。そこで、公布により条約に国内法としての効力を与えるという論理が、十分な合理性をもって説かれたのである。

これに対し現行憲法は、内閣に外交関係処理権を与えつつ（七三条二号）、内閣総理大臣が「内閣を代表して……外交関係について国会に報告」すべきものとし（七二条）、最も重要な外交事務である条約締結を改めて内閣の専権事項として掲げつつ、「事前に、時宜によっては事後に、国会の承認を経ること」を要求している（七三条三号）。

(2)　この現行憲法の原案であるマッカーサー草案中の「内閣」諸規定の第一次案(3)は、一九四六年（昭二一）二月初め、総司令部民政局において、ピーク（Cyrus H. Peake）を主任とし、ミラー（Jacob I. Miller）、エスマン（Milton J. Esman）の両名を加えた「行政府」関係小委員会で起草された。それがケーディス、ハッシー及びラウエルによる運営委員会との協議にかけられたことは、他の原案部分と同じであるが、小委員会と運営委員会との考え方がこれほど対立し、第一次案と第二次案との間にこれほど懸隔があるのは珍しく、最近の行政改革論議における内閣機能の強化や内閣総理大臣の地位の再検討の問題ともかかわる論点を含み、興味ぶかいものがある。

すなわち「行政府」関係小委員会は、内閣総理大臣に優越的地位を認める行政府という構想に立ち、「内閣総理大臣は天皇によって指名される」（一次案二条）ことを述べた上で、「内閣総理大臣及びその内閣（his Cabinet）は、次の職務を行う」として、次のような規定を置いていた（同七条二項）。

外交関係を処理し、他国の政府および国際機関と条約および協定を交渉し、ならびに国際協約に加入すること。内閣総理大臣は、すべての条約および国際協約を立法府に提出して、その審議を受け、過半数による承認を得なければならない。内閣総理大臣は、外交関係の状況について、いつでも立法府に情報を提供していなければならない。

(3)　現行憲法で内閣の権限とされるところは、ほとんど内閣総理大臣の権限とされていたわけである。ところが、こうしたいわば強い行政部の考え方に対し、運営委員会のメンバーは揃って難色を示し、とくに草案作成上「拘束力ある文書」とされたアメリカ合衆国政府による「日本の統治体制の改革」（SWNCC-228）の構想に抵触するとして、強く再考を求めた。そして異例の協議が繰り返された結果（二月七日・八日）、小委員会報告案第二次案は、現行憲法の規定の方向に大きく変わってしまったが、小委員会のエスマンとミラーは納得せず、「責任を負わない行政府を恐れるのと同じ程度において、責任を負わない国会を恐れなくてはならない」とする連名の修正反対意見を添え、不満を顕わにしている。

この間の経緯は、今日の眼からみても、行政権の理解について興味ぶかい素材を提供しているように思われるが、それはさておき、二月一三日に日本側に手交されたマッカーサー草案第六五条は、この第二次案第三二条を採用したものであり、問題の部分は次のごとくであった。ただ、ここに「公共の利益と認むる」というのは、便宜上付した英文が示すように、正確には「国会の協賛」のあり方にかかり、公の利益に適うと認めるときは、内閣は「事後の追認」を求めることができるとの意であろう。

内閣ハ他ノ行政的責任ノホカ……外交関係ヲ処理スヘシ、公共ノ利益ト認ムル条約、国際規約及協定ヲ事前ノ授権又ハ事後ノ追認ニ依ル国会ノ協賛ヲ以テ締結スヘシ（conclude such treaties, internationalconventions and agreements with theconsent of the Diet by prior authorisation or subsequent ratification as it deems in the public interest）。

2　憲法改正草案要綱以後

(1)　マッカーサー草案を基礎とする修正案を携えてきた法制局第一部長、佐藤達夫を中心とする日本側と、ケーディス、ハッシーなどの率いる総司令部民政局との劇的な徹宵交渉を経て作成された憲法改正草案要綱（三月六日案）は、約一か月前に毎日新聞によってスクープされた前年秋以来の憲法問題調査委員会の検討成果たる「松本草案」とは、その精神及び内容においてまったく異なっている。その意味で、各方面に非常な驚きをもたらしたが、政府部内では、総司令部との新なる交渉にそなえて、同要綱に対する関係各省の意見聴取作業が三月一八日から二六日頃まで精力的に進められた。

本章の主題にかかわる部分は、同要綱では第六九条になったが、これは、新たに「内閣ハ他ノ一般政務ノ外左ノ事務ヲ行フコト」という柱書を立て、「外交関係ヲ処理スルコト」「条約、国際約定及協定ヲ締結スルコト　但シ時宜ニ依リ事前又ハ事後ニ於テ国会ノ協賛ヲ経ルコトヲ要スルコト」というように、各号列挙の形をとった点において（二号・三号）、現行憲法のスタイルを確定したものといえよう。実際、現行憲法第七三条三号の前身をなす政府の憲法改正草案第六九条三号は、そこから「国際約定及協定」を削ったものであったが、憲法制定議会である第九〇回帝国議会では、それに関する質疑はなく、どの会派からも内容的な修正案は提出されず、ただ衆議院修正で条数が変わったにすぎない。

(2)　したがって、国会承認手続が必要な条約の範囲いかんの問題については、次にみるように、制憲議会に提出される政府案の成立までの過程が決定的な意味をもつのである。すなわち、三月二四日には、法制局部内研究および各省意見の中間とりまとめが「要綱ニ関スル問題」として行われたが、佐藤達夫によれば、「ことに大蔵省各部局・外務省の条約課のコメントは、相当くわしいものであった(8)」という。

まず法制局は、「本条項のみ『国際約定……』を加へたるは不統一ならずや。事後の場合「協賛」と云ふは現在の用語例に反す」などと評したにすぎない。これに対して、外務省条約局の意見――それは「改正憲法草案下ニ於ケル条約締結制度ニ付テ」と題されている――は、きわめて詳細な検討を加えたものであった。実際、その「条約締結ニ対スル国会ノ協賛」を論じた部分は、「我国にとり全く新なる制度なるを以て、左に問題となるべき諸点に付、各国の先例をも参酌し、主として立法的見地より検討を試むべし」として、次のように結論づけている(9)（読み易さを考えて、読点を補った）。

草案ノ規定ノミヲ以テシテハ協賛ヲ経ベキ条約ノ範囲ハ明カニスルコトヲ得ズ、今後ノ立法及慣行ニ俟ツノ外ナキ処、過去ニ於テ枢密院ニ附議スベキ条約ノ範囲ニ付、政府ト同院トノ間ニ屡々問題ヲ生ジタル経緯アルニ顧ミ、且ツ国会協賛制ノ下ニ於テハ斯ノ種問題一層紛糾スルノ可能性アルニ鑑ミ、改正憲法ノ下ニ於テハ本件範囲ノ問題ニ付、疑義発生ノ余地ナキ様、明確ナル

立法手段ヲ講ズルヲ可トスベシ

立法論トシテハ、本件範囲ノ問題ハ、(イ)国民ノ代表者タル国会協賛ノ本質ト、(ロ)外交運営ノ担当者タル政府ノ便宜トノ両面ヨリ考慮ヲ必要トスベク、此ノ点ニ付、民主主義諸国家ノ例ヲ参照シ、例ヘバ

1、国民ノ権利義務ニ関係アル条約(立法事項ヲ含ム条約)

2、国家又ハ国民ニ財政上ノ負担ヲ課スル条約

3、講和条約、領土変更条約、修好、通商航海条約等、国家ニ重大ナル義務ヲ課スル条約ノ三種ニ付、国会ノ協賛ヲ要スルモノトシ、右以外ノ条約ハ内閣ノ専権ヲ以テ締結シ得ルコト、恰モ米大統領ガ専権ヲ以テ行政取極ヲ締結シ得ル如クナラシムルコト適当ナリト認メラル

(3)　正しくここに、後年の政府統一見解(昭四九)にいう三基準の源泉が見出される。この点については後に改めて言及するが(二―2参照)、こうした検討の後、四月八日には総司令部との交渉に臨む政府の最終方針が決定され、右の意見に示された外務省条約局の立場、すなわち「立法事項を含む条約」「財政的負担を伴ふ条約」「講和条約、領土変更条約等特殊重要なる条約」の三種を「国会の協賛を経べき条約」とする憲法解釈は、法制局によっても認められている。翌九日の総司令部との交渉では、ケーディスから「政治的の条約を議会の協賛なしに締結することは面白からず　必ず議会の協賛を経て確定するものとする要あり」[10](萩原条約局長メモによる)と注文を付けられたが、これもまた「政治的に重要な」という後年の政府見解の基準に繋がる発言として注目に値しよう。

一週間後の四月一五日、政府は、口語体で整理された憲法草案――これが二日後に公表される「憲法改正草案」に当たる――を総司令部に提出した。この時、問題の国会承認条項は、「国際約定及び国際協定」を削った政府提出案第六九条三号のかたちになっているが、これは、六日前の交渉で「米国におけると同様……行政取極まで国会の承認を必要とするとは解し得ない……用語上の問題があれば agreement を削ってもよかろう」との先方の意向を確認した

結果であった[11]。

二　いわゆる国会承認条約の範囲

1　議会の外交統制権

現行憲法が内閣に外交関係処理権を与え、最も重要な外交事務である条約締結を内閣の専権事項として掲げつつ、「事前に、時宜によっては事後に、国会の承認を経ること」を要求したのは、いうまでもなく、外交に対する民主的統制という理念に基づくものである。ここから国会の外交統制権の一つとして条約締結承認権という重要な権限が導かれることになるが、その具体的な内容と範囲は必ずしも明らかでない。この点については、しかし、右の外務省条約局意見書も述べたように、「民主主義諸国家ノ例」が参考になるであろう。

実際、立憲諸国では、一般に、政府の条約締結権を前提としつつ、議会の同意を必要とする条約の範囲を古くから憲法典で明記している。フランス革命期の実験的先例[12]は別としても、日本国憲法の成立前を基準とすれば、次のような例に代表されよう。

・ベルギー憲法（一八三一年）六八条

通商条約及び国に重い負担を課し又はベルギー国民を個人的に拘束するおそれのある条約は、両議院の同意を得た後でなければ、効力を有しない。

・フランス第三共和制憲法（一八七五年七月一六日公権力関係に関する憲法的法律）八条

平和条約、通商条約、国の財政を拘束する条約、フランス国民の身分及び在外所有権に関する条約は、両議院により議決された後でなければ、確定しない。

・ドイツ＝ヴァイマル憲法（一九一九年）四五条三項
ライヒの立法権に属する事項に関する国際協約及び条約は、ライヒ議会の同意を得ることを要する。
・ポーランド憲法（一九二一年）四九条
通商条約、関税協商、国に永久的負担を生ぜしめ又は市民に義務を生ぜしめる協定、国境の変更を伴う協定及び同盟条約は、議会の同意なく締結することができない。

右のうち、フランス憲法では、国民の権利義務に関係のある又は立法事項を含む条約は、明示的に掲げられていない。しかし、この点については、議会の立法権の帰結として、命令で定めることのできない規定を内容とする条約は、当然に議会の承認手続に付されるとの解釈がとられていたこと(13)を忘れるわけにはいかない。

こうしてみれば、先の外務省条約局意見書が、「国民の権利義務に関係ある条約（立法事項を含む条約）」、「国家又は国民に財政上の負担を課する条約」、そして「講和条約、領土変更条約、修好、通商航海条約等国家に重大なる義務を課する条約」という三つの基準を挙げ、これらの締結について国会の承認を要すると解したのは、ごく自然な結論であったわけである。

2　現行憲法解釈問題

(1)　日本国憲法の場合、右のような規定を全く欠いている。その条約締結に関する国会承認の規定は、比較憲法史的にみれば、一世紀以上も前のベルギー憲法にも及ばず、条約締結統制権の表現としてはいかにも稚拙というほかないであろう。他方、あらゆる国際的な取極に国会の承認を必要とする趣旨とも考えがたく、その点は、右にみたように総司令部との交渉の中でも確認されていた。

このため、国会の同意を必要とする条約の範囲をめぐって、いわば初歩的な憲法解釈問題が生ずることになる。ここでまず意味をもつのが、広義の条約としての国際約束または国際合意と、いわゆる行政取極（行政協定）を除いた狭義の憲法上の条約（いわゆる国会承認条約）との区別である。ここに「国際約束」とは、広く国家間の合意をいい、とくに外務省設置法（昭和二六年法律二八三号）において、同省の任務・所掌事務・権限として掲げる「条約その他の国際約束」の締結として用いられた観念である（同法三条五号・四条三一号・五条四号など）。一方の「行政取極」は、外務省条約局意見書により「米大統領ガ専権ヲ以テ……締結シ得ル」部分と説かれたものに相当し、要するに、新規に国際法上の義務の負担をもたらすものでないような国際的な取極を意味し、すでに国会の承認を経た条約や国内法あるいは国会の議決を経た予算の範囲内で実施しうる国際約束と解されている[14]。

(2)　この点で、かつて旧日米安保条約第三条に基づく駐留軍の地位を定めた行政協定を行政取極として処理したことの妥当性が問題となり、砂川事件として争われたことは、衆知の通りである。現行安保条約に基づく行政協定は国会承認条約とされたものの、締結に関して国会の承認を要する条約の具体的な範囲は、なお一般的に問題になりうる。

これについて憲法学は、一九七四年（昭四九）二月二〇日、第七二回国会の衆議院外務委員会における大平正芳外務大臣の答弁というかたちで発表された政府の統一見解[15]を、しばしば引き合いに出している。これは、ちょうど十年前の一九六四年（昭三九）年三月、政府委員の藤崎万里審議官が答弁したところ[16]を敷衍したものであるが、国会の承認を要する条約の範囲について、要するに、いわゆる法律事項を含む国際約束、いわゆる財政事項を含む国際約束、国家間一般の基本的な関係を法的に規律するという意味において政治的に重要な国際約束という三つの基準で表したものである。

この政府統一見解が、内閣法制局・外務省条約局などとの協議を経た上で出されたことは、容易に想像できる。しかし、その原型は、実は、すでにみた通り（**1**―**2**参照）、約二八年前の現行憲法制定過程における関係案文――現行憲法第七三条三号の前身をなす政府の憲法改正草案第六九条三号――に対して示された両庁の対応にあったわけである。

右の政府統一見解中、前二者は、いうまでもなく、それぞれ憲法第四一条の立法権と第八五条等の定める国会議決権とを考慮したものであるが、第一のカテゴリィについては、行政実務上、「領土あるいは施政権の移転のごとく……国の主権全体に直接影響を及ぼすような国際約束」や通商航海条約などを含むと解されている。(17) しかし、右に確認した通り、外務省条約局は、当初、「講和条約、領土変更条約、修好、通商航海条約等」は、むしろ第三のカテゴリィに入るとみていたのであり、この点において政府解釈には変更があったことになろう。

三　国会の条約締結承認手続

1　両議院における手続

(1)　外交処理権をもつ内閣が条約を締結する場合、所要の外交交渉を重ねた後、通例、全権委員による署名、内閣による批准という手順を踏むが、現行憲法上、事前または事後に国会に提出し、その承認を経なくてはならない（憲法七三条三号）。批准したことを証する文書（批准書）は、その閣議決定を行った内閣によって作成され、天皇により認証される（同七条八号）。そして、二国間条約の場合は批准書の交換によって、また多数国間条約は批准書を寄託者に寄託することによって、それぞれ条約締結手続は完了することになる。

むろん、当事国間の合意によって、批准を要することなく署名のみによって成立を図る簡易手続もあるが、これをも含めた条約締結に関する国会承認議案は、通常の議案と同じような議院手続の経路をたどる。したがって、その手続を詳述する必要はあるまいが、憲法概説書では必ずしも十分な説明が与えられていない。そこで国会両議院における条約審査手続の実際を両議院の先例に即して確認しておくと、ほぼ以下のようになろう。(18)

(2)　条約締結承認議案の国会への提出手続に関する取扱いとしては、まず、おおむね先に衆議院に提出される例であるが（衆議院先例集〈平成六年版〉三三四号）、この場合、多数国間条約は、その署名欄を省略して行われる（同三三六号）。そして、条約に対する国会の承認を経るべき「事前」又は「事後」という時期の問題については、先例は――いずれも異なる事例はあるものの――原則的に、次のように整理されている（同三三三号）。

(a) 批准を要する条約の場合　署名後で批准前

(b) 署名後、公文の交換その他一定の手続により効力を発生する条約の場合　署名後で、公文の交換その他一定の手続の前

(c) 署名のみにより効力を発する条約の場合　署名前又は署名後

(d) 条約に加入し又はこれを受諾し若しくは承認する場合　その通告の前

次に、委員会における審査と議決についていえば、法律案などと同じように、委員会審査を省略して直ちに本会議の議題とされる場合もあるが（同三三八号）、通常は、外務委員会による審査が行われる（この場合、特別委員会が設けられることもある。同三三七号）。いずれにせよ、委員会における条約の審査は、まず外務大臣又は政府委員から趣旨説明を聴き、必要に応じて政府委員等から補足説明を聴いて、質疑を行い、討論の後、承認すべきか否かを議決することになる（参議院委員会先例録〈平成十年版〉八二号。衆議院規則四四条・参議院規則三九条参照）。

議院による承認議決については、政府見解によれば、承認議決対象は「条約それ自体」ではなく「条約の締結」である。したがって、条約承認に関する議案も、「〇〇条約の締結について、日本国憲法第七十三条三号ただし書きの規定に基づき、国会の承認を求める」という文言が用いられ、「〇〇条約の締結について承認を求めるの件」という提出形式がとられることになる[19]。したがってまた、両議院の委員会としても、条約・協定・議定書などの締結については、承認すべきか否かを議決するものとされるが（衆議院委員会先例集〈平成六年版〉一四八号）、これまで不承認の例は存しない。また、条約の不可分の一部をなす交換公文等については、一体のものとして、条約について議決が行

われる例であるが（同一四九号）、この「交換公文等」という表現は、後述する留保をも含む趣旨であろう。

(3)　さて、条約締結の承認についても、憲法第六一条の規定により、いわゆる衆議院の優越の原理が働き、衆議院が議決して参議院に送付された条約について、送付の日から起算して三〇日——国会休会中の期間を除く——以内に参議院が議決するに至らないときは、その期間の経過とともに、衆議院の議決が国会の議決となる。この場合、衆議院は、その旨を参議院に通知し、参議院から議案の返付を受けて、これを内閣に送付するとともに、その旨を参議院に通知するものとされている（衆議院先例集三三九号。国会法八三条の三第二項・第三項参照）。

実際、参議院の外務委員会——一度だけ特別委員会の事例がある——における審査中に三〇日の期間が経過し、衆議院の議決が国会の議決となったことは、第三〇回（臨時）国会以来これまでに（一九九九年現在）五回合計九件ほどあるほか、委員会の審査が終了した後、本会議に上程される前に、その期間が経過してしまった事例も、二回計四件ほど記録されている（参議院委員会先例録八三号、同諸表九参照）。

2　留保付き条約締結の承認

(1)　さて、政府が提出する条約締結承認議案には、とくに留保を付して条約を締結することについて承認を求めるというものもある。それは、政府において条約の特定条項の法的効果——したがって、その国内法としての効力——を排除しようとする意味をもつが、平成六年版『衆議院先例集』は、わずかに外務委員会における次の二件を例示するのみである（同一五〇号）。

一九六八年（昭四三）四月二四日　　第五八回（通常）国会

「一九六七年の国際穀物協定の締結について承認を求めるの件」

一九七九年（昭五四）一二月三日　第九〇回（臨時）国会
「一九七一年の国際小麦協定を構成する小麦貿易規約及び食糧援助規約の有効期間の第五次延長に関する一九七九年の議定書の締結について承認を求めるの件」

むろん、このほかに、例えば、海洋汚染防止会議の成果である「一九七三年の船舶による汚染の防止のための国際条約に関する一九七八年の議定書」（昭和五八年条約三号）への加入に関する事例などがあり、これに後述する人権条約に関するもの（**四―3**参照）を加えなくてはならない。

このような場合、「〇〇条約を、〇〇の規定の受諾を留保して締結することについて、日本国憲法第七十三条三号ただし書きの規定に基づき、国会の承認を求める」というように、留保事項が条約承認議案それ自体に明示されることもあるが、「〇〇条約を、別紙の留保を付して締結することについて、日本国憲法第七十三条三号ただし書きの規定に基づき、国会の承認を求める」というように、留保内容が別紙で示されることもある。

こうした留保付き条約締結の承認議案について、国会両議院が当該留保を否決する――つまり留保しないかたちで――承認の議決をした場合をどうみるかは、いわゆる条約修正権にかかわるものとして問題となりうる。だが、これについて政府は、一九七九年（昭五四）四月、後述する国際人権規約の締結の承認が議題となった際、留保付き条約締結に対する無留保の承認議決は、不承認の議決として理解されるという立場を明らかにしている。[20] この立場からすれば、条約の承認に際して国会は留保事項を修正しうるとする学説上の主張は、[21] 否定されるべきものとなろう。

なお、すでに国会の承認を経た条約中の条項の留保に関する公文の交換について、交換後に承認が求められたこともあるが（衆議院先例集三三三号参照）、これは特殊な事例とみるべきであろう。というのも、その事例は、一九五三年（昭二八）初冬の第一八回（臨時）国会で、「日本国とアメリカ合衆国との間の友好通商航海条約第八条二項[22]についての留保に関する交換公文」について、国会の承認を経たことを指しているが、これは、右の留保が、同条約の締結の承認に際してアメリカ合衆国議会の上院によって付された条件であって、わが国で付された条件ではなかったからである。(23)

(2)　これに関連していえば、国会両議院のイニシアチブ——具体的には委員会審査の段階における提案——による留保または解釈宣言というものも、考えられないではない。これは、論理的には、条約に実質的な変更がもたらされるようにするため、条約に留保を付すことを停止条件として、その条約の締結を承認するという意味で、いわゆる条約修正権の一つの形と考えられるかも知れない。(24)しかし、こうした留保の場合、後述するように（**四—1**参照）、当該条約所定の方式による限り当事国の一方的声明で足りるとはいえ、内閣が国会によって付された条件を成就させるべき法律上の拘束を受けるかは、やはり別問題であろう。(25)

さて、右のような条約に関する留保ならともかく、人権条約の場合は、最近の国際的人権保障運動の高揚の中で、とくに留保の事例が相当多くなるにつれて、それらの効力をめぐる問題は高い関心を呼び起こしているようである。(26)

四　人権問題に関する留保の問題

1　一般条約法における留保

(1)　もともと留保の制度は、本来、多数国間条約に特有の制度であるが、ある条約についてある当事国により行われる、当該国家が当該条約のある規定を排除し、その範囲を変え又はそれに特定の意味を与えようとする声明である。したがって、それは、条約法体系の中に合意による規制の統一的機能——「条約の一体性」の要請——とは両立しがたい制度上の多様性をもたらすものとして、以前から、その不都合を指摘されていた。そのため、留保が有効に成立するには全当事国の同意を要するとする伝統的な厳格主義の立場（国際連盟方式）から、それを全面的に禁止したり、締約国の同意を要するものとしたりする動きもあったようである。[27]

にもかかわらず、いわゆるジェノサイド禁止条約留保事件に関する一九五一年五月二八日の国際司法裁判所の勧告的意見は、伝統的原則の「より柔軟な適用」という姿勢を打ち出し、ある国家が同条約加入に際して留保をおこなう場合の基準となるべきものは、留保と条約の「趣旨と目的との両立性」であるとして緩和主義を採用したことで、広く知られている。それは、国連総会の意向を受け、できるだけ多くの国家を加入させようとする「普遍性の要請」に応えたいとする姿勢を示したものといえようが、伝統理論を支持する国々と全当事国一致の要件から解放されたいとするソ連のような国々との拮抗関係の中で態度決定を迫られ、結局、後者の傾向に軍配を挙げるかたちになったものである。[27]

(2)　いずれにせよ、この意見は留保制度のあり方に大きな転回をもたらすことになった。実際、「条約法の法典化に着手していた国際法委員会も、当初は全当事国同意の原則に立脚していたが、最終的には、裁判所が示した両立性の基準を採用するにいたり、これが条約法条約に反映された」[29]と言われる。

そこで、現行のウィーン条約法条約（一九六九年、昭和五六年条約一六号）によれば、まず条約締結に関して行われる「留保」とは、具体的には、ある「国が、条約の特定の規定の自国への適用上その法的効果を排除し又は変更することを意図して、条約への署名、条約の批准、受諾若しくは承認又は条約への加入の際に単独に行う声明」をいい、これは用いられる文書および名称のいかんを問わないとされる（二条一項(d)号）。そして、いずれの国も、「当該留保が条約の趣旨及び目的と両立しないものであるとき」などを除き、原則として、留保を付すことができるとされ（同条約一九条）、ここに「両立性の基準」が明記されている。なお、条約の特定条規の適用について複数の解釈が可能な場合、自国が採用する解釈をあらかじめ表明する「解釈宣言」という方法が認められることは、いうまでもない。

こうして国家の単独の一方的声明によって、条約の一部規定の国内法化を実質上阻止することができるわけである。実際、留保の慣行は、こうしたウィーン条約法条約の規定の「極端な自由主義」に支えられるかたちで、きわめて広く見られるという[30]。この点では、次に検討する人権の分野も決して例外ではない。

2　人権条約と留保問題

(1)　そもそも人権条約の場合、「人権」の性質からみて留保は原則的に認められないのではないか、という疑問がないわけではない。しかし、現実には権利保障の内容を条約中に具体化すればするほど、各国の憲法その他の国内法との関係が生ずることも無視できず、実際には、他の条約と同様に、留保の制度を明文で認める人権条約は多い（これに伴う異議制度の問題もあるが、ここでは省略する）。例えば、いわゆる人種差別撤廃条約第二〇条、女子差別撤廃条約第二八条、児童の権利条約第五一条などは、ウィーン条約法条約と同一の「両立性の基準」に立った留保規定を設けており、現に留保または解釈宣言を付して締約国となった国家も、かなり多数に上っている[31]。

後述の自由権規約の草案を参考にして作成され、今日最も整備された保障システムを備えるヨーロッパ人権条約（一九五〇年採択、三年後に発効）の場合も、同じである。すなわち、その留保規定である第六四条には、「いずれの国家も、本条約に署名するとき又は批准書を寄託するときに、自国領域でその時に有効ないずれかの法律が本条約の特定の規定と相容れない限りで、その規定について留保をすることができる」（同条一項）としつつ、先にも述べた条約の一体性を著しく損うような「一般的性格の留保」は認めず、留保する場合には「関係法律の簡単な陳述」をも要求している（同条二項）。

そこで人権条約の適用をできるだけ確保しようとする観点からは、留保または解釈宣言がどこまで許容されるかということも問題となる。これについては、一九七四年秋にスイスが同条約に加入するに際し、「法律によって設けられた独立の公平な裁判所による合理的な期間内の公正な公開の審理を受ける権利」（欧州人権条約六条）に関して行った解釈宣言の効力が争われた二つの事例――テメルタシュ事件（一九八二年五月五日欧州人権委員会決定）とブリロ事件（一九八八年四月二九日欧州人権裁判所判決）――がある。[32]

とくに後者は、刑事責任を問われた者の「法廷で使用される言語を理解できないか又は話せない場合は、無料の通訳の援助を受ける」という「最小限の権利」（同条三項(e)号）に関して、費用徴収のありうることを表明した解釈宣言[33]――前者により留保と同一効果をもつと認定された――について、前記の第六四条所定の留保に関する二つの要件を充たさず、無効と判断した初めてのケースとして知られる。[34]事案としては重大なものではないようであるが、国際法上は原理的な問題を含むものであった（ここでは、実施機関の権限問題などの国際法上の問題に立ち入るだけの余裕はない）。

(2)　同じような問題は、とくに「市民的及び政治的権利に関する国際規約」、いわゆる自由権規約に関しても争われたところである。というのも、アメリカ合衆国が同規約を留保付きで批准した事実（一九九二年四月）に代表されるように、その諸規定に関する留保が多数見られるからである。実際、一九九四年秋現在でいえば、自由権規約に加入している一二七か国のうち四六か国が、合計一五〇件の留保を付していた。[35]

これを憂えた規約人権委員会は、一九九四年一一月二日付けで、「自由権規約又は選択議定書に対する批准又は加入に際して行われた留保に関する一般的注釈」（ジェネラル・コメント）第二四号を発表した。これは、同委員会の主要メンバーでもある安藤仁介教授の定式を借りるなら、自由権規約を含む「人権関係条約に対する留保については、いわゆるウィーン条約法条約の定める留保に関する諸規則がそのまま適用されるか」という問題について、原則的な考え方を明確にした点で注目されよう。[36]

すなわち、同コメントによれば、まず自由権規約は留保に関して何ら言及していないので、留保の問題は一般国際法により規律され、この点で条約法に関するウィーン条約第一九条(c)号が重要であり、したがって「条約の趣旨及び目的」との「両立性の基準」が意味をもつ。しかし、そもそも締約国の管轄下にある個々人の権利を保護することを目的とする人権条約は、当事国間相互の権利義務関係の調整を目的とする通常の条約とは性格を異にするので、両立性の基準は厳格に解すべきであり、当事国の履行の保障手続を否定するような留保などは認められず、留保の原因となっている国内法上の規定や慣行を明示すべきである、といった原則を示したのである。この最後の部分は、ヨーロッパ人権条約第六四条にいう「関係法律の簡単な陳述」を伴った留保でなければならないという要件と共通する趣旨を含むのであろう。

3　日本における留保例

(1)　わが国も、ウィーン条約法条約を国内法化する（昭和五六年条約一六号）とともに、先に一部紹介したように、留保付き条約締結の例があり、人権条約についても、日本国憲法以下の国内法令などとの整合性を確保するという観点から、留保または解釈宣言が行われている。例えば、社会権規約（昭和五四年条約六号）に関しては、自由権規約に対するのと同様の解釈宣言（後述）があるほか、①労働条件に関する第七条(d)号の適用に当たり、「公の休日についての報酬」に拘束されない、②同盟罷業権を定めた第八条一項(d)号に拘束されない、③教育への権利に関する第一三条二項(b)号及び(c)号にいう「特に、無償教育の漸進的な導入により」に拘束されない、という三点の留保がある。

自由権規約（昭和五四年条約七号）に関しては、そうした留保はないものの、結社の自由を定めた同規約第二二条二にいう権利行使への合法的な制限を課しうる「警察の構成員」には、社会権規約第八条二項に対するのと同様の消防署員が含まれる、との解釈宣言が付されている。また、児童の権利条約（平成六年条約二号）についても、児童の父母からの分離（九条一項）及び家族の再統合のための出入国（一〇条一項）に関する解釈宣言のほか、自由を奪われた児童の成人からの分離（三七条(c)号）に対する留保がある。

また、最近の例としては、人種差別撤廃条約の締結に関する留保がある。これは、一九九五年（平七）一〇月二七日、当時の村山内閣によって、「あらゆる形態の人種差別の撤廃に関する国際条約の締結について承認を求めるの件」なる議案（条約七号）が、次のような別紙留保のかたちをとって国会に提出され、これがそのまま承認されたものであった。[37]

日本国は、あらゆる形態の人種差別の撤廃に関する国際条約第四条の(a)及び(b)の規定の適用に当たり、同条に「世界人権宣言に具現された原則及び次条に明示的に定める権利に十分な考慮を払って」と規定してあることに留意し、日本国憲法の下における集会、結社および表現の自由その他の権利の保障と抵触しない限度において、これらの規定に基づく義務を履行する。

(2)　右の留保の背景をなす「集会、結社及び表現の自由」に関する日本憲法学の解釈論には、再考すべき問題があるように思われる。これについては、しかし、別の論考でやや詳しく検討を加えたので、[38]今はその点は措きたい。このように憲法問題を理由として留保付き条約締結を行うことは、論理的には、憲法と国内法化された条約との関係について、いわゆる憲法優位説の立場を前提とするものといえるが、[39]ここで注意を促したいのは、以上にみた留保や解釈宣言が、規約人権委員会が提議した原則論——それは、人権関係条約に対する留保については、ウィーン条約法条約所定の留保要件より厳格に解すべきだとする考え方に要約できる——に照らしてみると、一体どのように評価されるべきか、という問題である。

この点について安藤教授自身は、抑制的に、「これらは、国内法令との整合性を保つために、必要と考えられたのであるが、留保についてはそれぞれの是非について、今後とも検討し続けるべきであろう[40]」と言われるのみである。だが、すぐ後で、留保対象となっていない自由権規約第一四条三項(f)号——先にみたヨーロッパ人権条約第六条と同様の趣旨をもつ——所定の保障を例に挙げ、率直に懸念を表されている点をみると、むしろ国内法令の整備と意識改革こそ急務という趣旨であろうか。

おわりに

(1)　現行憲法の施行当初から、公布された条約には国内法としての効力を認めるという取扱いが行われており、その形式的効力については法律に優位すると一般に解されている。そして、いわゆる国会承認条約の内容として後年示される三基準などは、すでに憲法制定過程から考えられていたことも明らかであるが、当時は必ずしも念頭に置かれていなかった人権条約が、国民の権利義務に関する事項を含むものとして、その第一カテゴリィに入ることは、当然であろう。

冒頭に述べたように、今日、国際人権規約を代表例とする各種の人権条約の国内法化は、ある法律が人権条約の規定に違反するのではないかと問題視する訴訟を生んでいる。しばしば指摘される通り、確かに「それらの解釈・適用に関する最高裁判所の立場は必ずしも明確でない[41]」。にもかかわらず、今や、それらを通じて、人権条約所定の権利を直に認める実体的解釈や、国内法令の条約適合的解釈という解釈準則などが形成されつつあるように思われる。

そして、冒頭に紹介した伊藤正己・元最高裁判事のように、国際人権規約のような条約については、「確立した国際法規」として憲法近似的効力を認めるべきだとする主張も現れている。これは、裁判所の「冷淡な態度[42]」を指摘するとともに、国際人権規約などに対する違反の問題を最高裁判所で争うことが必ずしも保障されないという訴訟制度の実情を踏まえ、最高裁判所への上告理由たる「憲法」違背の中に人権条約違反を読み込む可能性を探るという意味をもつであろう[43]。

(2)　しかし、こうした司法や学説の状況を前にしてみると、本章で言及した留保付き条約締結の承認という実務は、国内法のあり方としても、大きな問題を抱えていると感じざるをえない。というのも、その留保は外務省告示というかたちをとりながら、人権条約中の特定規定を国内法化しないという効果をもつことになる。したがって、それは、仮に国内法化されていれば法律に優位する効力をもつべき規定について、政府限りで――その憲法解釈のみによって――その適用を排除し、又はその意味を変更できるということになるからである。しかも、すでにみたように、政府見解によれば、政府が付した留保を否決して承認することは、当該人権条約の締結に対する不承認の議決として取り扱われるというのである。ここには、人権条約に抵触する国内法の無効または国内法令の条約適合的解釈とか人権条約の憲法近似的効力とかいった近年の議論との間に、余りにも大きな懸隔がある。

これについては、ヨーロッパ人権条約に関するスイスの解釈宣言（留保）が無効とされた事例があり、また、自由権規約に対する留保について規約人権委員会が厳格な「両立性の基準」の方向を示唆したことから窺われるように、本来、国際機関による留保審査に期待すべきところかも知れない。しかし、この方法は、いわゆる個人通報制度を前提として初めて有効に機能しうるということなどを別としても、実際には相当困難な道であって、所詮プラトニックなプランにすぎないだろう。

そこで、むしろ国内法制上、政府による留保そのものを憲法訴訟で争うことができるかという技術的なアプローチを考えたり、他の条約の場合と異なって、人権条約に対する留保は認められない――その意味で国会による留保も禁止される――とする憲法解釈の余地はないかという問題の立て方も、考えられないではない。

いずれにせよ、留保付き条約締結承認の問題については、いわゆる国会の条約修正権の問題として、かつての日米安保条約などの場合は、国会が留保を付すことができないかと争い、今日の人権条約の場合は政府の留保を外すことができないかを争うというかたちで、いわば攻守ところを変えた議論が展開されているわけである。皮肉なことである。

（1）代表的な解説として、佐藤 功『憲法〈下〉』（有斐閣、一九八四年）八九八頁以下、樋口陽一ほか『憲法Ⅲ』（青林書院、一九九八年）二四六頁以下など参照。
（2）大阪高判平成六年一〇月二八日（判例時報一五一三号七一頁）は、自由権規約は「原則として自力執行的性格を有し、国内での直接適用が可能である」から、これに「抵触する国内法はその効力を否定される」とする。
（3）高松高判平成九年一一月二五日（判例時報一六五三号一一七頁）は、「監獄法及び同法施行規則の接見に関する条項については、右B規約［自由権規約］一四条一項の趣旨に則って解釈されなくてはならない」ことを説示した。原審である徳島地判平成八年三月一五日（判例時報一五九七号一一五頁）も、同様に説いている。
（4）伊藤正己「国際人権法と裁判所」国際人権一号（一九九〇年）一一頁。
（5）伊藤博文『憲法義解』（宮澤俊義校注、岩波文庫版）四一頁。
（6）枢密院官制六条は、一九三八年（昭一三）一二月二一日の勅令七七四号により改正され、問題の「列国交渉ノ条約及約束」（旧四号）も、「国際条約ノ締結」（六号）と改められた。文言修正の意味については、深井英五『枢密院重要議事覚書』（岩波書店、一九五三年）一六頁以下参照。
（7）以下の経過については、大石「日本国憲法の誕生——政府統一見解の原点」法学教室二〇六号（一九九七年）二四‐二五頁における叙述をかなり利用した。〔大石『憲法史と憲法解釈』（信山社、二〇〇〇年）一五〇頁以下参照〕
（8）佐藤達夫（佐藤功補訂）『日本国憲法成立史〈第三巻〉』（有斐閣、一九九四年）一二三五頁。
（9）国立国会図書館憲政資料室蔵「佐藤達夫関係文書五〇」、佐藤・前掲書一二五三‐一二五四頁。
（10）同右、佐藤関係文書六三。
（11）佐藤・前掲書三一二頁。
（12）参照、宮澤俊義「外交に対する民主的統制」（一九三〇年初出）同『憲法と政治制度』（有斐閣、一九六八年）九九頁以下。
（13）Alain Pellet, Commentaires de l'article 53, in: François Luchaire=Gérard Conac, *La Constitution dela République française*, 2e éd., 1987, p.1011.
（14）参照、高辻正巳『憲法講説〈全訂第二版〉』（良書普及会、一九八〇年）二二六‐二二七頁。
（15）山内一夫＝浅野一郎編『国会の憲法論議Ⅱ』（ぎょうせい、一九八四年）四五七一‐四五七三頁。
（16）山内＝浅野編・前掲書四五七四頁。
（17）通商航海条約を含むことは、かつての藤崎政府委員の答弁に見えるもので、柳井俊二「条約締結の実際的要請と民主的統制」国際法外交雑誌七八巻四号（一九七九年）六六頁は、両者を総合したかたちで説いている。

(18) 以下の叙述では、衆議院については平成六年版の同院又は同委員会『先例集』を参照し、参議院については平成一〇年版『先例録』を用いている。

(19) 浅野一郎編『国会事典〈第3版補訂版〉』(有斐閣、一九九八年)一四三頁。

(20) 山内＝浅野編・前掲書四六一九頁。

(21) 深瀬忠一「国会の条約承認権」芦部信喜ほか編『演習憲法』(青林書院、一九八四年)四六七頁。

(22) 同項は、「いずれの一方の締約国の国民も、外国人たることのみを理由としては、他方の締約国の領域内で自由職業に従事することを禁止されることはない。当該国民は、資格、居住及び権限に関する要件で当該他方の締約国の国民に対して適用されるものに従うことを条件として、当該領域内で自由職業に従事することを許される。」と定めている。

(23) アメリカ合衆国では、本文でも示したように、条約承認権をもつ上院が「留保」を付す場合があることは、よく知られている。これは、しかし、大統領及び他国の同意がない限り、法的な効力を有しないと解されている。Chester J. Antieau=William J. Rich, *Modern Constitutional Law*, 2nd ed., vol., III, 1997, p. 514.

(24) なお、深瀬・前掲論文四六七頁は、国会は、条約の国内法的実施に関して「解釈、了解、留保」を付しうるとする。

(25) 参照、高辻・前掲書二二七-二二八頁。

(26) Henry, J. Steiner=Philip Alston, *International Human Rights in Context*, 1996, p. 34.

(27) Charles Rousseau, *Droit international public*, 1953, pp. 40-41.

(28) Pierre-Marie Dupuy, *Droit international public*, 1992, p. 187.

(29) 杉原高嶺編『現代国際法講義〈第2版〉』(有斐閣、一九九五年)三〇一頁。

(30) P.-M. Dupuy, *op.cit.*, p. 189.

(31) これ以外では、例えば、一九五三年の婦人の政治的権利に関する条約の批准に際して付されたドイツの留保(一九六九年)がある。これは、同国連邦憲法一二条三項(現一二a条四項二文)の定める女子の武器携帯軍務禁止との関係から行われたものである。Vgl. R. Geiger, *Grundgesetz und Völkerrecht*, 2. Aufl., 1994, SS. 99-100.

(32) 前者については、薬師寺公夫「人権条約に付された留保の取り扱い――人権条約実施機関の対応の仕方を中心として」国際法外交雑誌八三巻四号(一九八四年)二九頁以下に、後者についても、同「人権条約に付された解釈宣言の無効――ヨーロッパ人権裁判所判例の検討②(ブリロ事件)」立命舘法学二一〇号(一九九〇年)一頁以下に、それぞれ詳しい叙述がある。

(33) 問題のスイスの解釈宣言については、Pierre-Henry Imbert, Les réserves à la convention européenne des droits de l'homme devant la commission de Strasbourg, *Revue générale de droit international public*, 1983, pp. 624-625.

(34) Gérard Cohen-Jonathan, Les réserves à la convention européenne des droits de l'homme, *Revue générale de droit international public*, 1989, p.273 et s.

(35) H. J. Steiner=P. Alston, *op. cit.*, p.774.

(36) 安藤仁介「自由権規約委員会――人権関係条約に対する留保について」国際人権六号（一九九六年）六三頁以下は、ジェネラル・コメントとこれに対するイギリス政府の批判とを詳しく紹介しつつ論じている。

(37) 同条約の締結に関する件は、衆議院において外務委員会の審査報告の後、直ちに本会議で議決され（同年一一月二一日）、参議院でも同様の手続を経た後に承認された（同一二月一日）。こうして同条約本文は、平成七年条約第二六号として一二月二〇日付の官報で公布されたが、そこには、右の留保を行う旨の通告をしたことを示す外務省告示（六七四号）も、同時に登載されている。

(38) 大石眞「結社の自由の限界問題――立憲民主制の自己防衛か自己破壊か」『京都大学法学部創立百周年記念論文集第二巻』（有斐閣、一九九九年）一七五頁以下参照。〔大石『権利保障の諸相』（三省堂、二〇一四年）一七八頁以下所収〕

(39) 野中俊彦ほか『憲法Ⅱ〈新版〉』（有斐閣、一九九七年）三九二頁参照。

(40) 安藤仁介「国際人権規約」畑博行＝水上千之編『国際人権法概論』（有信堂、一九九七年）五〇頁。

(41) 安藤仁介「国際社会と日本」佐藤幸治ほか編『憲法五十年の展望Ⅰ』（有斐閣、一九九八年）三二七頁。

(42) 伊藤正己『憲法〈第三版〉』（弘文堂、一九九五年）一八七頁註2。

(43) 参照、樋口陽一『憲法』（創文社、一九九二年）一〇〇頁。同様の視点を提供するものとして、中村睦男「現代国際社会と条約の国内法的効力」佐藤幸治ほか『ファンダメンタル憲法』（有斐閣、一九九四年）三三一頁以下。

5 議院内閣制と議会の役割――政権交代の試練

はじめに

(1) 二〇〇九年（平二一）八月三〇日に行われた衆議院議員総選挙は、民主党の大勝、自民党の惨敗という――予想通りの――劇的な結果に終わった。それは、現行憲法の定める議院内閣制のもと、長い間続いてきた自民党中心の政権から民主党政権への交代という画期的な変化をもたらした。ヨーロッパ諸国並みの用語で言えば、いわば右派から中道左派に国政運営の主役が変わったわけである。

これによって、日本政治がどのように変わったか――あるいは変わっていないか――については、政治学や行政学からの多くの分析、検討が行われている。本章は、むしろ、わが国の議院内閣制の運用はどのように変わったか、また、議会の役割や機能はどのように変化したかという問題について、主として憲法学の立場から規範論的な分析、検討を加えることを目的とするものである[1]。

(2) その際、検討の対象とするのは、二〇〇九年九月一六日に鳩山内閣が誕生してから今日の菅内閣に至るまでの期間である。国会の回次でいうと、首相指名と衆議院の「院の構成」を主眼とした第一七二回国会（特別会、二〇〇九年九月一六日～九月一九日）を除いて、政権交代後の本格的な論戦が期待された第一七三回国会（臨時会、二〇〇九年一〇月二六日～一二月四日）、最初の予算国会となった第一七四回国会（常会、二〇一〇年一月一八日～六月一六日）を経て、七月一一日に行われた第二二回参議院議員通常選挙で与党が大敗を喫した後に召集され、先頃閉幕したばかりの第一七五回国会（臨時会、二〇一〇年七月三〇日〜八月六日）までということになる。[2]

次に、議会の機能・役割については、いろいろな観点からの見方ができるが、ここでは、一般に、その二大機能として挙げられる法律制定と政府統制に焦点を絞るとともに（**一―2**）、とくに現行憲法下の議院内閣制の運用のあり方に大きく関わっている、いわゆる議院運営の問題（**三**）をも取り上げることにしよう。

一　マニフェスト具体化法案の明暗

1　内閣提出法案と議員提出法案

(1)　第一七三回（臨時）国会では、新規の内閣提出法案一二件――継続審議案件はない――のうち、成立したのは一〇件で、その成立率は高いが、この段階では政権を獲得した民主党のマニフェストにかかわる主要な政策的法案はほとんど見当たらない。他方、新規の議員提出法案一七件――やはり継続審議案件はない――のうち、成立したのは五件にすぎないが、議員提出法案の成立率が低いのは、これまで通りである。

続く第一七四回（通常）国会における新規の議員提出法案は五三件で、このうち一〇件が成立している。この一〇件はすべて、常任委員会または特別委員会の委員長が、当該委員会の所管事項に関し、いわば委員会を代表するかたちで提出したもので（国会法五〇条の二参照）、いわばその成立が約束されていたものばかりである。

この通常国会に出された新規の議員提出法案のうち、政権与党の政策マニフェストに直接関わる意味をもつのは、会期末をひと月後に控えた五月一四日になって提出された「国会審議の活性化のための国会法等の一部を改正する法律案」（衆法第二〇号）である。ここには、国会審議の活性化と政治主導体制の確立のために、政府特別補佐人（国会法六九条参照）からの内閣法制局長官の削除、内閣府の副大臣・大臣政務官の大幅な増員（内閣府設置法一三条・一四条参照）などが盛り込まれていた。しかし、後述のような議事運営上の不手際から、同法案は継続審議となってしまったが、その議事手続上の問題については、後で一括して検討することにしよう（三―1参照）。

ここでむしろ問題視されるべきは、民主党における「政府・与党一元化」を名目とした、当時の小沢一郎・民主党幹事長の指示による与党議員の法案提出制限という措置である。これは、同党における部門会議や政策調査会の廃止とも関連しているが、与党会派の議員であるがゆえに法律案の提出を認めないという論理には、はなはだ理解しがたいものがある。

そもそも、国会議員一人ひとりは、「国の唯一の立法機関」の構成員なのであって、憲法上、法律案の発議権を有する国民代表として位置づけられている。こうした憲法の規定に照らしてみると、一定数の賛成者要件を課している現行法の定め（国会法五六条一項参照）はもとより、会派の代表者の承認を議院事務局による議案受理の要件とする衆議院の「機関承認」という慣行も、合理的な根拠を見出しがたく、違憲とは言えないものの、妥当ではないと考えられる。そして、この理は、議員が与野党のいずれに属するかに関わりなく妥当するはずである。(3)

(2)　さて、第一七四回（通常）国会は、民主党の主要な政策の一部を盛り込んだ内閣提出法案が目白押しに並び、その成否は民主党の政権担当能力を占う意味をもつものでもあったが、とくに以下の法案は注目されていた。

①　鳩山内閣のスタートとともに、閣議決定により活動を開始した内閣府の行政刷新会議、同じく内閣総理大臣決定により内閣官房に設けられた国家戦略室（いずれも二〇〇九年九月一八日付け）の恒久的な制度化を図るための内閣法・内閣府設置法・国家行政組織法・国会法の一部改正などを内容とする「政府の政策決定過程における政治主導の確立のための内閣法等の一部を改正する法律案」（閣法第一三号）。

②　内閣による人事管理機能の強化を図るため、幹部人事の一元的管理に関する規定を創設し、内閣官房の所掌事

務および内閣人事局の設置に関する規定の整備を行うことなどを内容とする国家公務員法・内閣法等の一部改正を定めた「国家公務員法等の一部を改正する法律案」（同第三二号）。

③　地球温暖化対策を推進するため、その対策に関する基本原則を定めて、国・地方公共団体・事業者・国民の責務を明らかにし、温室効果ガスの排出の量の削減に関する中長期的な目標を設定し、地球温暖化対策の基本となる事項を定めるとともに、附則において現行の地球温暖化対策推進法その他の一部を改正することを内容とする「地球温暖化対策基本法案」（同第五二号）。

④　現行の郵政民営化法を廃止することを前提として、郵政事業の実施主体を再編成して、郵便事業株式会社・郵便局株式会社の業務と権利義務を承継すべき日本郵政株式会社とし、その組織・運営のあり方について定めることを内容とする「郵政改革法案」「日本郵政株式会社法案」などの郵政改革関連三法案（同第六一号〜第六三号）。

2　通常国会の成り行きと内閣の交代

(1)　これらの重要法案が提出された第一七四回国会は、当初、平成二二年度予算が早期に成立したことや、子ども手当て支給法——平成二二年度における子ども手当の支給に関する法律案——が年度内に成立したことなどによって、それらの法案の審議も順調に進むかに見えた。

ところが、与党の一角をなす国民新党が強く望んだ郵政改革関連三法案の取りまとめに難航して、その衆議院への提出は、結局、四月末日にずれ込んでしまった。さらに、鳩山内閣は、米軍の普天間基地移設問題でも迷走を重ね、内閣に対する世論の目は厳しくなって、内閣支持率も下がる一方であった。

この間の国会における法案審議状況といえば、例えば、複数の常任委員長に対する解任決議案のほか議長に対する不信任決議案が提出されたことに示されるように、異例の事態が続いていたが、これに加えて、総務委員会における郵政関連三法案の提案理由の説明と質疑後ただちに採決するという会期末の端的な例が示すように、これまでの慣例を破るかたちでの与党による強引な委員会運営も目立つようになった。

こうした一連の議事運営上の問題点についても、後で取り上げるが（三―1参照）、社民党の政権離脱（五月三〇日）の後、通常国会の会期も二週間あまりになった六月に入ったとたん、鳩山首相は突然の退陣劇を演じ、これ以後、民主党代表と幹事長の交代、これにともなう国会両議院での首相指名選挙といった日程が立て込んで、政治空白が生まれてしまった。

しかも、菅内閣の誕生により一時的に回復した民主党の支持率に頼んだ内閣や同党の参議院幹部は、間近に迫った第二二回通常選挙への配慮から、これらの重要法案を成立させるために出ていた会期延長論――参議院議員選挙の先送り論――に強く反対した。その結果、野党から提出されていた菅直人内閣総理大臣問責決議案や江田五月参議院議長不信任決議案は採決に付されることすらなく、予定通り、六月一六日をもって通常国会は幕を閉じた。

(2)　こうして、次第に紛糾を重ねるようになった通常国会では、結局、新規の内閣提出法案六四件のうち成立したのは三五件にとどまり、継続審議法案二件のうち成立した一件を加えても、その成立率は五四・五％にすぎない。これは、最低でも七五％を下回ったことのなかった過去一〇年間における内閣提出法案の成立率からすると、異例の低い数値である。

改めて言うまでもなく、内閣提出法案の成立率は、政権与党・政府が設定した政策課題に対する対応能力を測る尺度である。それが従来の数値に比して著しく悪いことは、与野党間の妥協と協調が欠かせない議事運営への然るべき配慮を怠ったこと（後述三―2参照）の代償とも言えるが、政権担当能力に対する疑念をも呼び起こすものとして、充分に注意を払う必要があろう。

3　参議院先例の障壁——継続審査の問題

(1)　こうした事態について、報道各紙は「異例ずくめの閉幕」といった表現を用いて非を鳴らしていたように見えるが、先に示した重要法案の行方は、実際、悲惨なものであったと言わなくてはならない。

すなわち、①「政府の政策決定過程における政治主導の確立のための内閣法等の一部を改正する法律案」は、二月五日に衆議院で受理されたものの、諸般の事情から五月一三日になって同院内閣委員会に付託されるという経緯をたどっていた。そして、最終日の衆議院本会議において閉会中審査と院議決定されて継続審議となったが、参議院の「院の構成」を主な任務とした第一七五回（臨時）国会でも、当然に継続審議案件とされている。[4]

同じく重要法案の一つと目されていた、いわゆる労働者派遣法改正案、つまり「労働者派遣事業の適正な運営の確保及び派遣労働者の就業条件の整備等に関する法律等の一部を改正する法律案」（閣法第六〇号）も、四月六日に衆議院で受理され、同月一六日に同院厚生労働委員会に付託されたままであったため、衆議院において閉会中審査とされ、継続審議になっている。この法案の取扱いにも議事手続上の問題があったが、この点についても後で一括して検討することにしよう（三—1参照）。

(2)　ところが、②国家公務員法等の一部を改正する法律案」、③「地球温暖化対策基本法案」、④郵政改革関連三法案の三件は、衆議院において関係委員会における審査・採決と本会議における報告・議決が済み、参議院に送付されていた。[5] とくに郵政改革関連三法案は、会期内成立という国民新党との公党間の約束を果たすため、民主党が異例の強行採決を図ってまで急いで衆議院を通過させたものであったが、そこには、単なる「数の論理」では超えることのできない大きな障壁が待ち構えていた。

というのは、参議院の通常選挙という組織替えの時期に当たるときは、参議院で審査・審議中の議案——衆議院からの送付案であるか否かを問わない——については、国会法第四七条二項所定の継続審査の制度を用いることができない、言い換えれば、同法第六八条所定の会期不継続原則の適用を受ける——後会に継続しない——というのが、参議院の先例として確立しているからである。

(3)　この点について、与野党の議院運営担当者に十分な理解があったかどうかよく分からないが、現行の『参議院先例録』（平成一〇年版）は、以下のように記している。

第四〇回国会以後、通常選挙が行われる閉会中においては、議案の継続審査は行わないのを例とする。ただし、第六五回国会において、地方行政委員長から要求のあった地方自治法の一部を改正する法律案について継続審査の議決を行った。（先例一三六号）

このような組織替えと議案・議事不継続の原則が結びつけられている点については、これは一種の「立法期」制度の採用とみることもできるが、そのことは、総選挙という衆議院の組織替えの場合との関係について、次のように明記されている点からも、垣間見ることができよう。

衆議院の解散による閉会中においては、議案の継続審査は行わない。なお、閉会中に衆議院議員の任期が満了したときは、以後、継続審査中の議案の審議は行わず、当該議案は後会に継続しない。（先例一三七号）

このような取扱いは、議院運営委員会理事会による検討を経て確定したものである。そのため、参議院先例録には、「なお」書きより前の前段部分については「昭和三五年一〇月一五日の議院運営委員会理事会」の決定による旨が、また、後段部分については「昭和五一年一一月二日議院運営委員会理事会」の決定による旨が、それぞれ明記されている。(6)

いずれにしても、会期不継続の原則と結び付いた参議院先例で形づくられた高い障壁によって、衆議院において可決又は修正可決されながら、参議院において審議未了・廃案となった内閣提出法案は、先に示した三件にとどまらなかった。

そのほかに、国会議員の選挙等の執行経費の基準に関する法律の一部を改正する法律案・防衛省設置法及び自衛隊法の一部を改正する法律案・民事訴訟法及び民事保全法の一部を改正する法律案など、第一七三回国会からの継続審議案件である独立行政法人地域医療機能推進機構法案を含めると、その障壁に阻まれた議案は八件に上っている。文字通り異例と評するほかはない事態と言えよう。

二　政府統制の方法と機能

次に、議院内閣制の下における政府統制にはいろいろな方法がありうるが[7]、本章では、質問主意書に代表される質問制度、国政調査要求と予備的調査制度、そして大臣不信任決議案の提出に代表される政府問責決議案の三点を中心に整理し、検討してみよう。

1　質問制度の活用度

(1)　わが国会両議院における質問制度の活用の度合いが議院内閣制諸国に比べて著しく低いことは、つとによく知られた事実である。とくに公開の本会議場における口頭質問がほとんど機能していないことも、やはり異例というほかない。それでも、しかし、質問主意書の提出というかたちでの文書質問が近年少しずつ増える傾向にあることは、その制度設計自体に疑問がないわけではないが[8]、やはり歓迎すべきことであろう。

そのことは、例えば、一〇年前の二〇〇一年（平一三）には衆参両院を合計しても二六四件にすぎなかった質問主意書の数が、二〇〇七年（平一九）以降、一〇〇三件、一三一五件、一二五九件と毎年増え続けていることに示されているが、二〇一〇年も第一七五回国会が閉幕した八月六日時点で、すでに七九八件を超えている（第一七六回国会の一〇月末現在では、九六五件）。

(2)　その質問制度の趣旨が政府統制にあるとすれば、主として野党会派の所属議員から提出されるものが多くなることは、言うまでもあるまい。実際、政権交代前の第一七一回（通常）国会で提出された質問主意書――両議院を合計すると九四〇件になる――のほとんどは、民主党ほかの野党議員から提出されたものであったが、政権交代後の第一七四回（通常）国会では、両議院を合計した七〇八件のうち、自民党・公明党所属議員から提出された質問主意書の割合が多くなっている。[9]

2　国政調査と予備的調査

(1)　いわゆる「政治とカネ」の問題をめぐっては、民主党所属議員に対する二件の辞職勧告決議案が提出されたが、[10]とくに長く尾を引いているのは、小沢一郎民主党幹事長（当時）の政治資金をめぐる証人喚問または政治倫理審査会への招致の問題である。

野党側は証人喚問を強く要求したものの、与党側は、事案が司直の手に委ねられている――検察および検察審査会の捜査・審査対象となっている――ことを理由に、その要求を拒否した。しかし、これは理解しがたい。そもそも、多数派・政権党の要人に対する強制力付きの国政調査や証人喚問がたやすく実現するとは考えられないが、国政調査権の発動については、かつてのいわゆるロッキード事件（一九七六年）を通じて、司法手続とは異なった目的で行われる「並行調査を是認する慣行が確立した」[11]というのが、一般的な理解であったはずである。

(2)　他方、この関係で見落とすことができないのは、衆議院における「予備的調査」制度（衆院規則五六条の二、五六条の三、八六条の二参照）の活用の問題である。[12] この制度は、一九九八年（平一〇）から導入されたもので、委員会が行う審査・調査のために下調査として衆議院調査局長・法制局長に調査を命ずるもので、国政調査権を補完する意味をもつが、とくに運用上いわゆる少数派調査権に類する機能をもつよう配慮されたものである。[13]

この調査の要件・手続としては、(a)委員会が議決した場合、(b)議員四〇人以上による要請をうけて委員会が議決した場合に、調査局長等に調査を行わせるが、調査局長等は、官公署に対する資料提出などの調査協力要請権限を有するものの（議院事務局法一九条参照）、委員会の国政調査と異なって、強制力を伴うものではない。[14] その調査結果は、調査局長等による報告書として取りまとめられ、命令主体である委員会に提出されるが、これをうけて当該委員会の委員長は、その写しを議長に提出し、議長が議院に報告するものとされている。

その導入から二〇〇九年（平二一）一一月までの実績をみると、(a)委員会による議決に基づく予備的調査は二件にとどまる一方、(b)議員の予備的調査の要請は四三件に達している（但し、このうち三件は、衆議院解散のため消滅している）。その大部分は、政権交代前、野党時代の民主党議員の要求によって行われたもので、いわば予備的調査は民主党のお家芸というべきものであったが、政権交代後、この制度が自民党などの野党側から活用された形跡はないようである。

(3)　この点で興味ぶかいのは、第一七四回国会の衆議院財務金融委員会における後藤田正純議員（自民党）と泉健太・内閣府大臣政務官との間で、先に触れた質問主意書にも言及しつつ交わされた、次のようなやり取りである（三月一日、同委員会議録第五号）。

後藤田委員　先般……天下りに一二兆円という、我が党の同僚議員の谷議員が質問主意書を出させていただきました。質問主意書は、菅大臣が昔から著書でも、国会議員にとっては最大の武器の一つだとおっしゃっていましたね。鳩山さんは昨年五月二七日の党首討論で、四五〇四の天下り団体に二万五千人が天下り、国の予算一二兆一千億円が流れていると断言しました。……自民党はそれに対して、意図的なプロパガンダだと公開質問状を出しました。そうしたら、鳩山さんは次回の六月一七日の党首討論でも、数字は決して間違っていない、質問状は無礼だと言い切っているんですよ。……谷議員の答弁書を拝見すると、そこには、調査に膨大な作業を要することから、お答えするのは困難であると書かれている。これはどういうことですか。

泉大臣政務官　先ほどの一二兆ですとか四五〇四団体というものですけれども、これは平成二一年……五月二一日に、当時野党であった民主党が長妻昭君外一一名で、衆議院の方で……予備的調査を行っていただいた結果……出てきているもので……すべての調査対象法人における国家公務員の再就職者数、そして国家公務員再就職者がいる調査法人に対して行った金銭の交付の合計金額ということでありますので、実は谷先生からあった質問主意書というのは、「政府の定義による」というものが入っているものですから、これは改めて調査をしなきゃいけない。そうなると、すべての公益法人、これはまた調査には相当日数がかかるということで、現在のところ、政府ではその調査については行っていない、しかし一方で、かつて民主党がやったように、院の方でまさに予備的調査を行っていくこと……も可能ではあるのかなというふうには現在思っているところであります。

この質疑応答が行われた後の経過は詳らかにしないが、泉大臣政務官の発言の末尾部分は、あたかも自ら野党時代に駆使してきた武器の威力——民主党による予備的調査は年金問題で遺憾なくその威力を発揮されたことを想起されたい——を誇示しつつ、野党になった自民党はなぜ有効に使おうとしないのか、と諭しているように見受けられる。いずれにしても、本章の関心からすると興味を惹かれる一場面ではある。

3　政府問責決議案の取扱い

⑴　議院が国政上の事項についての何らかの組織的な意思表明を行いうることは、独立会議体としては当然であって、とくに憲法上の明文の根拠規定を必要としない。その対象は、議院内の組織・運営や所属議員の行為に関わるものだけでなく、広く議院外の事項にも及ぶことができる。もちろん、後者の場合は、当然に法的な拘束力をもつわけ

ではなく、対外的効果が認められるためには法令上の根拠を必要とする。(15)

そこで憲法第六九条は、「衆議院で不信任の決議案を可決し、又は信任の決議案を否決したとき」に、内閣が衆議院の解散を決定するか総辞職するかの選択をすべきことを定め、特定の効果を与えている。実際、こうした決議案の提出例は多いが、そもそも衆議院の多数派に支えられて内閣総理大臣に指名された以上、決議が成立すること自体が異例の事態になる。それでも、現行憲法施行後これまで四回の不信任案が可決されていることは、衆知の通りである。

菅内閣に対する六点にわたる理由を述べた不信任決議案は、会期最終日の六月一六日に、谷垣禎一・自民党総裁ほか五名から提出され、委員会審査を省略して本会議で採決されたが、むろん否決されている。しかしながら、菅内閣は一週間前に発足したばかりで、政権担当の実績がないに等しい内閣に対して不信任決議案を提出するのは、そもそも議院内閣制の本筋に叶うのか、政府統制の実質をそなえたものと言えるのかといった疑念を禁じえない。政府統制権を重視する憲法論からみても、不可解な政治的パフォーマンスとしか言いようがない。

(2)　他方、参議院の場合、内閣不信任決議案の提出と実質的に同じ政治的効果をもたらそうとして、首相問責決議案が——会期末近くに——提出されるのが例である。もちろん、これが可決されたとしても法的効果はないとするのが定説ではあるが、爾後の参議院における審議がすべて停止してしまう事態も予想されるため、楽観視することもできない。そこで、参議院で首相問責決議案が可決されたときは、衆議院においてむしろ内閣信任決議案を可決することによって事態の打開を図るという途が考えられるが、この場合、「参議院は先の院議決定に拘泥することは許されない」(16)と解するのが妥当であろう。

そうした首相問責決議案の採決例は、一九七二年（昭四七）六月の佐藤栄作内閣総理大臣に対するものを嚆矢として、二〇一〇年時点で一五件を数えている。しかし、それが可決されるのは稀であって、第二一回参議院議員通常選挙（二〇〇七年七月二九日施行）の結果、野党が過半数を制するようになった後の自民党政権の二代、つまり福田康夫・麻生太郎各首相に対する二回に限られている（二〇〇八年六月一一日、二〇〇九年七月一四日）。そして、前者の場合は――すぐ前に述べたように――翌日に衆議院で内閣信任決議案が可決されることによって参議院の問責決議の政治的効果は減殺され、後者の場合は、即日、衆議院において内閣不信任決議案が否決されている。

なお、今回提出された菅直人・内閣総理大臣問責決議案の採決が見送りとなったことについては、江田五月議長の議事運営への非難も含めて、強い異論がありうるところではある。しかしながら、その問題についても、衆議院における内閣不信任決議案の提出に対して加えた批判が当てはまるであろう。

(3)　さて、内閣または首相を除く特定の国務大臣に対する不信任・問責決議も、憲法以下の法令上の根拠はなく、法的拘束力もないが、衆参両議院において広く認められてきたものである。第一七四回（通常）国会では、衆議院において、口蹄疫問題に対する赤松広隆・農林水産大臣の対応の不手際を咎める不信任決議案が提出されたが、もちろん、否決されている（五月二八日提出、同三一日議決）。

参議院においても、一九六四年（昭三九）六月二〇日に賀屋興宣・法務大臣を対象とする問責決議案の採決が行われて以来、これまでに多くの採決例があるが（旧防衛庁長官に対するものを含む）、可決されたのは、一九九八年（平一〇）一〇月一六日の額賀福志郎・防衛庁長官に対する問責決議案のみである。

そして第一七四回国会では、事務所経費の問題が取り沙汰された、国家戦略担当・内閣府特命担当大臣の荒井聰氏に対する問責決議案が会期末の六月一六日に提出されたものの、採決見送りになった。そこで、次の第一七五回（臨時）国会において改めて――千葉景子・法務大臣に対する新規の問責決議案とともに――提出することも検討されたようであるが、結局、提出は見送られている。

三　両議院の議事運営問題

1　議事運営上の慣例と作法

(1)　二〇〇〇年（平一二）の与野党申し合わせによって、与野党がとくに重要と位置づける法案——「重要広範議案」と称される——については、首相が本会議の趣旨説明と質疑に出席することになったが、一般に、通常国会では野党の要求に基づいて四つの法案を指定するのが慣例となっている、と言われる。

この「重要広範議案」指定の合意が、審議手続上どこまでの範囲をカバーするものであるかは、必ずしも明らかでない。[17]とはいえ、いわゆる子ども手当て支給法案——正しくは「平成二二年度における子ども手当の支給に関する法律案」という（閣法第六号）——の反対討論において、自由民主党・改革クラブを代表する田村憲久議員は、「野党の一致した要求があったにもかかわらず、その指定をしなかったこと」を問題視して、[18]次のように述べている（第一七四回国会衆議院三月一六日、本会議議事録第一四号）。

民主党マニフェストの一丁目一番地にもかかわらず、重要広範議案とせず、疑惑隠しのため、総理不在で本会議において趣旨説明、質疑、さらには、厚生労働委員会において採決が強行されました。なぜ、それほどまでに急ぐのでありましょうか。やはり、参議院選挙対策と言わざるを得ません。

なお、先に触れた労働者派遣法改正案（一—3参照）については、重要広範議案と位置づけられながら、当初、参議院先議として提出されたこと（三月二九日）も問題視されたが、同改正案は後に撤回されて四月六日に衆議院に再提出され、同月一六日に厚生労働委員会に付託されている。

(2)　他方、すでに述べた通り（一―3参照）、いわゆる郵政改革関連三法案は――国民新党への配慮から――衆議院においてかなり強引に採決され、参議院に送付されたばかりに、かえって、組織替え（通常選挙）を間近に控えているために、継続審査は行わないという参議院の確立した先例に阻まれて会期末を迎え、廃案になってしまった。

ここで取り上げるのは、その間の皮肉な事情ではなく、むしろ同法案の成立を急いだ衆議院での審議のありさまである。すなわち、同法案は、四月三〇日に受理され、五月一八日に総務委員会に付託されたものの、実質審議が行われたのは同二八日になってからであったが、即日可決された後、三一日の衆議院本会議に上程されて可決された。その際、同案が付託されていた総務委員会では、理事懇談会も理事会も開かれず、委員長が職権で委員会の審議日程を決定するなど、異例の展開が見られた。その異例さは、後に見るように、衆議院議長に対する不信任決議案の中でも指摘されている（次の2参照）。

こうした委員長職権による委員会の開会は、それまでの環境委員会・経済産業委員会でも見られ、各委員長に対する解任決議案の提出要因となっている[19]。もちろん、議事規則上「委員長は、委員会の開会の日時を定める」（衆議院規則六七条一項）とされていることから、その判断による開会は可能ではある。しかし、与野党間の対立をあおるような委員長の独断を認める趣旨ではなく、そこに「言論の府」としての協議と協働が予定されていることは、改めて言うまでもないであろう。

なお、国会審議活性化のための国会法等改正案の提出の際に見られたように（一―1参照）、これまでの慣例からすると、提出の前に衆議院議長の私的諮問機関である議会制度協議会による政党間協議を経るべきであったことも、議事運営上の慣例の尊重との関係で挙げられよう。

2　議事運営の手法と責任問題

(1)　このように、議事運営について与野党間の調整がつかないときは、とくに委員長が与党ポストとなっている委員会では、野党の了解の得られないまま委員会の開催が強行され、法案の採決に持ち込まれることは、過去の例をみても決して珍しくない。しかも、これが繰り返して行われた場合、強引な議事運営の責任を問い、委員会の運営を常態に戻すために、委員長に対する解任決議案が提出されることも稀ではない。

第一七四回国会の衆議院についてみると、横路孝弘・衆議院議長に対する二件の不信任決議案のほかに、六件もの常任委員長解任決議案が提出されている[20]。その契機とされたのは、先に検討した重要広範議案の指定や委員長の職権による開会のほか、内閣委員長・総務委員長に対する解任決議案で非難されているような質疑打切り・採決である。

このうち、会期末が近づいた六月一日に、自民党・公明党などの四会派が共同して提出した二度目の横路衆議院議長に対する不信任決議案は、以下のようなものであった（決議案第一〇号）。

本院は、衆議院議長横路孝弘君を信任せず。

右決議する。

理　由

衆議院議長横路孝弘君が、もはや議長としての職責を果たし得ないことは明白である。与党の強引な運営に加担する横路孝弘君は議会制民主主義の破壊者であり、憲政史上最悪の議長であると断ぜざるを得ない。

今国会においては一〇件もの強行採決がなされた。そのたびに野党は、与野党合意のもと、公正で円満な議会運営に努めるべきであると厳しく申し入れてきた。しかるに横路孝弘君は、多数を背景とした乱暴な運営を与党の為すままに任せ、いまや議会は取り返しのつかない非常事態に陥っている。

特に「郵政改革関連法案」の審議にあっては、わが国の金融システムに関わる重要法案であるにもかかわらず、公聴会開催も参考人招致もなされないまま、わずか六時間の審議で打ち切られ、採決が強行された。横路孝弘君は、この常軌を逸した運営と法案採決を認めたばかりか、総務委員長の話を聴くだけで理事の意見は必要ないと切り捨て、議長みずから与野党国対委員長間の調整と打開を求める一方で、野党国対委員長が本会議上程に抗議している最中に開会ベルを押すに至った。また本会議開会を強行しておきながら、［中国の］温家宝首相との会見のために議事を中断して休憩するなど、その身勝手極まる運営は到底看過できない。

先人が積み上げてきた議長の中立的采配、議会の良き慣例は、ひとり横路孝弘君をもって一気に瓦解した。横路孝弘君の犯した暴挙は、議会の良識を葬り去る万死に値する行為である。よって本院は、二月二五日提出の不信任決議案とは別の観点から、議会の正常化に向けてあらためて横路孝弘君を不信任すべきものと考える。

以上が本決議案を提出する理由である。

(2)　この議長不信任決議案は、同日の議院運営委員会に諮られたものの、採決の結果、本会議に上程しないことに決定された[21]。率直に言うなら、みずから選出した議院運営機関に対するこうした責任追及のやり方が、議会政治や議院内閣制の運用のあり方として健全なものかどうかについては、問題とする余地がないわけではない。

しかしながら、そうした不信任決議案または委員長解任決議案が、これまでいわば伝統的に認められてきたことは事実である。少なくとも過去十年あまりの衆議院における実践を見るだけでも、現に、第一四五回国会（常会、一九九九年一月一九日～八月一三日）で四件、第一五四回国会（同、二〇〇二年一月二一日～七月三一日）で三件、第一六六回国会（同、二〇〇七年一月二五日～七月五日）で六件と、今回の事態と似たような常任委員長等解任決議案が提出された例が見られる。

参議院の場合も同様であって、この一〇年間における議長に対する不信任決議案と常任委員長に対する解任決議案は、第一五四回・第一五六回（常会、二〇〇三年一月二〇日～七月二八日）と第一六九回国会（同、二〇〇八年一月一八日

～六月二二日）で各一件、第一五九回（同、二〇〇四年一月一九日～六月一六日）と第一六六国会で各三件、第一七〇回国会（臨時会、二〇〇八年九月二四日～一二月二五日）で二件、などとなっている。[22]

ただ、最近の第一七四回国会では、先にも述べた通り（一―2参照）、尾辻秀久・自民党参議院議員会長ほか五名から会期末の六月一六日に提出された、江田五月・参議院議長に対する不信任決議案は、さまざまな思惑から採決にも付されることがなかった。

これまでの取扱い――但し、前記のように、私自身は自ら選出した議院運営機関に対する不信任決議案の提出というやり方それ自体に疑問をもっている――を前提とすると、そのやり方に対する批判が出てくるのは当然のことと言えよう。

3　参議院調査会の報告書顛末

(1)　さて、その参議院には、国政の基本的事項について長期的・総合的な調査を行うために設けられた「調査会」という独自の仕組みがあるが（国会法五四条の二～五四条の四）、第一七四回国会における会期末の議事運営の不手際によって、その威信が著しく傷つけられたことは、ここに記録しておく必要があろう。

すなわち、この調査会は、法律案・予算案などの審査や調査にともなう証人喚問こそ行わないものの、調査の結果、立法措置が必要であると判断した場合には、みずから法案を提出することができるだけでなく、[23]関係事項を所管する委員会に対して法案の提出を勧告することのできる「立法勧告権」をも与えられている（参議院規則八〇条の六）。

そうした独自の権能をもつ組織として、第一〇六回国会（特別会、一九八六年七月二二日～七月二五日）において第一期の三つの調査会――外交・総合安全保障、国民生活、そして産業・資源エネルギーに関する調査会――が設けられて以来、最近の第八期調査会――国際・地球温暖化問題、国民生活・経済および少子高齢化・共生社会に関する調査会――に至るまで、参議院の調査会は、着実な歩みを見せてきた。高齢社会対策基本法や、いわゆるＤＶ防止法（配偶者からの暴力の防止及び被害者の保護に関する法律）の制定、行政監視委員会の設置などは、その成果として広く知られている。

(2)　この調査会の存続期間は、法律上「参議院議員の半数の任務満了の日まで」（国会法五四条の二第二項）とされることから、第八期の調査会は、今年七月二五日をもって終了することになっていた。そのため、会期末までに「調査事項について、調査の経過及び結果を記載した報告書を作り、調査会長からこれを議長に提出する」ことが期待されており（八〇条の四）、現に、三つの調査会とも三年間の総括として最終報告案を取りまとめたが、これは「調査会長及び理事等の協議により合意された」ものであった。

しかし、会期末の政治空白が災いして、ともに調査会で議決するに至らず、未了報告という前代未聞の結末になってしまったのである。もちろん、関係者はぎりぎりまで努力されたのであろうが、参議院自らの議事運営の不手際によって議決に至らなかったのであり、残念というほかない。何といっても、長期的視野から政策課題を追求して提言し、委員会に対する立法勧告権を有する調査会は、参議院の独自性の象徴ともいうべき制度であったからである。そうであるのに、もっぱら政局への配慮や半数改選議員の選挙事情から、その成果を葬り去ってしまったことは厳然たる事実であって、重大な背信行為のように思われてならない。

おわりに

(1)　これまで検討してきたように、内閣の重要政策の実現度を測る提出法案の成否という点からみると、政権交代を成し遂げた民主党内閣が、その固有の政策を実現するには程遠い状況にある。しかし、他方、未だいわば野党慣れしていない旧政権党も、質問制度の活用を除くと、それほど効果的な政府統制を行っているようには見えない。

この要因を、新政権の発足から一年という期間における制度や慣例への未習熟、つまり与党慣れしていない旧野党、野党慣れしていない旧与党という図式に求めることはできるが、そこには、議院内閣制の下における両議院の議事運営上のルールや先例に対する正当な配慮に欠ける面があることも、指摘しなければならない[24]。

そもそも、議事運営の問題としてみると、憲法以下の法令の下に確立された議事手続は、それ自体、与野党の議院運営責任者の間で幾度も協議と妥協を重ねて形づくられたものである。議会下院における多数派の交代、したがって政権交代を前提とした議事運営手続は、その意味において、本来、中立的な性格を帯びてくるはずであるのだが、突然のルール・慣例破りは、攻守所を変えたとき、往時の武器を毒薬に、毒薬を武器に転ずるおそれがあるということを、与野党とも冷静に省みる必要があるのではないか。

実際、直近の参議院議員通常選挙で苦杯をなめた民主党は、第一七五回国会に向けて、新たな連立政権の枠組みを探るとともに、野党の主張にも十分耳を傾けつつ国会両議院の運営に心がけることを公にしている。ただ、議院内閣制というものが、議会と政府の協働を運用原理とするのであれば、本来は、内閣提出法案の取扱いについて責任をもつ政府側の代表者が、議院内の正式機関において相応の発言権をもつ仕組みにすることが望ましいであろう[25]。

(2)　さて、本章の直接の課題ではないが、政権を獲得した政党が衆議院で圧倒的な多数を占めながら、参議院の組織替えのたびに、総選挙で保障されたその存立と総選挙で掲げたその政策について、一喜一憂させられるというのは、いかがなものであろうか。むろん、このことは、何も今回の民主党政権に限ったことではないが、とくに政権党を生み出した衆議院において、参議院の意思を踏み超えることのできる再議決要件——「出席議員の三分の二以上の多数」(憲法五九条二項)——を充たさない場合には、問題が顕在化する。

この問題は、当然、両院制を採用している憲法の下における国政選挙のあり方の問題と連動している。現行憲法の施行後、衆参両院を通算すると、これまで国政選挙はほぼ一年半ごとに行われてきたことになるが、これほど頻繁な国政選挙は、むしろ国政運営上、政権の不安定と弱体化を招くという構造的問題を抱えていることに対する反省が必要ではあるまいか。そのような意味で、いわゆる衆議院の優越の優越度または両院制のあり方については、抜本的に再検討する必要があるように思われる(26)。

【付記】　本章の記述は、二〇一〇年（平二二）八月中旬現在のものである。

(1)　川人貞史『日本の制度と政党政治』（東京大学出版会、二〇〇五年）は、国会制度にあり方について、異なった方向性の理念をもつ国会中心主義と議院内閣制との間の対抗関係として興味深い分析をしているが、本章では、憲法学が一般に説くような議院内閣制論を前提としている。

(2)　本稿では、本会議・委員会等の議事録の内容は、両議院のホームページで検索したものを利用することにより、引用の煩雑さを避けたことを、あらかじめお断りしておく。

(3)　大石　眞『憲法講義Ⅰ〈第2版〉』（有斐閣、二〇〇九年）一二九頁、一五四－一五五頁。

(4)　このように第一七五回国会でも継続審査となった第一七四回国会提出の内閣提出法案は合計一七件になるが、この数値は、第一五五回国会（臨時会、二〇〇二年一〇月一八日～一二月一三日）のそれと同じで、第一七〇回国会（同、二〇〇八年九月二四日～一二月二五日）の一九件に次ぐものである。

(5)　国家公務員法等一部改正案は、二月一九日に衆議院で受理、四月六日に内閣委員会に付託され、五月一二日に同委員会で修正可決され、翌日の衆議院本会議で可決された。そして、参議院送付後、五月一九日に内閣委員会に付託されていた。また、地球温暖化対策基本法案は、三月一二日に衆議院で受理、四月二〇日に環境委員会に付託され、五月一四日に同委員会で可決され、その四日後に、衆議院本会議で可決された。そして参議院送付後、五月二一日に環境委員会に付託されていた。他方、郵政改革関連三法案の審査経過については、異例の審議経過の代表例としては、後に詳しく取り扱うこととしたい（**三―1**参照）。

(6)　それぞれの議院運営委員会理事会の前後の事情については、今野彧男『国会運営の法理』（信山社、二〇一〇年）一八頁、三一頁参照。ここでは、「わが国なりの立法期」の観念が存在することも指摘されている。

(7)　大石　眞『憲法講義Ⅰ〈第2版〉』（有斐閣、二〇〇九年）一四八頁以下、同『憲法秩序への展望』（有斐閣、二〇〇八年）一五七頁以下、同『議会法』（有斐閣、二〇〇一年）一〇七頁以下参照。
(8) 大石『憲法講義Ⅰ〈第2版〉』一五〇頁など参照。一般に諸外国では、日本の現行制度にように、一人の議員が内閣宛に文書質問を提出しうるものではなく、基本的に各大臣宛に出され、したがって、その答弁に閣議決定を必要とすることはない。
(9) 衆議院についてみると、第一七一回国会で提出された六九一件のうち、与党会派からの質問はなく、民主党・無所属クラブなどの野党会派のもので占められていたが、第一七四回では五九二件のうち、自由民主党・改革クラブや共産党などの野党会派によるものが三八〇件、民主党・無所属クラブや国民新党などの与党会派によるものは二一二件などとなっている（与党会派の質問が多いのは、鈴木宗男議員の貢献によるところが大きい）。
(10) 石川知裕議員に対する決議案は二月四日に、小林千代美議員に対するものは六月二日に提出され、ともに議院運営委員会に付託されたが、審査未了となった。
(11) 宮澤俊義＝芦部信喜補訂『全訂　日本国憲法』（日本評論社、一九七八年）四八一頁。
(12) これについては、衆議院調査局一〇年史編纂委員会編『衆議院調査局一〇年の歩み――常任委員会調査室制度発足六〇年を迎えて』（衆議院調査局、二〇〇八年）を参照。
(13) 大石『憲法講義Ⅰ』一五四-一五五頁。
(14) 但し、官公署がその協力要請に応じない場合は、その拒否理由を述べさせることができる旨の議院運営委員会の申合せがあり、実際上はかなり強い効果をもつことに注意する必要がある。
(15) 大石・前掲書一五五頁以下参照。
(16) 今野・前掲書二〇四頁。
(17) 例えば、第一五四回国会・第一六六回国会における厚生労働委員長・財務金融委員長に対する解任決議案では、重要広範議案と位置づけられている以上、法案の締め括り総括質疑は首相出席の上で行われるべきことが主張されている。
(18) 松本剛明・議院運営委員長に対する解任決議案（二月二五日、否決）の提出理由には、「我々野党が一致して求めていた子ども手当法案の重要広範議案への指定も松本君の独善的な委員会運営の前に完全に黙殺された」ことも挙げられている。
(19) 五月一八日提出の樽床伸二・環境委員長に対する解任決議案と五月二八日提出の東祥三・経済産業委員長に対する解任決議案に、その旨が明記されている。
(20) すなわち、鹿野道彦・予算委員長（二月一七日）、松本剛明・議院運営委員長（同二五日）、田中慶秋・内閣委員長（五月一三日）、樽床伸二・環境委員長（同一八日）、近藤昭一・総務委員長（同二六日）、東祥三・経済産業委員長（同二八日）に対する各一件の解任決議案がそれである（括弧内は提出日を表す）。なお、横路議長に対する最初の不信任決議案は、二月二五日に提出されたが、即日否決されている。

(21)　その模様については、第一七四回国会衆議院議院運営委員会会議録第三六号を参照。

(22)　なお、第一五九回国会において、委員長等ではなく、川村良典・参議院事務総長に対して不信任決議案が提出されたのは、規律少数で否決されたものの（六月五日）、まったく異例というほかない。

(23)　国会法第五四条の四において準用する同法五〇条の二は、「委員会は、その所管に属する事項に関し、法律案を提出することができる」と定めている。

(24)　川人・前掲書による国会制度論の分析は衆議院に限られているため、本章で取り扱った参議院先例の障壁（一・三参照）などが、その分析体系の中でどのように位置づけられるかは、必ずしも明らかではない。

(25)　大山礼子『比較議会政治論』（岩波書店、二〇〇三年）二五〇頁参照。内閣が提出後の法案審議・議事運営過程に直接の介入が認められないために、法案提出前の事前審査に、その代替手段を見出してきたことについては、大山礼子『国会学入門〈第２版〉』（三省堂、二〇〇三年）二五五頁を参照。

(26)　かつての参議院将来像懇談会報告書は、その方向からの検討を加えたものであるが、これについては、好意的な受け止め方が有力のようである。例えば、高見勝利『現代日本の議会政と憲法』（岩波書店、二〇〇八年）一四二頁など参照。

V部　内閣と行政

1　内閣制度の再検討――行政改革会議最終報告を中心に

はじめに

橋本内閣の行政改革プログラムが動き出した時からちょうど一〇年前の一九八八年、ヨーロッパ諸国における内閣政治に焦点を当てたジャン・ブロンデル教授は、「内閣の不安定と明らかな弱体性という古典的な問題」が解決されたとしても、内閣制度については、なお検討すべき課題があるとして、以下の諸点を挙げていた(1)。

① 内閣構成員の数　一八人ないし二〇人を超える内閣では、真に一体となって決定を行うことを期待できないのではないか

② 首相の指導的役割と閣僚の地位低下　首相の高められた地位は、他の内閣構成員の地位の低下をもたらして

いるのではないか

③　頻繁な大臣交替による各行政組織の実効的な長としての役割の低下　首相自らは長くその地位に留まりつつ政府を更迭しうるので、こうした入替えは内閣の安定性の影に隠れている

④　きわめて専門的な問題を扱う大規模な組織の管理者としての大臣の権限

これは、一九六〇年代・七〇年代に登場してきた新しい問題点を念頭に置いたものであるが、いずれも特効薬を見出しがたいようである。むろん、わが内閣制度の場合も基本的に同様な状況にあるが、わが国では、そもそも「内閣の不安定と明らかな弱体性という古典的な問題」自体が解決されているかどうか疑わしく、②については、むしろ首相の指導性の欠如が問題とされているところに、わが国の特色がある。

確かに、現行制度上、閣僚任免権をもつ内閣総理大臣を「首長」とする内閣（憲法六五条・六八条参照）は、「国務を総理する」機関とされ（同七三条一号）、「行政各部」（同七二条）はその統轄の下で活動することになっている。しかし、「内閣の不安定」への処方箋はともかく、わが国では常に「内閣機能の強化」の必要が唱えられており、古くて新しい課題となっているからである。

一　内閣制度改革論史点描

(1)　ここに明治初期以来のわが内閣制度の展開過程を詳しく述べる余裕はないが[2]、憲法上、天皇に責任を負う対等な「国務各大臣」（明治憲法五五条一項）によって組織され、内閣総理大臣が「各大臣ノ首班」（内閣官制二条）とされた戦前の内閣制度については、一九三一年（昭六）の満州事変の勃発以来、首相権限の強化を主軸として、その改革の必要を説くのが定論となったことは確かである。

ここで注目される例を挙げれば、まず、昭和研究会による『政治機構改新大綱』（昭一五）がある。これは、近衛文麿との関係を通して現実化することを夢見た有識者達による国策研究の成果で、「現代国家が国民生活全般に亙って、強力なる集中、統合、協力、一元化を要請しつゝある」との認識に立って、議会制度・行政組織の改革を具体的に提案したものである。そこには「かゝる政治の確立と国策の企画統合のためには、行政機構全般に亙って改革を必要とするが、就中《なかんづく》内閣制度の根幹に必然的に改革を急請せざるを得ない」として、次のような一節があった(3)。

内政外政の基礎が確定し各省が各々その分野の行政技術に精進して大過なかりし時代に於ける現行制度は、その基礎を再建して新たに大方針を樹立すべき現代に至つては、全く政治的綜合性を欠くに至り、行政技術間の分裂と各省及び各局対立相剋の弊害は、益々大となるに至つた。……惟ふに行政機構改革は、内閣制度の改革を根幹とすべきである。之を措いてはいかに各省を整備し、各局を増置し、はたまた数十の委員会を設けても、国策の貧困と分裂とは救ふべきもない。

こうした認識のもと、各省の機構については、「行政各部の組織を機能的に統一再編成する」、「現業事務と一般行政事務との司掌機関を分別して、別個の組織とする」、「地方に委ねても支障なき事項は成るべく之を地方に移管する」等といった五点にわたる提案を示すとともに、内閣制度の改革については、次の二点を具体的に提言したが、いずれも今日的な改革論議の大勢と共通していて興味ぶかい(4)。

一、各省大臣を以て国務大臣とする現制を改め、国務大臣には行政上の職責を大きく分担せしめ、その下に別に行政各部長官を置くこと。而して国務大臣の数は可及的に之を減少すること。

二、内閣総理大臣直属の諸部局の整備強化を図ること。

前者が、いわゆる大臣長官分離制を意味することは言うまでもないが、後者は、具体的には、内閣部局間・国務大臣所管事務相互間の統一保持に当たる内閣総務局を新設するとともに、企画院の事務が国家総動員法の関係事務で大半を占めるに至った現状を改め、その本来の意義である国家計画・国土計画の樹立や、数省にまたがる事項の綜合統一などを任とする企画局として純化するとの構想を示したものである。

(2)　その企画院の調査官から法制局参事官に転じ、いわば三年余の同局生活の決算として退官半年前に著された山崎丹照『内閣制度の研究』も、具体的な提案を含んだものであった。それによれば、「我が国の内閣制度は、其の規模・組織の点に於て、また其の機能の点に於て、今日救ふべからざる幾多の病弊を蔵している」として、①閣僚の平等性に基づく内閣の弱体性、②閣僚の過剰性に基づく内閣の弱体性、③閣僚の行政長官化に依る内閣機能の喪失の三点が挙げられ、これらが「相合して政府を弱体化し、行政権をその重心とする現代国家に於て、政府の権威失墜並びに能率の低準化といふ、最も憂ふべき現象を結果している」という[5]。

こうした立論が、(a)官制改正という法制的手段および幕僚的機構の整備充実による「内閣総理大臣の権限強化」、(b)省の廃合・閣僚の兼務制および国務大臣と行政長官の分離による「少数閣僚制」といった提案へとつながることは、自然な流れであろう。また、いわゆる五・一五事件後の斎藤内閣あたりから慣行的に定着した、一種のインナー・キャビネットとしての五相会議――内閣総理大臣に大蔵・陸軍・海軍・外務の四大臣を加えたもの――などに積極的評価を与えたことも[6]、この文脈において理解される。ところが、結局のところ、戦時体制は明治以来の大権内閣制度をほぼそのまま維持したにすぎなかった。

(3)　日本国憲法の制定によって、内閣制度をめぐる問題状況は一変するかに見えた。現行憲法は、議院内閣制を採用して、国務大臣の任免権をもつ内閣総理大臣を内閣の「首長」と位置づけるとともに、内閣を行政権の担い手とし、「国務を総理する」役割を与えたからである（憲法六五条・六六条一項・六八条・七三条一号参照）。

にもかかわらず、戦後間もなくから内閣制度をめぐる問題点が意識され、繰り返し改革の必要性が叫ばれてきたのは衆知のとおりであって、とくに二次にわたる臨時行政調査会（昭三六‐三九、昭五六‐五八）の答申は、いずれも補佐機構の充実を柱とした内閣の総合調整機能の強化を勧告していた。(7)

このたび国家行政組織法上の「合議制の機関」として特設され、政府の「行政改革プログラム」（平成八年一二月二五日閣議決定）を具体化すべく検討を重ねた行政改革会議の最終報告は、その集大成ということもできよう。(8)

二　行革会議最終報告と中央省庁改革基本法案

(1)　一年余の精力的な討議を基に一九九七年（平九）一二月三日に出され、「より自由かつ公正な社会の形成」に向けて、「簡素・効率的・透明な政府」を実現すべきことを謳った行革会議最終報告書は、内閣機能の強化を図り、新たな中央省庁のあり方を提示するとともに、行政機能の減量・効率化を進め、公務員制度の改革などを行うべきことを提言している。そして、同報告の構想をほぼ過不足なく法文化しようとした全六章六三か条の「中央省庁等改革基本法」案は、閣議決定を経て、一九九八年（平一〇）二月一七日、第一四二回（通常）国会に提出され、両議院での審議を経て政府提出案通り成立し（平成一〇年六月一二日法律一〇三号）、今日に至っている。

ここでは、その中で構想された内閣制度のあり方に多少の検討を加えようとするが、これに関わりのあるのは、主として「内閣機能の強化」について述べた行革会議『最終報告』第二章（九～二六頁）及び中央省庁改革基本法案の第二章の各条項（六条～一四条）である。まず、行革会議がこれを主題とした背景を確認しておこう。

「行政各部」中心の行政（体制）観と行政事務の各省庁による分担管理原則は……国家目標が複雑化し、時々刻々変化する内外環境に即応して賢明な価値選択・政策展開を行っていく上で、その限界ないし機能障害を露呈しつつある。いまや、国政全体を見渡した総合的、戦略的な政策判断と機動的な意思決定をなし得る行政システムが求められている。（以下略。『最終報告』九頁）

これは多くの人々の共通認識であろうが、「内閣が『国務を総理する』任務を十全に発揮し、現代国家の要請する機能を果たすためには、内閣の『首長』である内閣総理大臣がその指導性を十分に発揮できるような仕組みを整えることが必要」として、行革会議が提案したところは多岐に亙っている。ここに、中央省庁改革基本法案——以下、単に「法案」と表記する——における関連条文・対応条項を示しつつ、その主要な内容を掲記してみると、次のごとくである。

(a)　内閣が、実質的な政策論議を行い、トップダウン的な政策の形成・遂行の担い手となり、新たな省間調整システムの要として機能しうるためには、「内閣の機能強化」を必要とする。このため、①閣議の議決方法は、本来、内閣自らが定めるものであるが、合意形成のプロセスとして多数決の採用も考慮すべきである（法案一四条）。②複数省にまたがる案件などについて、内閣としてのコンセンサスを形成し、イニシアチブを発揮するために、特命事項担当大臣というべきものを活用する（法案一一条）。③これとの関係で、国務大臣の総数は、一五人ないし一七人とする（法案七条）。④各省庁の次官・局長等の人事については、各大臣に任免権を残しつつ、内閣の承認を要するものとする（法案一三条）。

(b)　内閣が内閣総理大臣の政治の基本方針を共有して国政に当たる存在であることを明らかにするには、「内閣総理大臣の指導性」を、その権能の面でも明確にする必要がある。そこで、具体的には、①内閣総理大臣の基本方針・政策の発議権を、内閣法上、明確化する（法案六条）。②内閣総理大臣の行政各部に対する指揮監督に関する内閣法の規定は、弾力的に運用する（該当条項なし）。

(c)　内閣、とくに内閣総理大臣の主導による国政運営ができるようにするとの観点から、「内閣及び内閣総理大臣の補佐・支援体制」に抜本的改革を加え、その強化を図る必要がある。そのため、①内閣の補助機関である内閣官房を、内閣の首長たる内閣総理大臣の活動を直接補佐・支援する企画・調整機関とし、総合戦略機能を担うものとする（法案八条・九条）。②内閣官房の総合戦略機能を助け、横断的な企画・調整機能を担う「内閣府」――その事務は内閣官房長官が統轄する――を新たに設けるとともに、行政の基本的な制度の管理運営その他の事務を担う「総務省」を置く（法案一〇条・一二条）。

(2)　こうしてみると、行政各部に対する内閣総理大臣の指揮監督に関する(b)②のみが、基本法案の中に具体化されなかったことに気付く。一層精確を期すなら、閣議の議決方法に関する(a)①についても、とりあえず基本法案第一四条を対応条文として掲げてはみたものの、その趣旨がすぐ判るような形で法案化されているわけではない。それらの意味については後に検討するが、右に掲記されたような諸方策は、確かにそれぞれ有意味なものであり、それらが確実に実施に移されるとすれば、「内閣総理大臣の指導性」を確保し、「内閣機能の強化」を実現しうるかも知れない。

しかし、こうした見取図だけでは、以下のような古典的な――そして今日なお基本的に有効な――診断[9]の前に、すっかり色褪せてしまうおそれがある。

我が国の内閣制度を蝕んでいる元凶は、与党内部の派閥抗争の結果、内閣総理大臣がリーダーシップを発揮できない状態に置かれていることにある。出発点である組閣においてもベストメンバーで臨むことができず、閣僚のポストが政治的資源として配分されるため、閣僚が行政経験を積む暇さえ与えられない。閣議における討議を通じて集合的権威を発揮するのはおろか、逆に閣僚は総理大臣を批判して憚らない。……我が国の内閣制度の改革は、戦前から内閣制度を支える権力構造の問題を度外視して、専ら内在的な変数の操作による改革でお茶を濁そうとしてきた。だが、それでは何時までたっても問題の抜本的改革には至らない。内閣制度が真に統治能力あるものたりうるためには、先ず内閣制度を取り囲む政党政治を改革することが先決である。

したがって、議院内閣制の下における内閣制度のあり方については、たんに憲法・内閣法などの関連法制の改正の問題であるにとどまらず、選挙制度や政党のあり方などをも視野に入れた議論を必要とするが、行革会議『最終報告』は、何らこの点に触れるところがない。これは、国家行政組織法上の審議会等という行革会議の基本性格を考慮した結果でもあろうが、右に述べられたような根本問題は依然として残ることになる。

(3)　右の(c)についても問題がないわけではないが、ここでは、往時の「内政省」構想を引き継いだかに見える「総務省」案を論じる余裕はなく、それ以外の点について述べることにしよう。

まず、②にいう「内閣府」構想は、すでに第一次臨時行政調査会の答申「行政改革に関する意見」にも見られたもので、それ自体としては新機軸とはいえない。しかしながら、ここに横断的な省間調整システムの中核として強力な調整権をもつ担当大臣を置くというのは、新たな興味ぶかい提言である。ただ、内閣府は「内閣総理大臣を主任の大臣とする外局に係る事務を行う機関とする」(『最終報告』一三頁。基本法案一〇条一項参照)という点に示されるように、内閣の総合調整機能とは必ずしも結び付かない種々の事務を抱え込んだ、いわばハイブリッドな組織となっている。この意味では、かつての「内閣府」機想に寄せられた、「調整部局としてなお十分に純化されてはいない」との批判(10)は、ここでも妥当することになろう。

また、①にいう内閣官房強化案も従前の議論の延長線上にあるが、「内閣官房の任務に、国政に関する基本方針の企画立案を行うことが含まれることを法制上明らかにする」(基本法案八条三項)というのは、その政策立案機能を明文化すべく内閣法第一二条三項を改正すべきだとする行革会議の提言を承けたものである(『最終報告』一四頁参照)。一方、内閣官房による総合調整は、「内閣としての最高かつ最終の調整プロセス」(同五六頁)と位置づけられ、そのため「内閣官房は、必要に応じ、調整の中核となる府省を指定して政策調整を行わせること」（基本法案一八条一号参照）もできる、とされる。

基本法案は、しかし同時に、政府開発援助・交通安全行政・少子高齢社会対策などについて、明文で「調整の中核としての機能」を特定者に与えている（一九条四号ロ・ニ、二二条一一号および二五条六号）。これは、その限りで内閣官房の中核調整省指定権も実体を失うことを意味するように思われるが、実は、行革会議自体、それらに関する各省の「コア」機能を認めていたのであり（『最終報告』三八頁、四三頁、四七頁参照）、そこに明確な構想があったかどうか疑わしい。

三　現行制度の解釈論的検討

1　総理大臣の指揮監督権と閣議決定要件

(1)　すでに紹介したように、行革会議『最終報告』は、内閣総理大臣の発議権を内閣法の改正問題として位置づけた。この点については、それはすでに同法第四条に含まれるとするのが妥当な解釈のように思われるが、むろん、内閣総理大臣の指導性を強化するという意味で、それを敢えて明文化することに異論があろうはずはない。

そこで、中央省庁改革基本法案も、「内閣総理大臣が、内閣の首長として、国政に関する基本方針……について、閣議にかけることができることを法制上明らかにする」（八条）ことを述べているが、具体的には内閣法第四条の改正を指示したものである。

(2)　行革会議『最終報告』は、また、行政各部に対する内閣総理大臣の効果的な指揮監督のあり方の問題を取り上げ、「事後の閣議承認を条件に事前の閣議によらずに指揮監督できるようにすることについては……幅広い検討が必要である」（一二三頁）と留保しつつ、「内閣総理大臣の行政各部に対する指揮監督に関する内閣法の規定は、弾力的に運用する」ことを提言している。

前者の留保は、いわゆる緊急事態法制を念頭に置いたものであろうが、後者の「弾力的に運用する」という表現の背後には、内閣法第六条の位置づけにかかわる微妙な解釈問題があり、この点は――事柄の性質上――中央省庁改革基本法案には盛り込まれていないだけに、十分注意を必要としよう。

すなわち、内閣法によれば、内閣総理大臣は「閣議にかけて決定した方針に基づいて、行政各部を指揮監督する」（六条）とされる。だが、これは、内閣総理大臣が「内閣を代表して……行政各部を指揮監督する」（憲法七二条）という憲法上の要請をそのまま表したものであろうか。言い換えれば、事前の閣議決定は、内閣総理大臣が指揮監督権を行使する手続要件であろうか、また、それは厳格に個別的に要求されるべきものであろうか。

(3)　この点について通説は、「内閣を代表して」という文言を「内閣の意志に基づいて」と解し、内閣総理大臣といえども、単独に、つまり内閣の意志に関係なく、行政各部に対する指揮監督を行うことはできないと説いてきた。(11) むろん、ここには、内閣総理大臣が内閣の「首長」であり、閣僚の任免権をもつ優越的存在であるといっても、内閣という合議体の一員としては、どこまでも他の国務大臣と対等の地位をもつにすぎない、という内閣・内閣総理大臣観がある。

法制実務もこれに依拠しつつ、事前の閣議決定が必要だという厳格解釈をとってきたようであるが、行政学的観点からは、そうした厳格解釈に対する疑念が率直なかたちで提示された。すなわち、たとえば片岡寛光『内閣の機能と補佐機構』は、伝統的解釈は「それ自体として正しい」と評しつつ、次のように論じている。(12)

だが、第六条の規程《ママ》は、どのような形で方針が定められているべきかについて沈黙している。行政各般に亙る総ての問題について内閣が事前に方針を明示的に決定しておくことは凡そ不可能に近い。……内閣の基本的施政方針が決まっているならば、それに抵触しない範囲で内閣総理大臣は行政各部を指揮監督する裁量を有すると解釈しなければ、この規程は死文化してしまう虞がある。……このように、時間的に方針の決定と指揮監督との間にはズレがあり、また内容的にも一方が一般的、普遍的であるのに対し、他方がその一般性を具体的状況に結びつけようとするものであるとするならば、当然指揮監督を行う総理大臣には裁量が与えられていなければならない。

この批判が、憲法第七二条および内閣法第六条を軽視するのでなく、むしろその趣旨を生かすための積極的なものであったことに注目したいが、これより数年前に著された佐藤　功『行政組織法〈新版〉』も——おそらく同様な問題意識からであろう——伝統的な内閣法解釈を修正するかたちで、次のように説くに至っていた(13)。

右にいう閣議で決定した方針に基づいてというのは、指揮監督を必要とする特定・個別的な場合にその都度、その方針を具体的・個別的に決定しなければならないという趣旨ではない。何らかの政策ないし行政施策についての方針が予め一般的に閣議によって決定されているならば、内閣総理大臣は、その方針に基づいて（その方針の具体的適用として）各省大臣に対し、個別的な場合に指示その他指揮監督をなしうるものと解される。

(4)　この解釈問題は、しかし、いわゆるロッキード事件最高裁判決（最大判平成七年二月二二日刑集四九巻二号一頁）によって一応の決着をみた、と言ってよい。というのも、ここでは事前閣議要件に関する伝統的な厳格解釈が斥けられ、憲法・内閣法の諸規定に示された地位および権限からみて、内閣総理大臣は、「閣議にかけて決定した方針が存在しない場合においても……内閣の明示の意志に反しない限り、行政各部に対し、随時、その所掌事務について一定の方向で処理するよう、指導、助言等の指示を与える権限を有する」と説かれたからである。

先にみた「内閣総理大臣の行政各部に対する指揮監督に関する内閣法の規定は、弾力的に運用する」との行革会議の提言は、このロッキード事件判決に直接触れてはいないものの、そこに示された憲法・内閣法に関する解釈を前提としたものであろうことは、容易に想像されよう。この最高裁判決は、内閣総理大臣について、たんに明文化された職権ではなく、その「首長」としての特別な地位に由来する職責という点に着目した「権限」観に立ったものであり、伊藤正己元最高裁判事の端的な表現を借りるなら、「内閣法第六条の要件をみたさない場合でも……行政各部への指示を与える権限がありうることを認めたものと解される[14]」であろう。

その意味で、内閣法に対する修正解釈を一歩進めた緩和解釈を採用したものといえるが、ここからさらに、憲法解釈上、「内閣総理大臣が行政組織の頂点にあって、指揮監督する最高行政機関でありうる」とし、率直に「行政各部の指揮監督は、内閣総理大臣の権限」と解されるべきものかどうかは分からない[15]。仮にもし、こうした解釈に踏み込むとすれば、内閣法第六条の規定は、憲法上、本来、裁量的に行使されるべき内閣総理大臣の権限を限定するものとして、その合憲性が問われることになろう。

2　国務大臣・行政長官分離制という問題

先にみたように、これは明治憲法時代から検討されてきた問題であるが、行革会議はこれに言及していないので、その採否をどうみているか必ずしも明らかでない。ただ、「国務大臣の数」について、「特命事項担当大臣を設置する意義を考慮し……大括り省庁の数に比例して機械的には削減しないものの、その総数（現行は二〇人以内）を削減し、一五人から一七人程度とする」（『最終報告』一二頁。基本法案七条参照）という表現からすれば、反って、大臣・長官兼任制――「国務大臣・行政長官同一人制[16]」ともいう――を前提とした議論のようにも考えられる。

しかし、行政長官、つまり行政機関たる各省の長としての地位を、国務大臣としての資格から分離する問題は、早くから積極的な検討の対象となっていたところで、現行法上いわゆる無任所大臣を置くことも妨げないと解されていること（内閣法三条二項参照）も参考になろう。むろん、憲法第七四条の規定からみて、少なくとも、何らかの「主任の国務大臣」、例えば、数省を所掌する行政事務を分担管理する国務大臣を置くことは、憲法上の要請と考えられるが、この範囲内で、国務大臣と行政長官とを分離し、国務大臣を高度な国政事項の処理に専念させるというやり方を採用することも可能であることは、法制実務家みずから認めていたところである。[17] おそらく行革会議『最終報告』もまた、大臣長官分離制を認めないとする趣旨ではなかろう。

3　閣議のあり方について

(1)　現行憲法上、内閣の活動方法に関する規定はまったくなく、ただ法律上、「内閣がその職権を行うのは、閣議によるものとする」（内閣法四条一項）とされるのみである。これは、憲法上、内閣には閣議に関する自律的な手続準則決定権が与えられているとの前提に立ったものと解されるが、閣議についても、当然、「それ相応に、議事の組織が整備され、議事のルールが確立されていなければならない[18]」と考えられる。

まず、(a)「議事の組織」については、閣議は内閣総理大臣が主宰し（同条二項。なお臨時代理に関する同法九条参照）、閣議事項の整理その他閣議の開催・運営に必要な事務などは内閣官房が掌る（同一二条二項）といった定めがあり、(b)「議事のルール」についても、各大臣はいかなる案件でも内閣総理大臣に提出して閣議を求めることができる（同四条三項）が、その主任の行政事務について法令の制定・改廃を必要と認めるときは、案をそなえて提出し、閣議を求めなくてはならない（国家行政組織法一一条）、とされる。

しかし、これ以外には特段の制定法上の規律はなく、衆知のように、①各大臣の意見を個別に徴する持回り閣議もあるが、通例、国務大臣が一堂に会する参集閣議の形で行われる。これには、毎週火曜日・金曜日の午前中におこなう定例閣議のほか、必要に応じてそれ以外の日時に臨時閣議を開くこともある。②参集閣議の場合、国務大臣が全員出席した上で行うのが建前であるが、議事・議決に関する定足数の定めはなく、議決方法については、閣僚の全員一致制がとられる。③閣議における各大臣の意思表示は、通例、閣議書への署名という形をとるが、口頭による了解でもよい。④閣議は秘密会で、各大臣は閣議の内容について秘密を守る道徳的義務があり、議事録も作成されない、といった、多くは明治期に遡りうる慣習法上の議事通則が認められる。

(2)　さて、行革会議『最終報告』は、とくに②に関して、必要があれば多数決による決定も採用すべきことを勧めている。しかしながら、この点については、全員一致制は国務大臣の連帯責任と結びついた当然の手続であるとするのが従来の多くの見解であり、かつ多数決制を採らなくても首相の主導権を担保する大臣罷免権で対応しうるではないか、という強い異論がありえよう。

ただ、そもそも連帯責任制と全員一致制とが果たして表裏一体の要請であるかは問題である。というのも、元来、「内閣ノ組織ハ同心一致ヲ以テ根本トスベク」とされたのは（明治二二年一二月二四日の各大臣奏議による）、「内閣一致ヲ保タントセバ内閣ノ機密ヲ以テ最モ緊要トセサルヘカラス」[18a]というように、全員一致制は機密性との関係から捉えられるべきものだからである。それに、行革会議『最終報告』が多数決による表決の方法に敢えて言及したのは、先に指摘されたような、わが内閣制度を腐蝕している内閣総理大臣のリーダーシップの弱さを想うとき、内閣の反対に遇った内閣総理大臣が閣僚罷免権を有効に活用しえず、「意見の対立があるときは閣議を重ねて審議をつくし、最後に完全に意見が調整できるよう運ばれる」[19]といった事態によって、重大な国政の停滞を招きかねないことを懸念したからであろう。

ここで注意すべきは、行革会議『最終報告』の考え方を具体化したとされる基本法案において、閣議多数決の可能性を明示した部分がない、という点である。これについては、先に示したように、「政府は……内閣機能を強化するため、内閣……の運営の改善を図るものとする」とした基本法案第一四条を、それに対応した規定とみることもできるが、この文案からそれを読み取るのは、率直に言ってむずかしい。

やや不分明なこの表現は、内閣には自律的な閣議運営権があるという憲法上の建前と、国会制定法による規律ということとの間に適切な調和を図ったものと考えられ、それ自体としては慎重な考慮の結果といえよう。しかしながら、現行法上、すでに示したように、本来自律的に決定されるべき内閣の活動方法、つまり閣議に関する「議事の組織」と「議事のルール」についても、国会制定法による規律は現に存するのである。そして、この規律が違憲でないとするのなら、もう少し踏み込んだ文言であっても、決して咎められることはなかったように思われる。

(3)　閣議のあり方については、さらに、いわゆる事務次官会議のあり方をも俎上に乗せなくてはなるまい。[20]その設置・運営の根拠が法令上あるわけではないが、それは「閣議の事前審査機関」であると同時に、各省庁間の最終的な連絡調整の場という性格をもち、閣議に付される案件（閣議事項）は、原則として――つまり天皇の国事行為に対する助言・承認などの案件を除いて――事前に、内閣官房長官・同副長官・各省庁事務次官などを構成員とする事務次官会議に付議され、その了解がなければ閣議にかけられない。これが確立された運営原則である。[21]

こうして、事務次官会議のあり方は、閣議案件の審議を通して、実質上内閣の活動を大きく左右することになる。そして、事務次官会議による了解は、閣議がそうであるように、やはり全員一致制をとっており、「仮に、事務次官等会議の場で了解に達することのできなかった場合には、そのままで閣議に付議されることは極力避け、原則として了解に達するまで回を重ねて審議を行うこととなる」わけである。[22]

むろん、その政策審議・総合調整機能という面からみる限り、事務次官会議の役割を過大視する傾向に対しては、その会議自体、実は「完全に形骸化している」のだという評価もありえよう。[23]それでも、閣議決定に至るまでのこの「準公式回路」――慣行上確立しているものの、法令上の根拠がないという意味でそう称する――が、内閣制度をめぐる運営の中で慣行として確立している以上、そのあり方を不問に付すことはできまい。

(4)　したがって、事務次官会議の存在とその運営とが現状のようなものである限り、行革会議の所期する「実質的な政策論議」の場としての内閣は、結局、画餅にすぎないという批判もありうるところで、強い指導力をもった内閣総理大臣という像も幻影と化してしまう運命にある。

その意味で、行革会議『最終報告』が、事務次官会議の問題について立ち入った言及をしなかったのは惜しまれるが、これについては、①省間の相互調整、②内閣府（担当大臣）による総合調整、③内閣官房による最終的な総合調整という、いわば三段階からなる「新たな省間調整システム」（『最終報告』五六頁以下。基本法案二八条参照）を導入し、この適切な運用によって解決しうると考えられたのであろうか。

この場合、重要なのは、内閣の総合調整機能に関していうと、従来、内閣・閣僚が閣議の場——関係閣僚会議・閣僚懇談会を含む——で実質的な討議を行い、それを通じて自ら調整の任に当たるという「直接調整」は少なく、むしろ閣議自体は実質的な調整に当たらず、行政実務レベルで政策調整を行う「間接調整」方式が主軸をなしてきた、という事実である。しかも、その結果、本来、内閣・閣僚のみを対象とした閣議における全員一致制の手続準則から、政策調整は行政実務レベルにおける折衝を通じて事前に済ませておくべきであり、閣議を煩わせることはすべきでない、との行動準則が生まれたという点である。[24]

先に述べた事務次官会議における全員一致による了解という慣行は、正しくその表れと見られるが、そうだとすると、この事態を打開するために、行革会議『最終報告』が明記したように、「新たな省間調整システム」の導入を事態打開案として示すというのも一案だということになろう。

おわりに

最初に述べたように、議院内閣制の運用については、常に「内閣の不安定と明らかな弱体化という古典的な問題」が伏在している。この「内閣の不安定」が憲法問題であり、その安定を図る試みが一種の憲法改革の作業であることは、誰も疑わないであろう。だが、「内閣の弱体化」に対する「内閣機能の強化」という課題もまた、紛れもない憲法問題なのであって、その克服への道は同じように一種の憲法改革への歩みでもある。その意味で、「内閣機能の強化」を目指した「行政改革」は、決して単なる行政機関の再編成や行政事務の減量などにとどまることはできない。行革会議『最終報告』が、しばしば「『この国のかたち』の再構築」と呼んだものは、正しくそうした憲法観に立ったうえでのことであろう。むろん、「常に時代の要請に機動的かつ弾力的に応え得る、柔軟な行政組織を編成すること」[25]によって、どこまで「『この国のかたち』の再構築」を図ることができるかどうかは、たとい中央省庁改革基本法案が首尾よく国会を通過して成立した今日でも、典型的な憲法附属法である内閣法・国家行政組織法の改正はもちろん、各省設置レベルの改廃がどの程度そうした理念に沿ったかたちで進められるかどうかに掛かっている。われわれは、なお黎明の中に佇んでいるのである。

（1）　J. Blondel=F. Müller-Rommel (ed.), *Cabinets in Western Europe*, 1988, p.3.
（2）　参照、手島孝＝中川剛『憲法と行政権』（法律文化社、一九九一年）四九頁以下。
（3）　昭和研究会事務局『政治機構改新大綱』（一九四〇年）一八－一九頁。
（4）　同右、『政治機構改新大綱』二一〇頁以下。
（5）　山崎丹照『内閣制度の研究』（高山書院、一九四二年）三六八頁以下。

(6) 山崎・前掲書三七二頁以下参照。
(7) 参照、『内閣制度百年史〈上巻〉』(大蔵省印刷局、一九八五年)一六一頁以下、七一八頁以下。
(8) 総理府本府組織令改正(平成八年政令三一九号)および行政改革会議令(平成八年政令三二〇号)による。
(9) 片岡寛光『内閣の機能と補佐機構』(成文堂、一九八二年)二八七頁。
(10) 佐藤 功『行政組織法〈新版〉』(有斐閣、一九七九年)三三六頁。
(11) 清宮四郎『憲法Ⅰ〈第三版〉』(有斐閣、一九七九年)三一五頁、宮澤俊義＝芦部信喜『全訂・日本国憲法』(日本評論社、一九七八年)五五六頁。
(12) 片岡・前掲書二三一-二三二頁。
(13) 佐藤・前掲書三〇六頁。同旨、同『憲法(下)〈新版〉』(有斐閣、一九八四年)八七六頁。
(14) 伊藤正己『憲法〈第三版〉』(弘文堂、一九九五年)五四五頁。
(15) 手島＝中川・前掲書二二七頁、二四三頁。
(16) 佐藤『行政組織法』二四九頁参照。
(17) 参照、林 修三「内閣の組織と運営」田中二郎ほか編『行政講座第4巻・行政組織』(有斐閣、一九六五年)三六頁。
(18) 参照、高辻正巳『憲法講説〈全訂第二版〉』(良書普及会、一九八〇年)三二八頁。
(18a) 『内閣制度百年史』八六頁。
(19) 『憲法調査会報告書』(憲法調査会、一九六四年)二二八頁。なお、『国会・内閣・財政・地方自治に関する報告書』(憲法調査会第三部会、一九六四年)二二一頁以下は、閣議における過半数主義の採否について、積極・消極の両論を集約している。
(20) 前掲『内閣制度百年史』五七七頁以下参照。
(21) 穴見 明「内閣制度」西尾勝＝村松岐夫編『講座・行政学2』(有斐閣、一九九四年)二四頁参照。
(22) 前掲『内閣制度百年史』五八一頁。
(23) 参照、伊藤大一「内閣制度の組織論的検討」日本行政学会編『年報行政研究二一・内閣制度の研究』(ぎょうせい、一九八七年)四八頁。
(24) 伊藤大一・前掲論文五〇頁以下。
(25) 行革会議『最終報告』六頁。

2　首相公選論と統治構造改革

はじめに

小泉首相の誕生によって、いわゆる首相公選論が再びにわかに世間の注目を集めるようになった。野党の民主党もそれを積極的に取り上げる姿勢を示しているが、いうまでもなく、それは議院内閣制を国政運用の基本原理とする現行憲法の改正問題に直結している。けれども、それを公然と唱える首相などに対して、とくにこの点に着目しての厳しい非難が見られないのは、やはり一種の憲法改正タブーが長く支配した戦後的自明性というものがほぼ崩壊したといってよい「構造改革」の時代だからであろうか。

いわゆる首相公選論と述べたのは、二つの理由からである。まず、とくにマスメディアにおいては首相の公選という要素のみが語られているように思われるが、そこでは憲法制度の考察にとって必要な統治機構全般に対する正当な考慮が払われていない、という印象を拭い去ることができない。その要素がいわゆる政治的無関心層をも惹きつけるある種の魅力をもっていることは確かだとしても、それで問題が片付くわけではない。次に、首相公選論といっても、その実質はむしろ大統領制論であることが多く、それが議院内閣制を前提とした議論なのか、議院内閣制を廃止しようという議論なのかをよく見定める必要があろう。

以下では、いわゆる首相公選論の思想的背景または個人的事情などの問題をひとまず捨象し、構想それ自体について考察を加えることにしよう。

一　国民と内閣・内閣総理大臣

1　新たな議院内閣制論

統治機構の問題は、伝統的に、議院内閣制か大統領制か——そして議会支配制か——という論点に集中し、議会と政府との組織・権限上の関係はどうあるべきかという視点が優越していた。すでに検討した通り、いわば権力分立モデルによってきたわけであるが、[1]高橋和之教授の『国民内閣制の理念と運用』（有斐閣、一九九四年）における議論にも代表されるように、現在では、むしろ国民・政府関係として、その再構成を図る試み——それを私は「民主主義モデル」と呼んでいる——が有力になっている。

これは、現代の「代表民主制」のあり方は、公民団としての国民が独立した国家機関として活動しうる「半直接民主制」であるとの認識に立って、その国民と実効的な統治機関との関係に力点を置いて統治機構を総合的に把握しようとする議論である。そうである以上、現代の議院内閣制における最も実効的な統治機関としての内閣、とくにその中心である内閣総理大臣と国民とがどのような関係に立つかは、大きな関心事にならざるをえない。

2　内閣と内閣総理大臣の地位

むろん、こうした議院内閣制論の再構成の試みとは別に、内閣制度および内閣総理大臣の地位それ自体をめぐる切実な問題もあった。つまり、日本国憲法から想定される「首長」たる内閣総理大臣を中心とした内閣制度のイメージと、現実の憲法運用の中で強い政治的指導力を欠いた内閣総理大臣の姿を露呈させた大臣同格型の内閣制度との間には、大きなズレがあったと考えられるのである。これは、本来、議会多数派を背景とした内閣総理大臣および内閣であれば、例えばイギリスの政権がそうであるように、強力な政策を実行できるはずだという期待の裏返しでもあろう。その観点から、時代の大きな変革期を迎えて、「憲法の想定する『首長』的首相の実現」が重要課題として意識されるようになったことも、一般に指摘されるところである。[2]実際、一九九七年（平九）末の行政改革会議『最終報告』で説かれた内閣総理大臣の指導力の確保および内閣機能の強化といった課題は、これまで以上に強く意識され、これを実現すべく、内閣法・国家行政組織法の改正や内閣府設置法の制定などが行われたばかりである。ここにも、いわゆる首相公選論に関心の注がれる背景を見ることができよう。

二　首相公選制論の内容と形成

1　二つの首相公選制論

しかしながら、一口に「首相公選論」といっても、そこにはかなりニュアンスの異なる考え方が混在しているように思われる。つまり、憲法改正を要する大統領制構想と呼ぶべきものから、現行憲法の枠内で首相公選という実を挙げようとするものまで、さまざまな主張が見られるのであるが、差し当たり二説に大別することが許されよう。[3]

一つの考え方は、現行憲法第六七条の解釈について、首相の「指名」と「議決」とを区別する立場から、現行憲法の下で議院規則または法律により国会が民意を徴して指名する制度を設けるというものであり、もう一つは、憲法改正によって首相公選制を実現しようとする考え方である。これから検討しようとする代表的な首相公選論は、いうまでもなく第二の考え方に属するものであるが、そこに移る前に、まず第一説の提案した具体的な手続をみておくことにしよう。

その提唱者である小林昭三教授によると、①内閣総理大臣に指名されるべき者の候補者となるには、一定数の議員の賛成を必要とし、国民投票はその要件を充たした候補者全員を対象として行う、②議院は、国民投票で一定数の得票を得た者につき得票数の多い順に内閣総理大臣に指名される者の順位を定める、③議院は第一順位の者から可否の議決をおこない、過半数を得た者を内閣総理大臣に指名する、ということになる[4]。

きわめて興味ぶかい提案であって、憲法規定との抵触も巧みに回避されているようにも思われるが、いかにも技巧的だという印象は免れがたい[5]。事実、これに対しては、前提となっている憲法第六七条の解釈についても強い批判があって、とくに杉原泰雄教授の「首相公選制[6]」は、こうした「憲法改正によらない首相公選制」の提案を直接対象とし、それに鋭い批判を加えたものであった。

2　中曾根康弘氏の統治機構改革案

(1)　元首相の中曾根康弘氏は、今日ではいわゆる首相公選論者の代表格として知られているが、その若き日の統治構造改革構想は、決して首相公選論ではなく、議院内閣制の改革論であった。すなわち、一九五五年（昭三〇）に公表された同氏の「自主憲法のための改正要綱試案[7]」は、国会については、例えば、①参議院議員は国務大臣・政務官に選任できない、②特別国会における不信任決議は衆議院の三分の二以上の多数によるものとし、内閣についても、③内閣総理大臣は、衆議院において衆議院議員の中から指名し、これに基づいて天皇が任命する、④国務大臣の過半数は衆議院議員とし、総理大臣の指名に基づいて天皇が任命するといった、いわば穏やかな制度改革構想を示していたのである。

(2)　その後、中曾根氏は、現行憲法の基本原理である議院内閣制と訣別することになる。すなわち、今日一般に「首相公選論」として知られるその統治機構改革案は、まず、一九六一年（昭三六）に作成された「未定稿・高度民主主義民定憲法草案」に結実するが、その全貌は最近になって明らかにされた(8)。これは、後の中央政治機構の大綱などと異なり、制度構想が具体的な条項の形で示されている点において、きわめて興味ぶかい。そこでやや詳しく紹介することにするが、非常事態における緊急政令・財政処分および非常事態宣言にともなう各種措置に関する部分（八九条〜九一条）を除くとともに、各条文に付された見出しも便宜上省略したことを、あらかじめ断っておきたい。

第一章　日本国及び天皇

第五条　天皇は、国民の選挙に基づいて内閣首相及び内閣副首相を任命し、内閣首相の指名に基づいて内閣委員を任命する。

2　天皇は、内閣首相の申出に基づいて内閣委員を解任する。

第三章　国　会

第七〇条　法律案は、この憲法に特別の定めのある場合を除いては、両議院で可決したとき法律となる。

2〜4　［略］

5　両議院を通過した法律案について同意しがたいときは、内閣首相は、その送付を受けた日から国会の閉会中の期間を除いて一〇日以内に、理由を示して、これを再議に付することができる。両議院が、それぞれ出席議員の三分の二以上の多数で再び同じ議決をしたときは、その議決は、確定する。

第四章　内閣及び内閣首相

第七七条　行政権は、内閣に属する。

第七八条　内閣は、この憲法及び法律の定めるところにより、内閣首相、内閣副首相及び内閣委員で組織する。

第七九条　現に職にある内閣首相の任期の満了前二〇日以上五〇日以内において、衆議院議員の総選挙と同じ日に選挙を行い、各政党の指名する内閣首相及び内閣副首相の候補者について選挙人が投票し、法律の定めるところによりそれぞれ過半数を得た者について、天皇が任命する。

2　内閣首相及び内閣副首相の任期は四年とし、連続再選されることはできない(9)。

3　出生によって日本国民たる者で、年令満35年に達した者は、内閣首相及び内閣副首相の候補者になることができる。
4・5　［略］
第八二条　内閣首相、内閣副首相及び内閣委員は、国会議員その他いかなる官職をも兼ねることができない。
第八三条　内閣首相は、内閣を代表して予算、条約その他の議案を国会に提出する。
2　内閣首相は、必要があると認めるときは、法律案の発議について国会に勧告することができる。
第八四条　内閣首相の選挙権を有する者は、法律の定めるところにより、その総数の三分の一以上の者の連署を以て、その代表者から、憲法評議会に対し、内閣首相の解職の請求をすることができる。
2　前項の請求があつたときは、憲法評議会は、これを選挙人の投票に付さなければならない。
3　内閣首相は、前項の規定による投票において、過半数の同意があつたときはその職を失う。
第八七条　内閣委員は、内閣首相の指名に基づいて、天皇が任命する。
2　［略］
3　内閣委員は、内閣首相の申出に基づいて、天皇が解任する。

(3)　以上やや長くなってしまったが、このように、中曾根試案は、内閣の対国会責任制（現行憲法六六条三項）のほか、政府の衆議院解散権および衆議院の内閣不信任決議権（同六九条）も削っており、明らかに大統領制の構想を採用したものである。というのも、内閣の対国会責任制と政府の衆議院解散権とは、議院内閣制の根本原則をなすものだからである。

実際、「成文憲法で議院内閣制を規定するとすれば、政府が議会（または下院）の信任をその在職の要件とすることと、政府が議会（または下院）の解散権をもつことを明文できめれば、それでじゅうぶんである」という立場から、とくに現行憲法第六九条は「最も根幹的規定」と評されたほどであって[10]、これを削除するとすれば、もはや議院内閣制とはいえないからである。

むろん、中曾根試案は、閣僚が議院に出席する権利と義務を定め（七三条）、閣僚に対する議員の質問権を認める点（七五条）などにおいて、なお議院内閣制の要素をとどめているようにも思われるが、それはむしろ——一九世紀的な用法を借りるなら——いわば大権内閣制の要素に近いものである。要するに、右の中曾根試案は、議院内閣制を前提とする文字通りの首相公選制論ではない。

なお、中曾根試案は、憲法評議会を設けて、これに内閣首相および内閣副首相の選挙の適法性を監視したり、法律などの合憲性に関する事前審査権を与えたりする点（九五条・九六条）において、現行フランス憲法の影響を受けたものと見られるが、憲法改正の発議について国民発案を認める点（一二二条）などは、いわゆる半直接民主制の論理を採用したものであろう。しかし、司法、財政及び地方自治の章などは——最高裁判所裁判官国民審査制度を廃止する点を除いては——ほぼ現行憲法通りである。この点をとらえて新味がないと指摘することもできるが、作成された当時の判例・学説をめぐる状況を想えば、そうした批判は当たらないと言うべきだろう。

ともあれ、右の中曾根試案は、今は亡き稲葉修衆議院議員、鵜飼信成・大西邦敏の両教授のほか、小林昭三教授などの協力を得て作られたものだという[11]。実際、稲葉議員および鵜飼・小林両教授などは代表的な首相公選制支持者として知られているが、このうち小林教授による憲法改正試案は、具体的な提案を伴った首相公選制論として興味ぶかいものがあり、これについては後に触れよう（四—1参照）。

(4)　右の憲法改正試案は、しかし、中曾根氏の最終案とはならなかった。同氏の最終試案は、「首相公選制に伴う中央政治機構の大綱」と題する制度の概要によって知られているが[12]、これによれば、前記の未定稿段階の憲法草案とは異なる点として、①国会は、首相・副首相を弾劾する権利をもち、②首相と国会とが対立したときは、現行地方自治法における知事と都道府県議会との対立を解決する方法に準ずる方法によることを考えるとともに、③首相と衆議院との協議により、重大政策について国民投票を行うことができる、といったことが挙げられよう。

最後者は、いわゆる半直接民主制的な構想を取り入れたものであるが、第二点は、具体的には地方自治法第一七八条で定められている対抗関係、つまり、地方議会の首長不信任議決とこれに対抗するかたちで首長に認められた地方議会解散権という解決方法を念頭に置いたものであろう。そのため、中曾根氏の首相公選制論は、「端的に大統領制ときめつけるわけにはいかない」と分析されることになるが[13]、地方自治法の論理によれば、憲法第六九条に見られるいわゆる対抗的解散のみが許されるのであって、現行憲法の下で確立されているような憲法第七条のみによる「裁量的解散」の余地はない。また、解散後の新議会による不信任再議決は必ず首長の失職をもたらすというものであるから、そうした理解はあまり説得的でないように思われる。

三　首相公選制論の評価と意味

1　憲法調査会における批判意見

こうした首相公選論は、いわば「国民の底辺から積み上げる強力な、安定した民主主義」という基本的立場に基づくものではあるが、それに対する賛否の論議は、『憲法調査会報告書』六一五頁以下及び憲法調査会第三部会による『国会・内閣・財政・地方自治に関する報告書』一六六頁以下に詳しく紹介されているので、ここでは省略する[14]。一言だけ、総括的にいえば、ここでの論議は議院内閣制か大統領制かという論点に集中し、議会・政府関係にのみ視点が優越している感がある。いわば権力分立モデルに支配されているわけであるが、その限りで、ここでの論議は議院内閣制と大統領制との制度的得失を考えるにとどまっていたといえよう。

ただ、一七名の憲法調査会委員有志による「憲法改正の方向」と題する共同意見書[15]は、「憲法改正による現行議院内閣制の補正、強化はぜひ必要である」としつつ、「議院内閣制か大統領制かをただ制度論的に論じることはナンセンスだ」として、制度論的・政治体制論的な見地や国民統合の議論、歴史的伝統・習慣などのほか、独裁制の危険などをも指摘して、首相公選論を批判しており、注目されるところである。

2　今日的な意義と評価

(1)　もっとも、当時においても、故芦部信喜教授の「首相公選論[16]」に見られたように、首相公選論のもつ民主主義的な契機に着目し、「従来の護憲・改憲の対立とは別な次元で検討さるべき重要な論点が含まれ……わが国の政治制度の改革方向に、一つの問題を提起している」とする受け止め方もあった。その問題提起とは、前記の新たな議院内閣制の議論と通じるものがあるという認識に基づくのであろうが、これは、先に述べたように（一―1参照）、議院内閣制の問題をむしろ国民と政府との関係として再構成しようとする試みと言ってよい。

(2)　さて、中曾根氏による首相公選制論の提唱については、憲法調査会および自民党の改憲派の内部に分裂を持ち込んだものと評価する論者もある[17]。だが、こうした診断を別としても、現在の時点において首相公選論についてはさまざまな反応が見られる。

すなわち、前記の憲法調査会における論議はここで繰り返さないが、最近の論考としては、例えば百地章教授の「首相公選制について[18]」という論考がある。これは、議院内閣制か首相公選制かという点については、憲法調査会における論議以来しばしば繰り返された首相公選制にともなう難点――国会多数派と首相多数派とが一致しない場合および国会と首相が決定的に対立した場合の国政上の混乱・停滞――は一応クリアできるとするが、首相の選出方法としての公選制には人気投票になるおそれがあるなど慎重に検討すべき点があると同時に、天皇制との関係でも問題が多いとする（最後者の点に関しては、後で改めて取り上げよう。四―4参照）。

他方、池田実教授の「首相公選論二〇〇Xに向けての予備的考察[19]」という論考は、「首相公選論の本質は、大統領制の採用ではなく、直接民主制原理の導入という点にある」――これはつとに小林昭三教授の指摘されたところでもある――とするが、同時に首相公選論の主な要素は「直接選挙」であり、これが国民の政治意識の活性化につながるという評価を下しているようである。しかしながら、直接「選挙」制はあくまで代表制の論理を前提としたものであるから、国民意思の直接的な貫徹を欲する直接民主制の原理との間には大きな溝があるのではないか。この点についても、しかし、後に改めて論述することにしよう（四―3参照）。

なお、中間的立場としては、例えば、最近の北岡伸一教授による「国家の弁証――二一世紀日本の国家と政治」という論考における批評を挙げることができよう。そこには、「有能な人材を行政官に起用できる」ことを首相公選制のメリットの一つに挙げ、「したがって、公選待望論の出所のひとつは霞が関である」とする興味ぶかい指摘が見られるが、結局のところ、首相公選論はメリット、デメリットが相半ばするとして、首相公選制度の「細部まで具体化しなければ是非はいえない」とする。[20]

しかし、すでに見たように、代表的論者である中曾根氏の首相公選制などは、少なくとも現行憲法の規定程度には具体化されているのであって、より細部にわたる設計図まで要求することは、国政上の慣行として結実すべきところまで示すことを求めるに等しいもので、必ずしも適切ではないように思われる。

四　首相公選制論の問題点

1　大統領制論と議院内閣制論

前記のように、最も代表的な中曾根氏の「首相公選論」は、実は、議院内閣制を前提とした首相公選論ではなく、むしろそれを廃止しようとするものであって、紛れもなく大統領制論の系譜に属している。

ところが、その構想に寄与したといわれる前記の小林昭三教授による憲法改正試案[21]は、内閣の対国会責任制を削るなどの点で中曾根試案と同じ方向を示しているものの、行政権を内閣総理大臣に属するとする点、衆議院の内閣不信任決議・内閣総理大臣の辞職・衆議院の同時解散という一連の過程を認める点などにおいて、むしろドイツ連邦の採用する宰相責任制型の議院内閣制を採用するもののようであり、中曾根氏の改革構想とはかなり趣を異にしている。

そして、伝えられるところによれば、小泉元首相も――首相就任前の発言ではあるが――「国会には内閣を不信任して、総辞職させる権限を与えるべきだ」という立場のようである。[22]そうだとすると、その思想は基本的にはこの小林試案の系譜に属するものとみてよいが、かつて首相公選制論者とみられていた自民党の山崎拓氏も、最近の著作において、「首相公選制とは大統領制である」とし、「首相公選制導入を唱えている人の考え方の根底には、大統領制があるはずだが、導入後も『天皇』をある種の元首として戴く前提でいるので、大統領制とは呼ばないだけのようだ」として、議院内閣制であっても、政党政治が正常に機能していれば、国民のための政治は実現できるとされる。[23]この論述からみる限り、山崎拓氏は明らかに従来の立場を変更されたように思われる。

2　首相多数派と議会多数派とのねじれ

高橋和之教授は、いわゆる均衡型の議院内閣制を支持し、首相公選制という用語については、「議院内閣制を基礎に、ゆえに議会による内閣不信任と内閣による議会解散権の存在を前提にして、その上に首相の公選を導入した制度を指すのに使うほうが紛れがない」とした上で、次のように問題点を指摘している。[24]

この制度は、国民に政治の基本政策とその担い手の選択を可能とする点で、現代民主政治の要請に応えうる面をもち、その限りでは国民内閣制論と狙いを共通にするが、しかし、この制度が内包する最大の問題は、首相の属する党派と議会の多数派の党派の食い違いが生じうるという点にある。それをできるだけ回避するために、首相と議員の選挙を常に同時に行うことにする必要があるが、それでも有権者が首相と議員の選挙で異なる政党に投票するという交差投票を禁止することはできないから、ねじれ現象を完全になくすことはできない。ねじれ現象が起こった場合、それが解消されるまで内閣不信任あるいは議会解散を通じて選挙を繰り返すのは、交差投票を選んだ選挙民の意思を無視する意味をもつから、不信任権あるいは解散権の何らかの制限が必要となろうが、そうなれば党派の異なる首相と議会のある程度の共存が図られねばならず、それを可能とするシステムを予め考えておく必要がある。

実際、この問題はかなり重要であって、そのため、すでに見たように、首相公選制論者は、必ず首相選挙と衆議院議員総選挙とを同時に行うことを提案しているのであるが、この点に関しては、実施後わずか五年で幕を閉じたイスラエルの首相公選制の「蹉跌」にも学ぶべきものがあろう。そこにはいろいろな要因が働いたにしても、選挙民は同一党派の首相と議員に投票するストレート・チケットの方向に走ることなく、二票を分断して投じるスプリット・チケットの方式を選択するという行動に出ることへの配慮に欠けていたことが、最も問題視されているのである[25]。むろん、これとは逆に、ねじれが生じなかった場合には、議会多数派に支えられた直接公選の首相がきわめて強大な権力を手中にすることになろう。こうした事態にそなえて、議会少数派に相応の権利を認めるということも、抑制と均衡を重視する憲法制度にとっては重要な課題というべきであろう[26]。

3　直接民主制的な契機とは何か

中曾根氏をはじめ、小林昭三・池田実の両教授に代表される首相公選制積極論者は、モーリス・デュヴェルジェ教授の「直接的民主制」という考え方にしたがって、「直接民主制のメルクマールが国民投票による政府首長の選出に求められた点[27]」を重要視する。それは、要するに、公職者の選出という点に「直接民主制的契機[28]」を求めようとする議論のようである。実際、中曾根意見によれば、「政府の首長の選任の方法について、直接民主制と媒体民主制を区別できる。媒体民主制は国民がみずから普通選挙によって政府の首長を選ぶのではなく、議会が政府の首長を選ぶ方法である。イギリスの場合には、総選挙の効果が政策の決定や首相の選任に直結しており、実質的には直接民主制というこことができ、この意味ではアメリカと同じである。」[29]という。

しかし、そもそも直接民主制・間接民主制という枠組みは、公民団として組織化された国民と議会との組織・権限上の関係を示すために用いられてきたのであって、国民と政府との関係を指し示すものではない。[30]したがって、直接民主制の契機は、基本的には議会の審議・決定との関係において、国民発案・国民表決といった制度を通して表れるのが筋であるが、その用語を政府との関係において用いるとしても、最低限、政府の政策決定そのものに対する国民の意思表明という要素に着目したものでなくてはなるまい。

むろん、人はしばしば、間接選挙制で選出されるアメリカ合衆国大統領は、今日、事実上、直接選挙制で選ばれるのと等しい、と言う。だが、そのことから、アメリカ合衆国の政治制度は、間接民主制でなく直接民主制を採用しているとは決して言わないはずである。その点において、デュヴェルジェ教授の「直接的民主制」の考え方は独特なものであることを念頭に置いておく必要があろう。

確かに、国民が国政の最高指導者の選出に、直接かかわったという実感をもつことができるというのは、現代の民主政治のあり方にとって大事なポイントではある。けれども、民主制の原理にしたがい、国民意思の直接的な実現を企図するというのであれば、国政の担当者の選出に着目するのでなく、むしろイニシアチブ（国民発案）やレファレンダム（国民表決）といった、国の政策それ自体に対する賛否を国民がみずから表明できる制度を導入すべきことに目を向けるべきであろう。

4　その他の問題点

なお、しばしば問題とされてきた首相公選制と天皇制との関連についていえば、今日においてはとくに問題はないという立場が多いようである。それは、古典的には中曾根氏の次のような議論に代表されると言ってよいであろう。[31]

首相公選制が天皇制と矛盾するのではないかとの疑問があるが、そうではない。天皇は精神的・歴史的な意味での国民統合の象徴であり、国の全体を覆う社会的存在である。公選首相はこれとは別個の政治的事項についての機能的統合の中心たるべきものである。天皇も公選首相もともに国民統合に寄与するが、公選首相は天皇のもとで国民統合の一部を分担する役割を果たすにすぎないから、首相が天皇を侵すということはありえない。

こうした考え方に対し、国民統合の実体を破壊するおそれがあるという、従来からの反対論があるのはもちろんであるが、先に述べた百地教授の「首相公選制について[32]」という論考に代表されるような慎重論もないではない。つまり、「一見非政治的存在でありながら、名目上の統治権者として絶えず政治とのかかわり合いを持ち続けてきたからこそ、天皇は政治的権威でもありえた」という伝統的天皇制に対する認識・考察に欠けるところがある、というのである。興味ぶかい指摘ではあるが、私には今のところ、その点について的確な判断を下すだけの用意がない。

おわりに

いわゆる首相公選論は、本来、いわゆる二大政党制と小選挙区制とが首尾よく機能するようになっていれば、その存在理由を次第に失っていく運命にあったはずである。このたびの小泉首相の誕生で、いわゆる首相公選論が再び紙面を賑わすようになった時、数年前ある月刊誌の記事を飾った「首相公選制は必ずよみがえる」との見出しを思い起さずにはいられなかったが、このことは、一九九四年（平六）に成立したいわゆる政治改革関連四法――とくに選挙制度改革――が未だ所期の成果をもたらしていないことを、如実に物語っているようである。[33]

先般の司法制度改革審議会の答申によって、長年の懸案であった司法制度改革もようやくスタートラインまで辿り着いたかに思われる。したがって、いわゆる統治構造改革のゆくえは、この方面における作業の進展いかんにも関わっていることになるが、いわゆる国会改革の問題を含めて、どのような統治構造を構想し、どういう形で実現するかは、その意味において、なお追求されるべき重要な課題であり続けるにちがいない。

(1) 大石眞『立憲民主制』（信山社、一九九六年）一八五頁参照。
(2) 高橋和之「内閣」共著『憲法Ⅱ〈第三版〉』（有斐閣、二〇〇一年）一五七頁。
(3) その点については、行政法制研究会「首相公選論」判例時報一四三八号（一九九三年）三四頁以下が要領よく伝えてくれる。
(4) 小林昭三「『国会の議決』による首相『指名』手続についての試論――憲法第六七条一項に関する解釈と提案」早稲田政経学雑誌一九二号（一九六五年）二九頁以下（とくに五一頁以下参照）、同『首相公選論入門』（成文堂、一九七〇年）一六七頁以下。
(5) 大石『立憲民主制』一二二頁参照。
(6) 清宮四郎＝佐藤功編『続憲法演習』（有斐閣、一九六七年）一八四頁以下。
(7) 憲法調査会事務局『日本国憲法改正諸案』憲資・総三九号（一九五九年）三二九頁以下。
(8) 『正論』一九九七年七月号一三八頁以下に所載。
(9) その意味は、後の「中央政治機構の大綱」によれば、「三選を禁止する」趣旨のようである。
(10) 宮澤俊義『憲法〈改訂版〉』（有斐閣、一九六九年）三一五―三一六頁。
(11) 前掲『正論』一三五頁参照。
(12) 憲法調査会『憲法調査会報告書』（一九六四年）六二一頁以下（原案〈国会・内閣部分〉は黒田覚により作成されたもの）、及び〈憲法調査会報告書附属文書一号〉同『憲法調査会における各委員の意見』（一九六四年）三〇〇頁以下参照。なお、同書二八七頁以下の「中曽根康弘委員の意見」は、中曽根康弘『二一世紀日本の国家戦略』（ＰＨＰ研究所、二〇〇〇年）一七二頁以下に所収。
(13) 百地章「首相公選制について」比較憲法学研究六号（一九九四年）一一一頁。

(14) そのほか、吉村 正編『首相公選論――その主張と批判』(弘文堂、一九六二年)に収められた諸論稿を参照されたい。
(15) 憲法調査会『憲法調査会における各委員の意見』五七一頁以下所収。
(16) 芦部信喜『憲法と議会政』(東京大学出版会、一九七一年)三四五頁以下所収。
(17) 渡辺 治『日本国憲法「改正」史』(日本評論社、一九八七年)四〇〇頁以下。
(18) 百地「首相公選制について」一一〇頁以下。
(19) 憲法政治学研究会編『憲法における東西事情』(成蹊堂、二〇〇〇年)二八頁以下所収。
(20) 『アステイオン』五五号(二〇〇一年)一〇頁以下所収。
(21) 小林昭三『私の「憲法」気質』(成文堂、一九九五年)七四頁以下。
(22) 安広欣記「揺れる永田町」国会月報六二七号(二〇〇一年)二二頁以下。
(23) 山崎 拓『憲法改正』(生産性出版、二〇〇一年)一三六頁。
(24) 高橋「内閣」前掲書一五七-一五八頁、同「議院内閣制――国民内閣制的運用と首相公選論」ジュリスト一一九二号(二〇〇一年)一七六頁以下。
(25) 池田明史「イスラエルの首相公選制度とその蹉跌」議会政治研究五八号(二〇〇一年)七一頁以下、中村 宏「首相公選制についての予備的考案」神戸学院法学三一巻一号(二〇〇一年)五二頁以下など参照。なお、その導入過程については、池田明史「イスラエルの議会と選挙――一連の国政改革の動きを巡って」議会政治研究二四号(一九九二年)四六頁以下に詳しい。
(26) 高橋「議院内閣制」一七八頁も、同様の問題点を指摘する。
(27) 小林昭三『政治制度の思想』(成文堂、一九六八年)二二六頁。
(28) 小林『首相公選論入門』一八二頁。
(29) 憲法調査会第三部会『国会・内閣・財政・地方自治に関する報告書』一六七-一六八頁。なお、憲法調査会『憲法調査会における各委員の意見』二九八頁参照。
(30) この点については、大石『立憲民主制』九五頁以下、一四六頁以下参照。
(31) 憲法調査会『憲法調査会における各委員の意見』二九九-三〇〇頁。同『憲法調査会報告書』六二〇-六二一頁参照。
(32) 百地「首相公選制について」一二〇頁以下。
(33) 前掲『正論』一二三頁。

3　内閣法制局の国政秩序形成機能

はじめに

わが国の国政秩序における内閣法制局の役割・機能については、衆知のように、政界・官界・マスコミなどの間でいろいろな評価がある。話を狭い学界に絞ってみた場合でも、とくに立法過程研究の観点からみて「わが国の立法のゲートキーパー[1]」と言われたり、その違憲立法審査機能に着目して「第二の最高裁判所」または「第一次違憲裁判所[2]」と評言されたりすることもある。しかし、一方では、その厳密な審査機能によってこそ、わが国の「法的安定性が確保されている[3]」といった肯定的な評価も与えられている。

いずれにしても、そうした評価は、内閣法制局がわが国の国政秩序のあり方にとって重要な役割を果たしていることを表している。本章では、そのような立法・違憲審査といった特定の機能に着目するのでなく、「国制知」、すなわち「国家の構成と諸制度――国制――を構想し……その支柱となって運営していく知的営み[4]」という観点から、内閣法制局をその有力な担い手と位置づけ、むしろ国政全体におけるその秩序形成機能を検討してみようとするものである。

ここにいう国政秩序は、憲法秩序と言い換えることもできるが、言うまでもなく、それは憲法典の諸規定だけでなく、憲法判例、そして憲法典の実施に不可欠な憲法附属法――実質的意味の憲法に属する国政上の規範を含んでいる通常の議会制定法を意味する——などから成り立っている。[5]なお、国民の権利の保障という点に着目すると、さらに所定手続を経て国内法化された人権条約についても、憲法秩序を形づくる要素として加える必要があろう。しかし、本章ではこのような憲法法源の特有の問題にはこれ以上立ち入らない。

一　内閣法制局の所掌事務と憲法体制

1　明治憲法下の事務

現在の内閣法制局は、遠く明治初年の太政官制における正院法制課の流れを引くが、その原型は、とくに一八八一年秋の「明治一四年の政変」の後に設けられた、日本版コンセイユデタである参事院に見出されるといってよい。[6]その間の権限事務の内容は、時代に応じて少しずつ異なり、明治憲法の制定後も、法制局が行うべき事務の内容は異なってきたが、明治憲法下の所管事務は、基本的に一八九三年の法制局官制（明治二六年勅令一一八号）によって定められていた。そこには、①「内閣総理大臣ノ命ニ依リ法律命令案ヲ起草シ理由ヲ具ヘテ上申スルコト」、②「法律命令ノ制定、廃止、改正ニ付意見アルトキハ案ヲ具ヘテ内閣ニ上申スルコト」、③「各省大臣ヨリ閣議ニ提出スル所ノ法律命令案ヲ審査シ意見ヲ具ヘ又ハ修正ヲ加ヘテ内閣ニ上申スルコト」、④「前諸項ニ掲グルモノノ外内閣総理大臣ヨリ諮詢アリタルトキハ意見ヲ具ヘテ上申スルコト」（一条一～四号）として、法令起案権・法令審査権・意見上申権などが明記されていた。

このように、明治憲法の下では、まず、法制局は、内閣ではなく内閣総理大臣の補助機関と位置づけられていた点、また、法制局官制では、現行制度のように条約審査権が明文化されていなかった点などに注意する必要がある。このうち、とくに注目すべきは、右の①に含まれる勅令起案権であって、これは、官制大権（明治憲法一〇条）と枢密院の権威を背景として、各省の組織、官吏定員の審査・査定などを伴うことから、法制局が強い各省統制権を通して内閣補助機能を発揮する根拠となったものであり、この点については多くの証言がある。(7)

2　第二次世界大戦後の事務変化

このような所管事項が大きな変化を遂げたのは、敗戦直後の法制局官制の改正（昭和二〇年一一月二四日勅令六四六号）によってである。つまり、上記の伝統的な事務に加えて、新たに「官吏制度、行政組織其ノ他統治機構ニ関シ調査、審議及立案スルコト」と「法律命令ノ施行状況ヲ考査スルコト」とが設けられたのである（一条一号・五号）。前者の統治機構に関する調査・審議・立案事務は、当時発足したばかりの憲法問題調査委員会――いわゆる松本委員会――などの作業を念頭に置き、憲法改正問題とそれにともなう法令整備に備える意味をもつが、後者の法令施行状況の考査事務は、例えば「戦時法令ノ整理ニ関スル件」（同年九月二五日閣議了解）などに示された法令改廃作業を引き受けるだけでなく、明治憲法下の法令全般の見直しを図る意味をもつことになる。

ところが、新たに付加された「官吏制度、行政組織其ノ他統治機構」の調査等の事務の主要部分、すなわち官吏制度・行政組織などの調査・審議・立案事務については、翌年秋、別途、内閣に「行政調査部」が設けられ、ここで「行政機構及び公務員制度並びにその運営の全面的且つ根本的改革に関し必要なる事項の研究及び調査並びに立案を掌る」ものとされた（昭和二一年九月六日閣議決定）。その正式な発足は、二ヵ月半後の行政調査部臨時設置制（昭和二一年一〇月二八日勅令四九〇号）によってであったが、これは、憲法附属法などの法案要綱を調査検討していた臨時法制調査会――政府の憲法改正案が衆議院特別委員会で審議されていたときに設けられた――の答申が吉田首相に提出された二日後のことであった。

この行政調査部の設置は、表面的には、以後の法制局における調査立案作業が膨大なものになることが予想されたために説明されるが、その背後には、法制局の権力の肥大を警戒する総司令部（GHQ）民政局の強い要請があったことは確かであろう。(8)

二　現行憲法制定前後の役割

1　憲法制定前後の作業

一九四六年（昭二一）から翌年五月にかけて行われた現行憲法や各種憲法附属法の起草・制定の過程において、法制局が、日本政府を代表する形で総司令部（GHQ）と頻繁に折衝を重ねるとともに、議会審議に際しての答弁資料として各種の「想定問答」を作成したこと、(9) そして、現行憲法の確定前後から、明治憲法の制定の時と同じように、明治憲法下の諸法令が新憲法に適合するかどうかの審査を行っていたことなど(10)は、今日広く知られている。

この作業は、一九四六年三月一二日の閣議決定で設置されることになった臨時法制調査会の調査検討と前後する形で進められる。そして、調査会の第一回総会（七月一一日）の席上で配布された「憲法を施行するために制定又は改正を必要とする法律案の件名概略」は、「一、制定又は全部改正を要するもの」（一六件）、「二、一部改正を要するもの」（二四件）、「三、廃止を要するもの」（皇室典範・行政裁判所法の二件）というように整然と区分されており、(11) そこでの緻密な作業ぶりをうかがわせる。

この臨時法制調査会は、同年一〇月二六日に答申を提出するまで、「憲法の改正に伴ひ、制定又は改正を必要とする主要な法律について、その法案の要綱を示されたい」という吉田総理の諮問に応えるべく、集中審議を行うことになるが、ここに法制局メンバーが参画し、その運営に当たったことを見ても、「国制知」の現実的な担い手としての法制局の役割を知ることができよう。

2　臨時法制調査会への影響

同調査会は、形式上、皇室・内閣関係（第一部会）、国会関係（第二部会）、司法関係（第三部会）、そして財政その他（第四部会）に分かれていた。けれども、第三部会は先行して設けられていた司法大臣の諮問機関である「司法法制審議会」が兼ねていたため、臨時法制調査会の会議記録としては第三部会を除くものが残されることになる(12)。

ここで見逃せないのは、内閣制度関係を扱った第一部会の構成である。ここには、帝国議会議員・学者などと並んで佐藤達夫（法制局次長）が委員として参加すると同時に、入江俊郎（法制局長官）、井手成三（第一部長）、宮内乾（第二部長）、今枝常男（第三部長）、鮫島眞男（筆頭参事官）といった法制局の主要メンバーが、部会の幹事長または常任幹事として加わっていた。そして彼らが、その審議・立案に強い影響を与えていたことは、多言を要しないであろう。

臨時法制調査会は、一〇月二六日に合計一九件の法案要綱からなる答申書を提出したが、その内訳は、第一部会がまとめた法案要綱として皇室典範改正法案・皇室経済法案・内閣法案・行政官庁法案・官吏法案の五件、第二部会によるものが国会法案・参議院議員選挙法案の二件、第四部会の検討結果は財政法案・訴願法中改正法案の二件で、第三部会（司法法制審議会）によるものが、裁判所法案・検察庁法案・行政訴訟に関する特則案・裁判官国民審査法案・裁判官弾劾法案・民法中改正法案・刑法中改正法案・刑事訴訟法改正法案・刑事補償法中改正法案・基本的人権保護法案の一〇件と最も多かった。

このうち、両議院の自律権の問題に関わる国会法案は、その後に独自の展開を見せ、また、第三部会に関わるものは司法省を中心に法案化されるが、内閣法案・行政官庁法案・官吏法案などは、法制局を中心に法案化されることになる。

三　現行憲法体制と内閣法制局

1　法制局の位置づけの変化

法制局は、総司令部の強い意向によって内務省とともに解体され、一時期、内閣から離れて、各省と同次元に位置する法務庁となり（同庁設置法〈昭和二二年一二月一七日法律一九三号〉による）、次いで法務府（同法一部改正法〈昭和二四年五月三一日法律一三六号〉による）の一部局になったこともあった。[13]

一九五二年（昭二七）、占領管理体制の解除とともに法制局は再建されたが（八月一日）、この間にその法律上の位置づけが相当変わっていたことに注意しなくてはならない。すなわち、まず、制定当時の内閣法では、「内閣に、内閣官房と法制局を置く」とされて、法制局は、内閣官房とともに内閣直属の補助機関であることが示された上で、「内閣提出の法律案及び政令案の審議立案並びに条約案の審議その他法制一般に関することを掌る」ものとされ、さらに、「政令の定めるところにより、内閣の事務を助ける」機関であると位置づけられていた（一二条）。この内閣法の立案過程では、条約案について、その審査権だけでなく立案権までも明記されていたが、「条約案の審議と書いた為に交渉の過程の草案や修正を一々法制局の審議に付しなければならないと言ふのであっては、曾て枢密院のために外交の迅速なる運営に支障を来した様なことになる惧れがある」と主張する外務省の強い反対に遭って、結局、条約に関する立案事務は途中で削られたという経緯がある。[14]

しかし、前記のように、法務庁の設置にともなって、法制局に関する規定は内閣法及び行政官庁法からすべて削られ、法制局は法律上まったく姿を消すことになった（昭和二二年一二月一七日法律一九五号による）。そこで、再建された法制局は、内閣法第一二条にいう「別に法律の定めるところにより」置かれた「必要な機関」として、内閣の事務を助ける役割を担うものと位置づけられ、これをうけて法制局設置法〈昭和二七年七月三一日法律二五二号〉が制定されたのである。これからさらに一〇年後、法制局は、議院法制局との関係から「内閣法制局」と改称され〈総理府設置法等一部改正法〈昭和三七年四月一六日法律七七号〉による〉、今日に至っている。なお、改正前の内閣法では審査事務と立案事務とは一体として規定されていたが、再建後の内閣法制局では、以下に見るように審査事務と立案事務とが分離されて規定されている。

2　立案事務と国会答弁

現行法上、内閣法制局は、①「閣議に附される法律案、政令案及び条約案を審査し、これに意見を附し、及び所要の修正を加えて、内閣に上申すること」〈審査事務〉、②「法律案及び政令案を立案し、内閣に上申すること」〈立案事務〉、③「法律問題に関し内閣並びに内閣総理大臣及び各省大臣に対し意見を述べること」〈意見事務〉、④「内外及び国際法制並びにその運用に関する調査を行うこと」、そして、⑤「その他法制一般に関すること」を所掌事務とするものとされている〈内閣法制局設置法三条一〜五号〉。

これらの事務は、しかし、同じ比重をもっているわけではなく、また、所定事務に必ずしも厳密には当てはまらないものも見出される。

(1)　まず、実際上、起案上申権に基づく立案事務の占める割合がきわめて少ないことは、よく知られている。もちろん、内閣法制局みずから立案に当たったとされる奄美群島の復帰に関する法律案のような例もないではないが、こうした例外を除けば、憲法上の独立機関の所管に属する事項の起案を挙げることができるにすぎない[15]。しかも、この例外に当たる会計検査院法の一部改正のような場合においても、会計検査院の事務当局が草案をつくり、内閣法制局で仕上げて、その起案というかたちで処理されてきたようである[16]。

(2)　次に、法律問題に関する国会答弁、つまり、政府統一見解の作成、国会における政府答弁の準備や答弁書の作成（法律問題に関する政府委員として国会答弁を行うことを含む）、両院議長から転送された質問主意書に対する答弁書の検討などの事務を、法令上どう位置づけるかは、微妙な問題である。これを端的に「意見事務」の中に含める見方もないではなく、[17]現在の法制局のホームページでもそのように表示されている。

しかし、内閣法制局設置法第三条三号にいう「法律問題に関し内閣並びに内閣総理大臣及び各省大臣に対し意見を述べる」という文言が、国会との関係において、そこでの答弁事務を含むと解するのは、やはり無理があろう。だからこそ、法制局自身の認識としては、もともと同局設置法にいう意見事務それ自体というより、むしろ上記の意見事務・審査事務を「その職務としている関係上」、法律問題に関する国会答弁といった事務も内閣法制局の「重要な職務の一部となっている」[18]という立場を示していたのである。つまり、意見・審査事務と密接に関係する付随的事務として位置づけられていたわけで、この方が収まりがよいように思われる。

さて、法律問題に関する政府答弁については、とくに「政府委員」制度が存続していた時代には、委員会や本会議において内閣総理大臣に対する質問が予想される場合に、内閣法制局長官の同席が求められることも多かった。現に、例えば、高辻正己長官の場合、内閣法制局在職中に六二回も政府委員に任命されたと伝えられる。[19]近年、いわゆる政治改革の一環として、政府委員制度は廃止されたものの、この後も、内閣法制局長官は、人事院総裁・公正取引委員会委員長などとともに、ほとんど常に「政府特別補佐人」（国会法六九条参照）として本会議又は委員会に出席を求められる例である。

3　審査事務とその実績

(1)　先に掲げた事務のうち、内閣法制局にとって大きな比重を占めているのは、いわゆる審査事務、すなわち「閣議に附される法律案、政令案及び条約案を審査し、これに意見を附し、及び所要の修正を加えて、内閣に上申する」事務である。この審査は、法律の規定にあるように、内閣上申・閣議付議の段階に行われるものではなく、現実には、担当各省における検討結果の段階で法制局に持ち込まれ、ここで「下審査」または「予備審査」という形をとって綿密に行われている。したがって、「閣議に付される法律案」、つまり主任の大臣が国会提出のための閣議決定を求める閣議請議案とは、実際には「内閣法制局の予備審査を経た法律案」（法制局ホームページの表現）なのであって、これについて形式的に最終的な審査が行われるにすぎないわけである。

ここに含まれる法律案・政令案・条約案の審査のうち、もっとも重要なのは内閣提出法律案（閣法）の審査であるが、件数だけをみると、政令案の比重がもっとも高く、条約案はきわめて少ない[20]。なお、条約が国会で不承認となった例はないが、外務省条約局との関係から、条約案の審査にはある種の特殊性が見られることは先に述べたとおりであり（1参照）、現在でも、他省の場合とは異なって、ある程度の時間的余裕をもって下審査に提出されることが常態とはなっていないようである。

(2)　いずれにしても、こうした審査事務の実績を過去十数年について示すと、図表V―1のようになる。この間の年平均をとると、閣法は一二九件、政令は四三五件で、条約を合せると六五〇件を超える年も何度かある。この数字は、平和条約発効後の十数年間にならぶ水準で、この間のさまざまな制度改革を背景としていることは、言うまでもない。政治・行政改革や司法制度改革などの重要な政策課題は、ほとんどすべて、内閣法・国家行政組織法・裁判所法その他の主要な憲法附属法の制定・改正問題として、閣法の中に盛り込まれたからである。

このように、政令案まで含めた審査件数は実に夥しい量になり、その事務は第二部ないし第四部に配属された参事官に厳しい作業を強いるものになっているが、とくに一九六〇年代は年間の閣法提出件数が優に二〇〇本を上回ることもあった。そこで、林修三長官時代の一九六三年（昭三八）九月一三日に、「内閣提出法律案の整理について」と題

図表V－1　審査事務件数

年	国会回次	閣法	条約	政令	備　考
1993（平５）	126（臨時）～128（臨時）	106	11	410	細川内閣
1994（平６）	129（通常）～131（臨時）	94	12	421	→村山内閣
1995（平７）	132（通常）～135（臨時）	119	25	439	→橋本内閣
1996（平８）	136（通常）～139（臨時）	111	8	352	
1997（平９）	140（通常）～141（臨時）	112	16	391	
1998（平10）	142（通常）～144（臨時）	133	20	423	→小渕内閣
1999（平11）	145（通常）～146（臨時）	198	17	436	
2000（平12）	147（通常）～150（臨時）	118	12	556	森内閣
2001（平13）	151（通常）～153（臨時）	127	9	443	→小泉内閣
2002（平14）	154（通常）～155（臨時）	175	18	407	
2003（平15）	156（通常）～158（臨時）	127	9	558	
2004（平16）	159（通常）～161（臨時）	147	22	429	
2005（平17）	162（通常）～163（特別）	113	11	393	

注）内閣法制局資料から作成。条約は国会承認件数。政令は交付件数を示す。

する閣議決定が行われ、次のような審査の基準が示されている。[21]

1　法律の規定によることを要する事項をその内容に含まない法律案は、提出しないこと。

2　現に法律の規定により法律事項とされているもののうち、国民の権利義務に直接的な関係がなく、その意味で本来の法律事項でないものについては、法律の規定によらないで規定しうるように措置すること。（以下、略）

3　単純に補助金の交付を目的とする規定を法律で設けないこととし、現存のこの種の規定については、廃止の措置を漸次進めるものとすること。（以下、略）

4　その趣旨、内容において密接な関連がある二以上の改正法律案であって、付託される常任委員会が同一であることその他の事情により統合することが適当なものは、統合して提出すること。

5　4に関連し、行政組織に関する法律案は、少なくとも各府省庁別に一括するものとすること。（以下、略）。

6　1、3または5によることができない特別の事情があるときは、各省庁は、その法律案の提出につき、理由を具してあらかじめ内閣官房長官に説明し、閣議の事前了承を経るものとすること。

7　許認可事務の整理その他行政の簡素化に対する国民一般の要請にこたえるため、当面内閣提出法律案の件数整理を図るとともに、長期的に現行法令の整理を検討し、推進すること。

この審査基準については、いくつか注意すべき点がある。まず、第三項にいう「単純に補助金の交付を目的とする規定」の意味が問題となるが、その適用基準を示したものが同時に決定されて、「単に助成的、奨励的な趣旨で補助金を交付することを内容とする規定」と説明され、これに該当しない「補助金について新たに立法しようとする場合においては、国の分任の趣旨を明らかにするとともに、法律規範として意義のあるものとするため、『補助する』又は『補助するものとする』と規定すること」を原則とすると述べている。

次に、上に示した最近の実績が示すように、審査基準は必ずしも所期のねらいを達成していないのではないかという疑問もないわけではないが、これは各種の制度改革にともなう一時的な現象と見ることもできよう。また、第二項に「国民の権利義務に直接関係」するかどうかの標識が登場することは、憲法学の立場からは、日本国憲法第四一条にいう「立法」の主要な解釈問題に関係するものとして注目されよう。

(3)　いずれにせよ、法制局による法令案の審査は、法律案については、憲法適合性および法秩序全体との整合性などの観点から、そして政令案――これには法律の委任を受けた場合と法律の執行のためのものとがある――については、親法である法律への適合性などの観点から、それぞれ行われるのは当然である。しかし、とくに前記の基準との関係からすると、国民の権利義務との直接的な関係の存否、その内容いかんが、「法律案の審査の大きなポイント」であると考えられている。[22] したがって、内閣の提出にかかる法律が成立し、施行された後に、最高裁判所によって違憲と判断されるような事態は、当然のことながら、ほとんど起こりえないわけである。

(4)　さて、このような内閣法制局における審査事務の作業については、人的な関係を通して、いわば「内閣法制局的体質[23]」というべきものが、新設された議院法制局などにも伝えられることになったことが指摘されている。ここで「内閣法制局的体質」と言われているのは、とくに「憲法の番人」という意識をもって立法構想の合憲性審査をおこなうという意味である。

実際、例えば、内閣の法制局長官であった入江俊郎は、初代の衆議院法制局長に就任しているし（一九四八年七月七日～五二年八月二六日）、同じく法制局第三部長だった鮫島眞男は、最高裁判所調査官を経て、衆議院法制局に転じ（一九四八年九月三日）、その第三部長・第二部長・第一部長を歴任した後、法制次長、次いで第四代法制局長に就任している（一九七二年七月一二日）。また、同じく法制局第二部長であった今枝常男も、最高裁判所調査官を経て、参議院法制局に移り（一九四八年一〇月二六日）、その第一部長・法制次長を歴任して、法制局長に就いている（一九六二年八月一三日～七六年六月四日）。

4　法制意見と司法・立法との対立

(1)　以上に述べた審査事務と並んで重要なのが、「法律問題に関し内閣並びに内閣総理大臣及び各省大臣に対し意見を述べる」という意見事務である。この中に、文書または口頭による法律的な意見の照会に対して答える意見回答事務も含まれているが、このうち各省庁からの照会に対して文書で回答するものは、とくに「法制意見」と呼ばれ、政府・行政部内では、最高裁判所の判例に対応する機能を有している。

こうした法律問題に関する回答事務[24]は、法制局の解体前後を通じて行われ、『法務総裁意見年報』に収められているが、これによると、一九四八年に一〇件、四九年に四五件、五〇年に八〇件、五一年は五〇件を記録している。そこには、例えば、「内閣総辞職の際の手続ならびに慣行について」（一九四八年三月一日）、「憲法第八九条の解釈について」（一九四九年二月一一日）、「行政法規に定める公務員の臨検及び収去の権限と憲法との関係について」（一九四九年七月二七日）というように、憲法解釈に関連する問題も多く、とくに最高裁判所が活動を開始して間もない憲法施行初期には、法制意見がいわば準判例的機能を果たしたことを示している。ちなみに、最後者は、もともと徳島県知事による最高裁判所事務総局行政局長あての照会が法務府法制意見第一局長あてに回送され、これに答えたものであった。

再建後の法制局も、同じように準判例的機能を果たすことになる。この点は、佐藤達夫長官が『法制局意見年報』の発刊に寄せた「われわれは訴訟事件に対する裁判官と同じような心構えで、慎重周到な用意をもってその審議に当たっている。法制局の意見は、法律的には各省庁に対する拘束力をもつものではないけれども、常にわれわれの意見が尊重されていることは、まことに喜ばしいことと思っている」という自負に満ちた序文の言葉から推し量ることができる。そのような心構えをもって作成された以後の法制意見の概要は、『法制局意見年報』および『内閣法制局意見年報』によって知ることができる。

(2)　そうした準判例的機能を積極的に発揮した代表的な例としては、郵政大臣官房電気通信監理官の照会に答えた一九六三年（昭三八）一二月九日付けの「通信の秘密について」（第一部長・山内一夫回答、『内閣法制局意見年報』一〇巻三五頁）や、労働省婦人少年局長の照会に応えた一九六六年（昭四一）八月二六日付けの「私企業におけるいわゆる女子若年定年制について」（第一部長事務代理・加藤泰守回答、『内閣法制局意見年報』一一巻五三頁）などを挙げることができよう。前者は、電話を利用した脅迫犯罪に際して、被害者の要請・同意により、捜査権がいわゆる逆探知を行うことは通信の秘密を侵害するものではないとする判断を示したもので、この分野の貴重な行政解釈として憲法概説書でも広く取り上げられている[25]。

後者については、すでに最高裁判所の判例も確立しているが（最判昭和五〇年八月二九日〈伊豆シャボテン公園事件〉、最三判昭和五六年三月二四日民集三五巻二号三〇〇頁〈日産自動車事件〉参照）、憲法第一四条などの基本権保障規定は国の行為を規律するもので、個人の雇用契約が直接に憲法違反になるものではないとする高辻正己長官時代に出された法制意見と、同氏が最高裁判事として参加し、基本権保障規定は私人間には適用されないとした三菱樹脂事件（最大判昭和四八年一二月一二日）の判旨とは、よく符号している。

(3)　しかし、法制意見と司法・立法との対応関係は、必ずしもそうした順接的な関係だけではなかったように思われる。この点で興味深いのは、公衆浴場法のいわゆる適正配置規制の問題に対するものであった。すなわち公衆浴場法の適正配置規制については、かつて福井県知事の照会に対する一九四九年（昭二四）一一月一八日付けの「県の規則又は条例による公衆浴場の新設制限について」（法制意見第一局長・岡咲恕一回答、『法務総裁意見年報』二巻三五四頁）において、距離制限制を設ける条例は、「公衆衛生上」の見地から設置場所の規制を定めていた当時の公衆浴場法に違反する旨の見解が示された。

しかし、福井県知事の照会は、もともと、浴場間の距離を法定して浴場新設を制限することは、「日本国憲法第二二条第一項の規定（職業選択の自由）に違反するのではないか」という「法令上の疑義」を含むものであった。しかし、どういう訳か、この憲法問題について法制意見は直接何も答えるところがない。そのためでもあろうか、後に議員立法によって、公衆浴場法第二条にいう営業不許可の事由について、「設置の場所が設置の適正を欠くと認めるとき」という適正配置要件を加える法改正が成立し（一九五〇年五月一七日）、これに対する最高裁判所の合憲判決も出された（最大判昭和三〇年一月二六日刑集九巻一号八九頁）。その後に制定された薬事法にも議員立法によって適正配置要件が盛り込まれ（一九六五年八月）、この改正法の施行とともに、広島県「薬局等の配置の基準を定める条例」が制定・施行されるに及んで（同一〇月一日）、再び憲法問題が顕在化することになる。そして、最高裁判所が適正配置要件を合憲とした広島高裁の判断を覆して違憲判決を出したことは（最大判昭和五〇年四月三〇日民集二九巻四号五七二頁）、衆知のとおりである。

(4)　法制意見は、しかし、いわば戦後法制の定着・国会審議の活性化・裁判例の増加といった状況を背景として次第に減少し、これと反比例するように、代わって口頭意見回答が増加することになる。その状況は**図表Ｖ—2**に示したとおりであるが、法制意見は一九五二年（昭二七）から六六年（昭四一）までの一五年間に約二〇〇件であったのに対し、口頭意見回答は、一九七〇年（昭四五）から八四年（昭五九）までの一五年間で九〇〇件を超えている（六九年以前の口頭意見回答の数は不明）。最近では、例えば、一九九四年（平六）に各省庁から照会された法律問題の処理件数をみると、記録として留められたものは二二件にすぎないが、軽微な事項についての照会はほとんど毎日あって、年間ベースで数百件になるという[26]。

このことは、『法務総裁意見年報』以来の『（内閣）法制局意見年報』が、一九六七-八年の意見を収めた第一二巻を最後に刊行中止となったことに象徴的に示されている。それは同時に、法制意見が果たしてきた準判例的機能の低下を意味しているが、具体的事件に対する司法部の判断を重視する「法の支配」の確立という視点からすると、ごく自然な帰結といってよい。

5　知的資源としての「参与」制度の位置づけ

さて、法制意見や各種の疑義に回答するに先立って、内閣法制局では、しばしば参与会の意見を聴いている。参与会は、ほぼ毎月一回、長官公邸で開かれているようで、先に述べた一九六六年（昭四一）八月の私企業における「女子若年定年制」の問題は、労働省婦人少年局長からの照会があった月にその議題とされているし（五月三一日）、前年の一九六五年八月、議員立法によって適正配置要件が盛り込まれた改正薬事法が成立して、条例が制定されたときも、その議題とされている（同年一一月二六日）。もちろん、その議論の内容まではわからないが、先にも述べたとおり（**4**参照）、最高裁判所は、適正配置要件を合憲とした広島高等裁判所の判断を覆して違憲判決を出している（前出・最大判昭和五〇年四月三〇日）。

そもそも、参与会とは、昭和三四年度予算要求によって一九六〇年（昭三五）に予算上の措置として設けられた制度である。その趣旨は、内閣法制局の「所掌の法律問題に関し法制局長官の諮問に答申させ、又は内閣並びに内閣総

図表V－２　法制意見と口頭意見回答の推移

年	法制意見	口頭回答	年	法制意見	口頭回答
1948（昭23）	10		1977（〃52）	0	34
1949（〃24）	45		1978（〃53）	1	22
1950（〃25）	80		1979（〃54）	0	26
1951（〃26）	50		1980（〃55）	1	42
1952（〃27）	14		1981（〃56）	0	52
1953（〃28）	46		1982（〃57）	0	35
1954（〃29）	33		1983（〃58）	0	14
1955（〃30）	8		1984（〃59）	0	28
1956（〃31）	22		1985（〃60）	0	24
1957（〃32）	10		1986（〃61）	0	22
1958（〃33）	21		1987（〃62）	0	11
1959（〃34）	11		1988（〃63）	0	41
1960（〃35）	8		1989（〃 1）	0	89
1961（〃36）	3		1990（〃 2）	0	52
1962（〃37）	3		1991（〃 3）	0	48
1963（〃38）	3		1992（〃 4）	0	55
1964（〃39）	0		1993（〃 5）	0	28
1965（〃40）	4		1994（〃 6）	0	23
1966（〃41）	7		1995（〃 7）	0	31
1967（〃42）	2		1996（〃 8）	0	47
1968（〃43）	6		1997（〃 9）	0	35
1969（〃44）	1		1998（〃10）	0	40
1970（〃45）	0	125	1999（〃11）	0	35
1971（〃46）	1	169	2000（〃12）	0	11
1972（〃47）	1	142	2001（〃13）	0	14
1973（〃48）	0	77	2002（〃14）	0	22
1974（〃49）	0	58	2003（〃15）	0	10
1975（〃50）	0	43	2004（〃16）	0	4
1976（〃51）	0	37	2005（〃17）	0	2

注１）口頭意見回答の数は、口頭照会のうちその意見回答が記録に止められた件数を示す。

２）『法務総裁意見年報』、『法制局意見年報』、『内閣法制局意見年報』、『内閣法制局百年史』のほか、同局提供の資料などにより作成。

理大臣及び各省大臣等に対する法令の解釈に対する意見の回答、法律案・政令案の審査立案、条約案の審査に当たり、学界等の権威者より助言と協力を受けるために五人の参与を設置」したいとするもので、この要求が認められ、制度化されたものである[27]。

この「参与」制度は、かつて美濃部達吉（東京帝大法科大学教授、兼任一九一一〜一九三四年）、山田三良（同、一九一五〜一九三〇年）、牧野英一（同、一九一四〜一九三八年）といった著名な学者を登用することができた、明治憲法下の「兼任参事官」制度に代わるものと位置づけられているが、後に法制局で活躍する今枝常男・井手成三・山崎丹照といった人々も、企画院調査官との兼任であった。

そこで、この参与会が法制意見などに対してもっている権威や影響力が果たしてどのようなものであるか、という点が気になるが、当局者の伝えるところによれば、「高度の法律的判断の必要とされる事案について意見を求めているが、必ずしもこの参与会の意見が内閣法制局の意見となる訳ではない[28]」という。

おわりに

以上に見たように、今日の国政秩序において、内閣法制局は、いわば憲法秩序の維持の機能を果たす一種の憲法保障機関として位置づけることができる。しかしながら、その「国制知」の担い手としての役割や機能を全体として語り、評価するには、さらに、一九八五年（昭六〇）、同局に設けられた「法令文平易化研究会」を通して進められた法令用語の改善と平易化に向けた地道な営為[29]などにも、よく目を向ける必要があろう。

もとより、法令用語の平易化への努力はすでに明治初期から存在し、明治憲法制定直後にも「法文を簡明にするは法治主義の基本なり[30]」と説かれたことがある。しかし、その実行は必ずしも容易ではなく、一九二六年（大一二）にも、

「法令は国民の準行又は利用する所なるに顧み、其の理解を容易ならしめんが為に平易明瞭、懇切周到を旨」とすべきことを説いた内閣訓令「法令形式ノ改善ニ関スル件」が出されていることからも、その難しさがうかがえる。とはいえ、法治主義の実質化にとって、法令用語の平易化が重要な鍵となることは、まず疑いのないところである。

さて、この十数年にわたる行政改革の歩みは、常に内閣機能の強化、その補助機能の強化という論議と結び付いていた。そうであるなら、意見事務・審査事務などを通して示される「国制知」の担い手としての内閣法制局の役割や機能は、その文脈でも再考されるべきものであった。しかし、このような視点はその歩みの中で必ずしも見られず、むしろ「政治主導」の掛け声は、その憲法・法令解釈を敵視するかのようであった。思うに、憲法保障や国政秩序形成の機能を裁判所の事後審査だけに求めるのは、果たして賢明な選択と言えるのであろうか。そのような疑問とともに本章を閉じることとしたい。

(1) 岩井奉信『立法過程』(東京大学出版会、一九八八年)五三頁。
(2) 五十嵐敬喜『議員立法』(三省堂、一九九四年)一〇七頁、五十嵐敬喜＝小川明雄『議会——官僚支配を超えて』(岩波書店、一九九五年)七二頁。
(3) 中島 誠『立法学』(法律文化社、二〇〇四年)七二頁。
(4) 瀧井一博『ドイツ国家学と明治国制』(ミネルヴァ書房、一九九九年)二頁。
(5) 大石 眞『憲法講義Ⅰ』(有斐閣、二〇〇四年)九頁。
(6) 大石 眞『日本憲法史〈第2版〉』(有斐閣、二〇〇五年)九三頁。
(7) 内閣法制局百年史編集委員会『証言 近代法制の軌跡』(ぎょうせい、一九八五年)八五頁、九七頁、一一六頁など。
(8) 岡田 彰『現代日本官僚制の成立』(法政大学出版局、一九九四年)八頁。
(9) 憲法について佐藤達夫『日本国憲法成立史〈第三巻〉』(有斐閣、一九九四年)四四七頁、内閣法について大石 眞『憲法史と憲法解釈』(信山社、二〇〇一年)一四三頁、皇室典範について芦部信喜＝高見勝利『皇室典範 日本立法資料全集1』(信山社、一九九〇年)三三頁、一八六頁など。

(10)　大石『日本憲法史〈第2版〉』二五五頁。
(11)　大石 眞「内閣法立案過程の再検討」法学論叢一四八巻五・六号（二〇〇一年）一一四頁。［同『憲法秩序への展望』（有斐閣、二〇〇八年）二一一頁以下所収］
(12)　大石 眞「裁判所法成立過程の再検討――憲法上の論点を中心として」園部逸夫先生古稀記念『憲法裁判と行政訴訟』（有斐閣、一九九九年）一六四頁。［同『憲法秩序への展望』（有斐閣、二〇〇八年）二八五頁以下所収］
(13)　以下については、内閣法制局百年史編集委員会『内閣法制局百年史』（ぎょうせい、一九八五年）一三六頁以下。
(14)　岡田・前掲書一六五頁、大石『憲法史と憲法解釈』一四七頁。
(15)　『内閣法制局百年史』二三五頁。
(16)　小島和夫『法律ができるまで』（ぎょうせい、一九七九年）九八頁。
(17)　中島・前掲書七〇頁。
(18)　『内閣法制局百年史』二八五頁。
(19)　『内閣法制局百年史』二八九頁。
(20)　一九五四年（昭二九）～一九九四年（平六）の約四〇年間の実績については、平岡秀夫「政府における内閣法制局の役割」中村睦男＝前田英昭編『立法過程の研究――立法における政府の役割』（信山社、一九九七年）二九八頁。
(21)　『内閣法制局百年史』二二九頁、内閣法制局編『法令審査事務提要〈Ⅰ〉』（内閣法制局、一九九一年）四三八頁。
(22)　山本庸幸「内閣法制局の審査」大森政輔＝鎌田 薫編『立法学講義』（商事法務、二〇〇六年）九二頁。
(23)　高藤 昭「議院法制局論」中村睦男＝大石 眞編『立法の実務と理論』（信山社、二〇〇五年）三五五頁。
(24)　『内閣法制局百年史』二六五頁以下参照。
(25)　例えば、小嶋和司『憲法概説』（良書普及会、一九八七年）二三三頁、佐藤幸治『憲法〈新版〉』（青林書院、一九九〇年）五〇七頁、大石 眞『憲法講義Ⅱ〈第2版〉』（有斐閣、二〇一二年）一二八頁など。
(26)　平岡・前掲論文二八三頁、二九四頁。
(27)　『内閣法制局百年史』三〇七頁以下。
(28)　平岡・前掲論文二八五頁。
(29)　山本庸幸『実務立法技術』（商事法務、二〇〇六年）三八九頁。
(30)　穂積陳重『法典論』（一八九〇年、復刊・信山社、一九九一年）一八五頁。

【その他の参考文献】

金子仁洋「内閣法制局の未解決問題」都市問題九六巻五号（二〇〇五年）
橘　幸信「議員立法の実際」大森政輔＝鎌田　薫編『立法学講義』（商事法務、二〇〇六年）
中村　明『戦後政治にゆれた憲法九条——内閣法制局の自信と強さ』（中央経済社、一九九六年）
西川伸一『知られざる官庁　新内閣法制局』（五月書房、二〇〇二年）
宮崎礼壹「立法実務サイドからみた法令平易化」松尾浩也＝塩野　宏編『立法の平易化』（信山社、一九九七年）

4　公務員制度改革をめぐる憲法論議
——公務員給与減額法案を中心に

はじめに——問題の所在

厳しい財政事情と東日本大震災への対応を背景に、二〇一一年の第一七七回国会（常会、平成二三年一月二四日～八月三一日）において、一般職の国家公務員について平均七・八％の減額支給措置を講ずるための「国家公務員の給与の臨時特例に関する法律案」（閣法七八号）——以下「給与減額法案」という——が、裁判官・検察官の報酬・俸給等に関する法律の一部改正法案（同七九号・同八〇号）などとともに衆議院に提出された（六月三日）。

同法案は、総務委員会への付託（八月二九日）の後、実質的な審査が行われないまま、国会の閉幕と同時に他の同趣旨の法案とともに継続審議となり、短期間の第一七八回国会（臨時会、九月一三日～同月三〇日）を経て、一〇月二〇日に召集された第一七九回国会の議案となっている。だが、もともと、この国家公務員給与臨時特例法案は、人事院による給与改定勧告というルートから外れたかたちで提出されたものであった。

他方で、人事院は、九月三〇日、現行法の規定に従って、例年通り、国家公務員の給与改定に関する勧告を国会・内閣に提出した。その内容は、一般職の国家公務員について平均〇・二三％引き下げるというものである。

一部には、このように人事院が勧告を行ったこと自体おかしいと批判し、その勧告を無視すべきことを内閣に求める向きもあったようである。権限ある国家機関が現行法の所定手続を経て提出したものをこのように難詰するのは、はなはだ理解に苦しむところがある。思うに、人事院勧告を国会にも提出する趣旨は、「財政民主主義」の要をなす国会の議決のための重要な判断資料を提供する点にあるのだから、そうした論難は、結局、国会の軽視につながりかねない。

なお、人事院勧告は内閣による給与改定法案提出の前提条件ではなく、その勧告を待たずして内閣は法案を提出できる、という議論もある。これは右の難詰ほど異様なものではなく、確かに検討に値する論点を含んでいるように見える。

これをめぐっては、内閣と人事院との間にも一幕の論争があったようで、新聞紙等でも、一〇月二六日に開催された衆議院内閣委員会において、人事院勧告の実施見送りは合憲か違憲か、野田政権と人事院がぶつかった、というかたちで報じられた。要するに、努力を尽くしたが実施されないのであれば、憲法の趣旨に反するとは断定できないとする主張（内閣法制局長官）に対し、公務員は労働基本権を制約されている代わりに勧告で給与水準が決まっているので、勧告が尊重されなければ憲法に抵触する問題が出てくるとの反論（人事院総裁）があった、というのである。

以上の論争をみると、内閣が人事院の勧告を実施しないことは認められるかという伝統的な論点と、先の給与減額法案のように人事院勧告を通さない措置は現行法上認められるか、という論点とが混在していることが知られる。

これに加えて、人事院は、そもそも巨額の財政赤字を抱えているような場合に、国の財政事情を考慮した上で給与改定勧告を行うことはできないかという、これも馴染みの問題を挙げることもできよう。ここでは、しかし、右に掲げた論点のうち、第二の論点に絞って問題を検討してみよう。

一　内閣の法律執行職務

そもそも、憲法第六五条によって内閣の権限とされている「行政権」がどのような意味をもつかについては、衆知のように、学説上いろいろな考え方がある。また、内閣の事務として憲法第七三条一号が掲げる「国務を総理し、法律を誠実に執行すること」のうち、「国務を総理」するという文言も、さまざまな解釈を許す余地がある。

しかし、少なくとも、「法律を誠実に執行すること」と定めることによって、憲法が、国会制定法である法律の執行を内閣の独自の裁量によって停止したり、その執行を怠ったりすることのないように求めていると解すべきことについては、まず異論がない。

もちろん、ここで「内閣の独自の裁量によって」と断ったのには、理由がある。というのも、憲法第八一条は国内法令の憲法適合性について最高裁判所に最終的な決定権を与えている。したがって、具体的な争訟事件において最高裁が法律のある規定について憲法違反という判断を下した場合、内閣はそうした法律の規定の誠実な執行を免除される、と考えざるを得ないからである。

ともあれ、法律の誠実な執行を内閣の職務として掲げた憲法の規定は、以上に述べた意味において、実は、当然に法律遵守義務をも含んでいる、と考えなくてはならない。そうでなければ、「法律による行政」はとうてい期待できないからである。そうだとすると、たとい一時的にではあっても、内閣が法律による拘束を免れたりすることは、憲法上、大きな問題を孕むことになる。

このことは、いわゆる政治主導が求められる時代にあっても、当然に当てはまる。その「政治主導」が何を意味するかは必ずしも明らかでなく、選挙で示された民意を背景として政治が政策を実現することであって、結局、国民主権と概ね同義であると説く人もいる。

もっとも、その場合でも、憲法の規定を遵守しつつ政策を実現することが予定されているはずである。そして、もし現行憲法の下では実現できない政策であるなら、国民主権を標榜する以上、国民投票による最終的な決着を定めた憲法改正（憲法九六条）の道を選ぶことも含意されているであろう。

二　給与法定主義と人事院勧告

さて、憲法は、同じく内閣の専担的な事務として、「法律の定める基準に従ひ、官吏に関する事務を掌理すること」を定め（七三条四号）、これをうけて国家公務員法は、「もつぱら日本国憲法第七三条にいう官吏に関する事務を掌理する基準を定めるもの」（法一条二項）として制定されている。

したがって、現行法上、内閣による国家公務員の掌理事務は、国家公務員法所定の手続と内容に従うことが求められる。それに従わないときは、たんに法律違反になるだけでなく、国政の基本法である憲法に対する違反という誹りを免れないことになる。

その国家公務員法は、公務員の権利・義務は法律で定めるという勤務条件法定主義の原則――同法第二八条の文言を借りるなら、「給与、勤務時間その他勤務条件に関する基礎事項」（一項）は法律で定めるべきこと――を前提として、法律に基づく給与の支給を義務づける給与法定主義を重要な内容としている。（六三条）。その際、法律に明記すべき俸給表は、「生計費、民間における賃金その他人事院の検定する適当な事情」を考慮して定めるとする、いわゆる官民均衡の原則も採られている。

このような勤務条件・給与法定主義は、同時に、国会が前記の「給与、勤務時間その他勤務条件に関する基礎事項」を「社会一般の情勢に適応するように」随時変更しうること（情勢適応の原則）をも含意している。これは、憲法第八三条が標榜する国会の議決に基づく財政処理の原則（財政民主主義）とも密接に関連している。

しかし、その際、前記の基礎事項の「変更に関しては、人事院においてこれを勧告することを怠つてはならない」ことが明記されている（二八条二項後段）。これは、国会の判断の拠りどころを人事院の勧告に委ねる趣旨と解されるから、いわば勧告前置主義を定めていることになる。

問題は、その意味であって、(a)その給与勧告が内閣による給与法改定法案の提出要件とされるのか、それとも、(b)給与勧告は国会の審議・議決の要件にとどまるのか、という点である。前者であるなら、人事院の勧告をまたずに提出された給与法案は、その手続自体により違法視されることになるが、後者であるなら、その国会審議前に人事院勧告があれば少なくとも手続上の問題はない、ということになろう。

人事院の公定解釈は、この点について、勧告を受け取った国会は、みずからの立法権に基づき、具体的手続を進めることも、もとより可能である旨を説いている。したがって、右の(a)ではなく(b)の考え方に立った解釈論が成り立つことを認めている。

これまでの実例では、しかし、右の(a)の立場で、つまり人事院勧告は内閣による給与法改定法案の提出に前置すべきものとして適用されており、内閣は、その勧告をまって給与関係閣僚会議でその取扱いを協議した後、給与改定法案を閣議決定して国会に提出することを常としてきた。

三　給与勧告なき給与減額法案

にもかかわらず、冒頭に述べた通り、このたびの給与減額法案は、人事院による給与改定勧告という常例ルートを迂回して、つまり人事院による給与勧告をまたずに、国会に提出された。

この措置は、内閣が、給与勧告前置主義の要求について、少なくとも(a)の考え方を採らないことを示したものとも言える。そうだとすると、従来の定着した実例を変えたわけであるから、相応の充分な説明を要するはずである。

他方、しかし、同法案の提出までに人事院の給与勧告は出ていなかった。してみると、内閣は、勧告前置主義の理解としてありうる(b)の考え方、つまり給与勧告は国会の審議・議決の要件にとどまるという前提にすら立っていないようである。このことは、実は、現行法が明文で要求する給与勧告前置主義の理解を根本から覆すという重大な意味をもっている。

ところが、給与減額法案の提出者は、この点についての認識を欠いているように思われる。すなわち、当時の総務大臣（片山善博）は、給与法定主義に触れつつ、「国会の決定に当たって、人事院の勧告というのは必ずしも必要事項ではありません。……人事院の勧告がなければ国会が動けないというわけじゃなくて、国会が決める……。その際に、必要があれば人事院が必要な勧告をするという、こういう仕組みになっております。したがって……人事院の勧告を待たずして国会に法案を出すということは法律上も問題ないと思います。」と述べている（二〇一一年〈平二三〉六月七日、参議院総務委員会会議録一七号一一頁照）。

この発言は、給与などの基礎事項の「変更に関しては、人事院においてこれを勧告することを怠ってはならない」とする勧告前置主義の意味について、「必要があれば……勧告をする」程度のものと取り違えていることを示している。それはまた、国家公務員法が前置主義を義務づけている給与勧告と、必要に応じてなしうる人事行政改善の勧告（二二条）や法令の制定改廃に関する意見の申出（二三条）などとの基本的な区別を忘れた議論でもある。

もちろん、先に紹介したように、人事院の公定解釈でも、その給与勧告が内閣による給与法改定法案の提出要件ではなく、国会の審議・議決の要件にとどまるとの立場が成り立ちうることを認めている。

しかし、その解釈も、国会が給与勧告を受け取ったことを前提として示されたものである。したがって、国会の審議・議決前に何らの勧告もないことが許される、つまり、給与勧告が国会審議に前置される必要はない、といった趣旨では決してないのである。

四　改革案の先取り実施の問題

さらに、当時の総務大臣は、同時に閣議決定して提出された国家公務員の労働関係に関する法律案（第一七七回国会閣法七五号）、つまり「国家公務員の労働基本権の回復を図るための法案……を先取りした形で今回組合と交渉をいたしました」（同頁参照）と経緯を述べて、問題の給与減額法案の提出について理解を求めている。その際、連合系の組合との間では合意に達したが、「国公労連」との間では合意に至らなかった事情も付言されているが、給与減額法案の提出日に出された人事院総裁の談話によれば、法案の閣議決定に至る過程で政府と職員団体との間で交渉が行われたが、一部の職員団体との間で合意に至ったものの、反対を表明している職員団体があるほか職員団体に属していない職員も多数いる、という。

そこにも問題点があるように思われるが、ここに紹介した議論は、未だ成立してもいない法案に依拠した先行措置を現行法所定の手続を無視するための根拠に転用しようとするもので、とうてい妥当とは思われない。こうした正当化の論理がもし認められるなら、現行法制の改革の名の下に各種の法案が国会の議決をまたずに通用することになって、これまた「国権の最高機関」たる国会を軽視するものとの誇りを免れないであろう。

すでに述べた手続問題のほかに、内容上の問題もある。というのは、情勢適応の原則を定めた国家公務員法は、人事院が「毎年、少なくとも一回、俸給表が適当であるかどうかについて」国会・内閣に報告することを義務づけ（二八条二項）、「俸給表に定める給与を百分の五以上増減する必要が生じたと認められるときは……適当な勧告をしなければならない」と定めているからである。

ところが、問題の給与減額法案は、法律公布日の翌々月から二〇一四年（平二六）三月三一日までの三年間にわたって支給減額措置を講ずるものである。そうだとすると、人事院が毎年必ず行うことを義務づけられている俸給表の適否に関する報告――実際には給与勧告に際して行われ、一般職給与法第二条にも根拠を置く――の意味を失わせることにならないか、という疑念を拭い去ることもできない。

おわりに――法治性と国家性

そもそも、現行の人事院による給与勧告制度は、国家公務員の労働基本権の制約に対する代償措置機能を果たすものとして、最高裁判所によっても、その憲法上の意義を認められたものである。したがって、その代償措置機能が十分に発揮されるのでなければ、国家公務員の労働基本権の制約それ自体に対する重大な憲法上の疑義が呈されるのは当然のことであろう。

このたびの給与減額法案の提出に際して、政府も「現在の人事院勧告制度の下では極めて異例の措置」である旨を明らかにしたが（内閣総理大臣談話）、異例の措置だからといって現行法を迂回してよい理屈は、どこにもない。

かつて宮城県沖地震を体験し、後に阪神・淡路大震災を近くで見聞し、二〇一一年の震災も東京で一種の帰宅難民として過ごした者として、私は、震災対応のために速やかに各種措置が執られることを心から願っている。ここで私が述べたいことは、そうした積極的に発揮すべき国家性――権力の働きによって社会の存立と維持を図ること――も、現行法制を前提とする限りは守るべき法治性――権力の働きが一定の規則性と定型性をもつこと――の枠内で充分な効用を上げるように配慮されるべきだ[1]、というその一点に尽きる。

（1）　以上の国家性と法治性の用法については、大石　眞『立憲君主制』（信山社、一九九六年）一六－一七頁参照。

VI部　司法審査制

1　憲法上の立法義務と違憲審査——ハンセン病訴訟判決をめぐって

はじめに

一般に西日本訴訟と呼ばれた、廃止前の「らい予防法」の違憲性を理由とする国家賠償請求事件に対し、二〇〇一年（平一三）五月一一日に言い渡された熊本地方裁判所の判決は、政治判断に基づく国側の控訴断念、首相談話・政府声明という異例の反応を呼び起こした。

これについては、従来の判例の流れに照らして、政府の判断が真に妥当であったかどうかを問題とすることもできよう。が、この点の詮索はさておき、そこでは、厚生大臣のハンセン病政策遂行上の違法性および故意・過失の有無、「らい予防法」を改廃しなかった「立法の不作為」に関する国会議員の立法行為の国家賠償法上の違法性および故意・過失の有無などが、主要な争点となった。

国家賠償法の適用上の問題についてはここでは触れる余裕はないので、本章では、もっぱら「立法の不作為」にかかわる憲法問題について、訴訟の当事者の主張に即したかたちで検討を加えるとともに、多少の感想を述べることにしたいと思う。

一　憲法解釈上の争点と判断

(1)　原告の主張によれば、まず第一に、いわゆる立法の不作為を含む立法行為について国家賠償法上の違法性判断基準を示した最高裁判所第一小法廷昭和六〇年一一月二一日判決（民集三九巻七号一五一二頁）は、「在宅投票制度に関するものであり、右判決を引用するその後の最高裁判決も、社会権、参政権等に関するものであって、その射程は限定的に考えるべきであり、自由権を侵害する立法が問題となっている本件には妥当しない」という。

第二に、原告の主張によれば、「自由権を侵害する法律を放置する立法不作為の場合においては、基本的にはその法律の内容が違憲であれば、立法不作為もまた国家賠償法上の違法と考えるべきである」とし、「仮に、立法行為が国家賠償法上違法となるためには、立法内容そのものの違憲性以外に何らかの要件が必要であるとしても、本件においては、『憲法の一義的な文言に違反する』という要件ではなく、『個別の国民に対する職務上の義務違反』という要件によって判断すべきである」。

そして第三に、原告側は、日本国憲法の施行後も存続した明治憲法下の「癩予防法」（昭和六年法律五八号）――廃止前の「らい予防法」の前身である――に基づく隔離政策規定は、いわゆる幸福追求権を保障した憲法第一三条、奴隷的拘束を禁止した憲法第一八条、居住・移転の自由を保障した憲法第二二条一項などに反するものであり、国家賠償法の施行日から「らい予防法」の制定に至るまで違法な立法不作為があったこと、これと同じ基本的構造をもって制定された廃止前の「らい予防法」（昭和二八年法律二一四号）は、すでに制定当時において「過度に人権を制約するものであり、違憲である」こと、そして最近に至るまで本来違憲である同法を廃止しなかったという立法の不作為は、国家賠償法上の違法性を帯びること、などを主張していた。

(2)　これに対し国側は、まず「癩予防法」（旧法）を廃止しなかった点および一九五三年に「らい予防法」を制定した点について、「当時の日本におけるハンセン病に関する医学的知見、社会的認識からすれば……旧法及び新法は、その内容において合理性を有し、憲法にも適合していた」し、「少なくとも、旧法及び新法の内容が一義的に憲法の条文に違反していることが当時の国会議員にとって明らかであったとはいえない」などと反論した。

また、一九九六年（平八）まで「らい予防法」を廃止しなかった点について、国側は、医学専門家からの意見がなかったこと、医学的知見の変遷にともなって緩やかな法適用が行われたことを挙げたほか、その廃止は従来の入所者の処遇の水準を維持するための立法措置を要請するが、こうした「社会福祉立法は、その時々の財政状況、社会状況、他の疾病に対する施策との均衡等の様々な事項を総合的に考慮しなければならない……高度の立法裁量の問題と不可分である」から、「国会議員が、本来、高度の立法裁量事項であり、右の社会福祉立法の議論を必然的に伴う新法の廃止をしなかったからといって、国家賠償法上の違法性があるということはできない」とも主張した。

(3)　熊本地裁判決は、こうした国側の主張をほぼ全面的に排斥し、とくに「社会福祉立法」「高度の立法裁量」云々の主張については、「立法政策や立法技術の問題と法的義務・法解釈の問題とを殊更結び付けようとするもの」「明らかに論理の飛躍である」などと、厳しい口調でしりぞけた。だが、しかし、原告の違憲主張をさながら取り入れたというわけでもないようである。

すなわち熊本地裁は、まず原告の主張する第二点について、やや異なった角度から対応したように思われる。というのも、地裁判決は、「『立法の内容が憲法の一義的な文言に違反している』ことは、立法行為の国家賠償法上の違法性を認めるための絶対条件とは解されない。……最高裁判決が『立法の内容が憲法の一義的な文言に違反している』との表現を用いたのも、立法行為が国家賠償法上違法と評価されるのが、極めて特殊で例外的な場合に限られるべきであることを強調しようとしたにすぎない」と判示しているからである。

これだけを取り出すといかにも解りにくいが、要するに、前記の最高裁判決の趣旨については、「立法の内容が憲法の一義的な文言に違反している」かどうかに主眼があるのでなく、問題の核心は、むしろ「極めて特殊で例外的な場合」に該当するかどうかにあることを説いたもの、と理解すべきだというわけであろう。現に地裁判決は、さまざまの事情を認めた上で、「他にはおよそ想定し難いような極めて特殊で例外的な場合として、遅くとも昭和四〇年以降に新法の隔離規定を改廃しなかった国会議員の立法上の不作為につき、国家賠償法上の違法性を認めるのが相当である」と述べている。

(4)　同判決は、しかし、原告の主張する第一点・第三点については、これにほぼ対応するかたちで答えている。すなわち、まず、地裁判決は前記の在宅投票制度廃止事件についての昭和六〇年最高裁第一小法廷判決との関係について触れ、これは、「もともと立法裁量にゆだねられているところの国会議員の選挙の投票方法に関するものであり、患者の隔離という他に比類のないような極めて重大な自由の制限を課する新法の隔離規定に関する本件とは、全く事案を異にする」と述べるとともに、いわゆる立法の不作為の問題に関する一連の最高裁判決（後述二―(1)参照）との関係についても言及し、「本件に匹敵するようなものは全く見当たらない」としている。いわば質・量の両面から、事件を区別しようとしたわけであろう。

同判決は、また第三点の主張についても、隔離政策規定が、単に経済的自由としてではなく、精神的自由としての性格をもつ居住・移転の自由に対する包括的制限であるにとどまらず、「人として当然に持っているはずの人生のありとあらゆる発展可能性」を大きく損なう点において、「憲法一三条に根拠を有する人格権そのものに対する」制限であり、すでに「らい予防法」制定当時から「過度の人権の制限を課すものであり、公共の福祉による合理的な制限を逸脱していたというべきである」と判示している。

二　従来の判例法理との異同

(1)　さて、衆知のように、在宅投票制度の復活を求めて国会議員の立法行為と国家賠償責任との関係を争った事件に関する前記の最高裁昭和六〇年第一小法廷判決によれば、国会議員は、立法に関しては、原則として、国民全体に関する関係で政治的責任を負うにとどまり、個別の国民の権利に対応した関係での法的責任を負うものではなく、その立法行為は、立法の内容が憲法の一義的な文言に違反しているにもかかわらずあえて当該立法を行うというごとき、容易に想定しがたいような例外的な場合でない限り、国家賠償法第一条一項の適用上、違法の評価を受けるものではない、とされる。

その後、いわゆる立法の不作為が争点となった裁判例としては、一般民間人戦災者を戦傷病者戦没者遺族等援護法の適用対象者に含めるよう法改正を行うか、それを対象とする同趣旨の援護立法をしないことが問題とされた最二判昭和六二年六月二六日（判例時報一二六二号一〇〇頁）、蚕糸価格安定法の改正で導入された生糸の一元輸入措置が営業の自由・財産権行使の自由を侵害すると主張された最三判平成二年二月六日（訟務月報三六巻一二号二二四二頁）および民法第七三三条の再婚禁止期間を改廃しないことは平等原則等に反するとの違憲主張を退けた最三判平成七年一二月五日（判時一五六三号八一頁）などがある。これらにおいて、最高裁は、いずれも前記の在宅投票制度廃止事件判決を基礎に判断している。

こうした確立した判例法理によれば、まず、いわば実体的な憲法問題として、「立法の内容が憲法の一義的な文言に違反している」かどうかに答えなくてはならず、次に、国家賠償法の適用問題として、そうである「にもかかわらずあえて当該立法を行うというごとき……例外的な場合」に当たるかどうかを検討しなくてはならない、ということになる。

このたびの熊本地裁判決は、しかし、前記のように、問題の核心は、「立法の内容が憲法の一義的な文言に違反している」かどうかにではなく、むしろ「極めて特殊で例外的な場合」に該当するかどうかにある、とする。つまり、前者の憲法問題としていえば、「らい予防法」の隔離政策規定は、「制定当時から既に、ハンセン病予防上の必要を超えて過度な人権の制限を課すものであり、公共の福祉による合理的な制限を逸脱していたというべきであり、遅くとも昭和三五年には、その違憲性が明白になっていた」と判示している。これによって、問題は、もっぱら後者の国家賠償法の適用問題に絞られる、というわけである。

(2)　これに対して小泉内閣は、「ハンセン病問題の早期かつ全面的解決に向けての首相談話」とともに、熊本地裁判決に含まれる二つの問題点を指摘する「政府声明」を発表した（平成一三年五月二五日）。このうち、立法行為と国家賠償責任との関係にかかわる部分は、先にみた最高裁判例に反することを指摘するものである。すなわち、最高裁判例によれば、個別の国民との関係で法的責任を負うのは「故意に憲法に違反し国民の権利を侵害する場合」に限られるのに対し、地裁判決は、「故意がない国会議員の不作為に対して、法的責任を広く認め」るものであり、「このような判断は、司法が法令の違憲審査権を超えて国会議員の活動を過度に制約する」こととなって前記判例に反する、というものであった。

この政府声明は、判例法理にいう「立法の内容が憲法の一義的な文言に違反しているにもかかわらずあえて当該立法を行う」という、いわば仮定的・例示的な要素を、「故意に憲法に違反し国民の権利を侵害する場合」と読んだ結果であろう。けれども、熊本地裁判決は、それを故意の問題ではなく過失の問題と考えており、現に結論部分においても、「国会議員には、昭和四〇年以降においても、なお新法の隔離規定を改廃しなかった点に違法があり、国会議員の過失も優にこれを認めることができる」としている。政府としては、地裁判決は「過失」観念を不当に拡大し、誤用したものだと言いたいのであろうか。

確かに、在宅投票制度廃止事件などとの違いを強調し、事件の区別を図ろうとする姿勢と、その判断枠組みを前提とした立論との間には、何かしっくりしないものがあるのは事実である。

(3)　とはいえ、国会の作為義務の内容が問題となるいわゆる立法の不作為については、基本的には、(a)既存の法規がない状態で国の作為義務があるとして争う積極施策立法の場合には、どういう立法を行うべきかが相当具体的に特定されない限り、憲法上の立法義務に対する違反があるとは判断できないことになる。

他方、しかし、(b)国には本来不作為義務があるとして争う自由制約立法については、まず、①現行法規の単純廃止でなく、その改正によって不作為義務違反の問題が解消されうるという場合には、どういう内容の改正を行うべきかについてなお立法裁量の問題が残るので、直ちに憲法上の立法義務に対する違反があるとは即断できないことになる。これに対し、②現行法規の端的な廃止によってのみ不作為義務違反の問題が解消されるという場合には、憲法上の作為義務の内容は当該法規の廃止というかたちで特定されるわけであって、当該作為（立法）による自由の制約が違憲かどうかの判断で足りることになろう。

本件訴訟で最も問題視された隔離政策規定が、この(b)の場合に当たることは言うまでもないが、熊本地裁判決は、本件における立法義務については、そのうちの①、つまり隔離規定に対する一定の法改正により違憲性が解消されるといった立法裁量またはその踰越・濫用といった問題ではなく、端的にその全廃、つまり②の問題であるとの判断に立ったものであろう。

三　憲法学にとっての教訓

(1)　このたびの国家賠償請求訴訟の契機となった「らい予防法の廃止に関する法律案」は、いわゆる住専処理関連法案や薬害エイズ問題調査などに明け暮れて一九九六年（平八）六月一九日に閉幕した第一三六回（通常）国会に、内閣提出法案として提出され、衆議院で三月二六日、参議院でも翌二七日に可決されて、同月三一日に法律第二八号として公布されたものである。(1)

この時、私は、平成七年度の「憲法判例の動き」において、その特筆すべき法改正に触れ、以下のように記したことがある。(2)

……この国会で行われた意義ぶかい措置として、らい予防法（昭二八法二一四）の廃止がある。同法所定の療養所への強制的入所措置について、憲法学は、本人の保護と社会への影響を考慮した居住・移転の自由に対する合憲的制約と説いてきたが、害悪発生のおそれがほとんどないことは早くから指摘されており、居住・移転の自由の自由のみならず、幸福追求権や最も基本的な人身の自由の観点からいっても、問題視すべき法律であったからである……。

(2)　これは、ハンセン病患者強制隔離問題に多少関心をもち、それまで公刊されていた幾つかの憲法解説書を繙いた結果として得られた、いわば自戒を込めた感想であった。この問題に対する私の関心は、実は、以前に報道されたあるテレビ局の番組を見たことによって引き起こされたものであるが、私にとっては、そうした問題について報道機関の果たすべき役割はきわめて重要であり、マス・メディアの問題提起的な働きに期待すべきところは大きいということを実感させられた事例でもあった。

おわりに

それにしても、こうした立法の不作為が問題にされるたびに思うのは、事後的な救済を本分とする司法裁判所の役割にはやはり限界があるということ、この点では、むしろ現代の民主主義諸国に見られるような国民発案（イニシアチブ）制度を設けることが必要ではないか、ということである。[3]むろん、これを実現するには現行憲法の改正を必要とするのであるが、憲法改正問題に関するこれまでのかたくなな考え方が、そうした方向での制度改革に対する障害にもなっているとすれば、憲法改正反対論は人権保障の確保を旗印にすることが多いだけに、残念でならない。

（1）　その経緯については、例えば藤田昌三「『らい予防法』の廃止——施設隔離の歴史に幕」立法と調査一九三号〈一九九六年五月〉四二頁以下を参照されたい。

（2）　『平成七年度重要判例解説』ジュリスト一〇九一号（一九九五年）二頁。なお、『イミダス・一九九七年版』所収の拙稿「憲法・司法」（集英社）三五七頁も参照されたい。

（3）　大石　眞『憲法講義〈第3版〉』（有斐閣、二〇一四年）八八頁参照。

2　違憲審査機能の分散と統合

はじめに

本章は、違憲審査制のあり方について、主として憲法保障の観点から動態的に総合的な考察を加えようとするものである。

すなわち、それは、たんに裁判所による違憲審査の制度を取り扱うのでなく、統治システム全体における違憲審査機能のあり方に着目して、法律案の起案・提出、議決、施行という、いわば時系列に即した検討をおこない、実質的にみた違憲審査機能の「分散」と「統合」について再考する機会を提供するとともに、最高裁判所にしばしば向けられる「司法消極主義」との批判に対する違った見方を提示しようとするものである。

この場合、本章は、法律案の起案・提出から議決までの段階について、実は、いろいろなかたちの事前審査の手続があるという基本的な認識に立った上で、まず、その具体的な違憲審査機能の位相を探ることとする（一・二参照）。次いで、法律の施行後における事後的な違憲審査のあり方について検討することを通して（三参照）、違憲審査機能が「分散」している様子を眺めるとともに、司法的違憲審査制に対する評価に際しては、統治システム全体における事前審査と事後審査との「統合」という視点が重要であることを述べることとしたい。

一　法律の立案過程における憲法適合性審査——事前審査　その1

1　政党（会派）における審査

（一）与党審査

現在、政府が国会に提出する法律案に対しては、与党の政務調査会（部会）においてかなり立ち入った検討が行われている。これは、むろん法令上の根拠を有する仕組みではなく、政党内におけるいわば事実上の審査手続にすぎないが、理論的には、この与党審査手続において法律案に対する違憲審査が行われる可能性も含まれている。

なお、二〇〇九年（平二一）八月三〇日施行の第四五回衆議院議員総選挙の結果、歴史的な大勝を収めて政権交代を実現し、発足した民主党の鳩山由紀夫内閣は、政策一元化を目指して事前の与党審査を廃止する方針を明らかにした。しかし、報道各紙の伝えるところによれば、これを不満として党内に「運用会議」を設け、事前審査の実質を確保しようとする動きもあり、なお事態は流動的である（同年一〇月五日現在）。

（二）機関承認

また、とくに衆議院にあっては、慣行上、議員が法律案を提出するに際して、所属会派の代表機関（国会対策委員長など）の承認が必要とされているが、その全会派による合意は、いわゆる国民投票法案不受理訴訟に対する司法裁判所の認めるところともなっている（東京高判平成九年六月一八日判例時報一六一八号六九頁。上告審でもその結論は支持された。最二判平成一一年九月一七日訟務月報四六巻六号二九九二頁参照）。

この「機関承認」と言われる慣行も、やはり法令上の根拠を有する仕組みではなく、議員発議権の尊重という観点からすると、大いに問題のある慣行であることは疑いない。それはここでは措くとして、本章における理論的関心との関係から言うと、その手続もまた法律案に対する違憲審査の契機を含みうるものである。

(三)　**総合的評価**

しかしながら、このような与党審査や機関承認の慣行は、もともと、憲法適合性の検討という観点からの審査をおこなうという意図で設けられたわけではなく、また、実際そのように運用されているわけでもないようである。したがって、それらの慣行は、違憲審査という機能または要素をほとんど有していないと考えられる。

2　内閣提出法案の場合

(一)　**原課立案から各省協議まで**

内閣提出法案の場合、一般に、当該法律案が属する分野を所管する省庁において、各方面の意見や意向を把握するとともに、内外の文献の調査研究などを経て、行政活動の単位である課が立案し、省内検討を経て関係各省との協議を行うことになる。したがって、そうした省議や各省協議などの過程において、違憲審査の機能が期待される余地はある。

もっとも、この段階での審査機能は、いわば行政内部手続にとどまるものであるから、厳密な意味における、つまり他律的審査としての違憲審査の機能を、ここに読み取るわけにはいかないであろう。この意味における義務的な審査機能は、次に述べる内閣法制局に期待されることになる。

(二)　**内閣法制局による審査**

内閣法制局による審査は、法律上の義務づけられた審査手続であって、法令上の根拠としては、内閣法制局設置法にいう、「閣議に附される法律案、政令案及び条約案を審査し、これに意見を附し、及び所要の修正を加えて、内閣に上申すること」(三条一号)が挙げられる。

この場合、同法制局が、内閣の下に置かれたその補助機関でありながらも、独自の人事システムや明治期以来の確立された権威に支えられた、独立性の高い専門家組織であることを、あらかじめ念頭に置いておく必要があろう。

さて、この法制局による審査の実態について言えば、「その法律案が、いわゆる法律事項を定めるものであること」を吟味するとともに、とくに以下の諸点に留意して行われる、という。(1)

① その法律案が、憲法を頂点とする現行法体系はもちろん、判例、実務慣行、主要学説等と整合性のあるものであること。

② その法律案が、個人の尊重、公共の福祉の増進などの憲法上の理念を実現しようとするものであることはもちろん、立法目的に合致し、公平性及び実効性を有し、かつ、当該分野において国民に尊重され、しかも遵守されることが十分期待されるなど、法規範として適切で妥当なものであること。

ここに登場する「憲法」および「憲法上の理念」といった表現に留意するなら、それを通して、法制局による審査が法律案に対する違憲審査の実質を帯びることになることが、容易に知られよう。

なお、内閣法制局のもう一つの重要な権能である意見事務の問題について付言すれば、法令上の根拠としては、内閣法制局設置法にいう、「法律問題に関し内閣並びに内閣総理大臣及び各省大臣に対し意見を述べること」（三条三号）が挙げられる。その意見事務がもつ国政秩序の形成・維持機能にはきわめて大きなものがあるが、この点についてはすでに検討したことがあるので、(2)ここでは立ち入らない。

(三)　内閣法制局による違憲審査機能

内閣提出の法律案に対する審査事務を通して行われる内閣法制局の違憲審査機能については、広く論じられているが、この点は、例えば、以下のような評価があることからも理解されよう。まず、議員立法に関係したある弁護士は、大要、次のように述べている。(3)

しく、議会は法律をつくるところ、裁判所は法律の違憲性を判断するところというように分離されている。しかし、日本では、内閣提出法案の審査を行う内閣法制局がいわば第二の最高裁判所の役割をもち、憲法以下の法体系との整合性を求めて完璧主義が貫かれ、厳しい審査が行われる。

アメリカでは、内閣法制局のような機構は存在せず、議員は比較的自由に議員立法をすることができ、三権分立の名にふさわ

これとほぼ同様の評価は、衆議院法制局の実務経験者によっても下されている。その評価によれば、内閣法制局の審査における重要な審査ポイントは、「憲法を頂点とする法体系上の論理的整合性の確保、すなわち法案の合憲性審査である」として、政府の憲法解釈権をも事実上握っている内閣法制局がすべての政府提出法律案について行う合憲性審査は、①法案作成前であること、②政府提出法案が法案の大部分を占めていること、③この審査はかなり厳格であることから、その法案の合憲性確保機能＝「憲法の番人」的機能は、憲法上、その合憲性審査権が付与されている最高裁判所よりはるかに大きい(4)、と言うのである。

(四)　内閣法制局に対する全体的評価

ここで、私なりに内閣法制局に対する全体的評価を述べておくと、内閣法制局は、明治憲法制定前後から今日にいたるまで、行政の一部門でありながら、国政秩序を形成し、運用する重要な役割を担っている。その所掌事務は、主として、①法令案の審査をおこなう審査事務と、②法律問題に関する意見事務とに分かれているが、さらに、③法律問題に関する国会答弁・政府統一見解の作成も、その重要な職務の一つに数えられている。

このうち、法制局の審査事務(①)は、内閣提出法案・政令案を合せると、年間平均して約六五〇件に及んでいるが、とくに各省庁が立案する内閣提出法案については、国民の権利義務との関係を含む憲法適合性や法体系全体との整合性などの観点から、厳しい審査が行われている。憲法訴訟において内閣の提出にかかる法律が違憲とされる事例が――アメリカの場合などに比べて――かなり少ないのは、その当然の結果というべきであろう。

他方、意見事務（②）の主要部分を占めていた法令の解釈問題に関する法制意見は、政府・行政部内では最高裁判所の判例に準ずる機能をもち、その意味でも国政秩序の形成・運用に大きく貢献してきた。しかし、現行憲法の下における法制度の定着、国会審議の活性化、そして憲法裁判例の増加といった状況を背景として、法制意見は次第に減少し、その代わりに口頭意見回答が増加していることにも、注意を払う必要があろう。(5)

3　議員提出法案の場合

（一）　議院法制局による立案・審査事務のあり方

内閣法制局の場合とは異なり、議院法制局がおこなう立案・審査事務の法令上の根拠としては、国会法第一三一条にいう「議員の法制に関する立案に資する」ことが挙げられるのみである。

そこで、議員立法に際して議院法制局による補佐が義務づけられるかどうかについては、いろいろな議論が起こりうるのであるが、この問題については後で述べることにしよう（後述（二）・（三）参照）。

また、議員発議法案の立案事務を通しての違憲審査の実際、より広く言えば法律案の内容を検討する際の観点は、一般に、以下のようなものだと言われる。(6)

すなわち、①法律で定めるのに適しているかどうか、②法律で定めた場合に実行が可能かどうか、③憲法に適合しているかどうか、④個人の人格の尊重と社会全体の福祉との調和がとれているかどうか、⑤公権力の不当な干渉をもたらすことにならないかどうか、⑥既存の関連する法律制度と矛盾しないかどうか、といった諸点である。

ここに挙げられた要点のうち、とくに③と④の観点が憲法適合性の判断をともなうものであることは、改めて言うまでもあるまい。

（二）　議院法制局による立案・審査の違憲審査機能

このように議院法制局は、議員の立法構想の法文化に際して、各議員の発想による新規立法の構想が既存の法秩序全体あるいは法理論体系に適合しうるものかどうかの検討を行うことになる。その際、場合によっては、その提案内容の変更あるいは提案自体の撤回を進言するようであるが、そこでのもっとも重要な視点は、「その立法構想の合憲性の問題（合憲性審査）である」と言われる。(7)

ここには、法律の立案における議院法制局の位置づけという重要な問題が絡んでいる。すなわち、一方では、(a)法案提出権は議員の最も基本的な権利であって、これを阻害するような規定や慣行は改めるべきであり、法案の内容の妥当性は最終的には有権者が判断する問題であって、会派や議院の機関が判断すべきことではなく、仮に法案の内容が憲法と矛盾しているとしても、事後的に司法の判断に委ねるのが筋である、とする議論がありうる。

他方では、(b)議院法制局は、立法案件をそのまま立法技術的観点のみから法文化するのでなく、法理論的観点から、場合によっては政策的観点をも加味して、チェックする機能をもつとする議論もある。(8)但し、この後者の論者も、議会の議決した法律または議員発案の立法構想を制約するには、例えばフランスの憲法院のような、かなりレベルの高い、独立した国家機関でなければならず、議院法制局には、法案の違憲を理由とする立案拒否権までは存在しないと断言する。(9)

（三）　議員の立法発議権との関係

このように、議員の立法発議権と議院法制局の審査機能との関係については、理論上は前者が優位するものと考えられるものの、実際の取扱いは必ずしもそうなっていないようである。

というのも、関係実務家によれば、「法律上は、議員は議院法制局の立法補佐を受けることなく法律案を発議（提出）することができるが、両院の事務局は、慣行上、議院法制局の立法補佐を受けていない法律案は受理しない」とされているからである。[10]

二　法案の提出・議決における憲法適合性審査――事前審査　その2

政府提出法案であれ、議員提出法案であれ、国会に提出された後の議院手続における事前審査も、立法府による「合憲性の推定」を根拠づける上で重要である。それには、しかし、(1)法案の委員会または本会議における審査・審議における段階のものと、(2)法案に対する質問主意書の提出という、異なったかたちがありうる。

1　委員会・本会議における違憲審査

(一)　常任委員会等における違憲審査

明治憲法下に行われていた読会制度が存在しない現行の国会両議院では、常任・特別委員会の審査においても、逐条審査は行われていない。しかしながら、とくに政府提出の法律案の審査・審議の過程において、議員による質疑というかたちで、当該立法の合憲性の問題が取り上げられることは、しばしばある。

この場合、内閣法制局の見解を中心に、政府側からは当該法律案は憲法に違反しない旨の答弁が行われることになるが、その限りで法律案に対する合憲性審査が行われていると言うことができる。[11]

そのことは、同時に、憲法所定の審議手続を経て成立した法律については、憲法に適合しているものだという一応の推定を働かせることができることを意味する（いわゆる合憲性の推定）。

(二)　憲法審査会による違憲審査

なお、最近の憲法改正手続法の制定により、国会両議院に設けられることになった憲法審査会も、本章のテーマと関連している。というのも、同審査会は、「日本国憲法及び日本国憲法に密接に関連する基本法制について広範かつ総合的に調査を行い、憲法改正原案、日本国憲法に係る改正の発議又は国民投票に関する法律案等を審査する」（国会法一〇二条の六）ものとされ、ここに関連法律の違憲審査の可能性を見出すこともできるからである。

ただ、衆議院では同審査会を始動させるための法制も整備されたが（平成二一年六月一一日議決「衆議院憲法審査会規定」参照）、参議院では未だ設けられていない状況にあった。したがって、それが所期の機能を発揮することができるかは不透明であったが、約二年後に衆議院と同様の憲法審査会規程が議決された（平成二三年五月一八日）。

2　議員による質問を通しての違憲審査

（一）　質問主意書による審査

それほど数が多いわけではないが、時に、現に提出されている政府提出法案の内容や解釈論に対する質問主意書が提出され、これに対して内閣が答弁書の作成を余儀なくされることもある。そうした質問主意書の中には、言うまでもなく、憲法解釈との関連を直接取り上げるものもあれば、むしろ法体系としての整合性を問題にするものもある。(12)

ここでは、理解の便のために、前者の一例のみを紹介しておこう。すなわち、第一六五回（臨時）国会における平沼赳夫議員による「教育基本法案に関する質問主意書」（平成一八年一二月一一日提出）は、同法案第一五条にいう「宗教教育」について問うとして、以下のように問い質している。

（6）　給食前後の合掌、地域の伝統行事や祭礼への参加、寺社仏閣の拝観、座禅体験、寺社の清掃奉仕活動などは、それが特定宗教の教義、信仰を強制するものでない限りにおいて教育活動として許容されると考えるが政府の認識を問う。

（7）　同様に国語、音楽などにおいて、宗教を題材とした教典や説話、宗教曲などは、それが教義を植えつけるものでない限り、教材として用いることは許容されるべきと考えるが如何。

この問いは、言うまでもなく、信教の自由と政教分離原則を定めた憲法第二〇条にいう「宗教教育」の意味にも関連しており、単なる法律案の解釈論議に尽きるものではない。その意味で、質問主意書を通して一種の違憲審査が行われているとみることができよう。

(二)　質問主意書による審査の評価

もっとも、このような質問に対する答弁というやりとりは、公開の議場で行われるわけではなく、所属議院の議長を経由するとしても、その実態はあくまでも質問主意書を提出する議員と内閣との関係にとどまるものであって、組織的な審査機能という意味を持ちにくいというのが実情であろう。

さらに、ここで付言することが許されるなら、ここに言及した質問主意書の内容は、実は、現に提出されている法律案それ自体に関する質疑である。そうだとすれば、本来なら、関係委員会その他の正式な法案審査の場において疑義を質すのが筋道であって、質問主意書・答弁書という迂回路を取ることには大きな疑問が残る、と言わざるを得ないであろう。

三　法律実施後における憲法適合性審査――事後審査

1　裁判制度と違憲審査制

(一)　裁判組織の問題

現行の日本国憲法は、ヨーロッパ大陸法に見られるような多元的な裁判制度を採用することなく、最高裁判所を頂点とする裁判組織に司法権を専属させるという意味において、国の裁判権を一元化している。

この通常裁判所の本来的な権能は、法律上の争訟に対する裁判をおこなう司法権を行使することであるが、これと同時に、現行憲法は、適用すべき議会制定法（法律）の憲法適合性が問題となったときは、この点についても併せて判断するという制度を採用している。こうした司法部による違憲立法審査の制度は、アメリカ合衆国において、とくに「司法審査制」（Judicial Review）と呼ばれるものに相当する。

(二)　違憲審査制の類型

一般に、憲法典は「国の最高法規」（憲法九八条一項）とされ、その最高法規性を実効的に確保する方法として、今日では、法令の憲法適合性を審査する制度が広く設けられている。この合憲性審査制度は、しかし、比較法的にみた場合、必ずしも同じ仕組みになっているわけではなく、制度のどの点に着目するかによって、以下にみるように、さまざまな類型を区別して考えることができる。

①　審査の目的に着目した場合、(a)憲法保障を主な目的とするヨーロッパ大陸型と、(b)国民の権利保障（私権保障）を主な目的とするアメリカ型とに大別される。

②　審査の方法からみると、(a)憲法裁判制度（独立審査型）と、(b)憲法訴訟制度（付随審査型）とに類型化されることが多い。

③　審査の時期からみると、(a)法令の施行の前の行われる事前審査制（先に言及されたフランス憲法院に代表される）と、(b)法令施行後の事後審査制に分けることもできる。

④　審査の主体との関係では、(a)司法最高裁判所又は特別の憲法裁判所に独占させる集中型と、(b)下級審や他の裁判所にも憲法判断を認める非集中型とを対比させることもできる。

ここにいう「憲法裁判」制度とは、一般に「憲法裁判所」と名づけられる特別の審査機関が、法令の憲法適合性について公権的に決定すること自体を訴訟の目的とするものをいい、したがって、法令の合憲性に関する判断は判決主文の中で示される。

これに対し、「憲法訴訟」制度は、具体的な争訟事件を裁判することを目的とする司法裁判所が、その事件を審判するに際して問題となった適用法令の憲法適合性について判断を示すものをいい、そのため、合憲・違憲の判断は判決理由の中で示されるにすぎない。

(三)　違憲審査の類型と実態

なお、これに関連して、しばしば具体的審査制・抽象的審査制という対比も、しばしば見られる。しかしながら、憲法訴訟制度の下でも客観訴訟の中で違憲審査が行われることがある一方で、抽象的審査制といっても具体的な事件を契機とする憲法異議の件数がほとんどを占めている。そうだとすると、そうした対比的用語は、制度の理解としては大きな誤解を招くものと言わざるを得ない[13]。

もし仮に抽象的審査制という術語を用いるとすれば、むしろ、法令の最終的な成立の前に違憲審査をおこなってきた伝統的なフランス憲法院の制度のために、その用語を留保すべきであろう[14]。

2　日本における司法審査制

(一)　憲法解釈論争

明治憲法の下では、判例・学説上、裁判所の「法令審査権」——法令の合憲性審査権を示す——は否定されていたが、現行憲法第八一条は、「最高裁判所は、一切の法律、命令、規則又は処分が憲法に適合するかしないかを決定する権限を有する終審裁判所である」と定めて、合憲性審査制度を取り入れることを明示している。

しかし、この規定の性格をどのように理解するかについては、先に述べた二つの審査制度——憲法裁判と憲法訴訟

――にほぼ対応するかたちで、(a)憲法上、立法措置の内容によっては、最高裁判所にヨーロッパ大陸法に見られるような憲法裁判所としての機能をもたせることができ、独立審査制も可能だと解するものと、(b)アメリカ憲法の影響をうけた現行憲法の制定過程をも考えると、法律上の争訟を裁判する司法裁判所の「終審裁判所」として構想され、憲法上、付随的審査制度のみが可能だと解するもの、に見解が分かれる。

これに対し、最高裁判所は、早くから「米国憲法の解釈として樹立せられた違憲審査権を、明文をもって規定した」ものと理解していた（最大判昭和二三年七月八日刑集二巻八号八〇一頁）。この表現は、アメリカ合衆国憲法には違憲審査制を明文化した条項が存在せず、具体的事件における連邦最高裁の憲法解釈として成立し（一八〇三年 Marbury vs. Madison）、これが定着してきたという同国の憲法史をふまえたものである。

そして、多数学説と同様に、最高裁判所は、いわゆる警察予備隊違憲訴訟において、「具体的な争訟事件が提起されないのに……憲法及びその他の法律命令等の解釈に対して存在する疑義論争に関し抽象的な判断を下すごとき権限を行い得るものではない」ことを明言し、付随的審査制、すなわち憲法訴訟制度として運用すべきことを明らかにしている（最大判昭和二七年一〇月八日民集六巻九号七八三頁）。

（二）　**日本の司法審査制の特徴**

日本の違憲審査制を論ずる場合には、そのことを前提として、必要性の原則、憲法判断回避準則、違憲判断回避の準則（合憲解釈の原則）、立法事実論、目的審査・手段審査といった司法審査制の運用枠組みの問題とともに、いわば合憲性の統制の密度を示す実体的な違憲審査基準や手続的な統制の問題などが、かなり詳細に取り扱われる。

本章では、しかし、これらの問題に立ち入るだけの時間的余裕はないので、ここでは以下の諸点を指摘するにとどめたい。

まず、訴訟事件を一般的に審理する下級裁判所（地方裁判所・高等裁判所など）においても違憲審査を行うことが認められているので、分散型の違憲審査制であることが特徴として挙げられよう。すなわち、最高裁判所は審級制度を前提とする司法裁判所の組織の頂点に立つものであるから、日本国憲法第八一条は下級裁判所にも合憲性判断権を認める趣旨と解されている（最大判昭和二五年二月一日刑集四巻二号七三頁参照）。

次に、上告審である最高裁判所によって最終的な憲法適合性審査が行われるものとされているが、最高裁判所における審判のあり方には、以下のような制度上の枠組みがある。

① 裁判所法第一〇条は、最高裁判所における大法廷と小法廷の審判のあり方について、事件を大法定又は小法廷のいずれで取り扱うかについては、原則として、最高裁判所の定めるところによると定めているが、(a)初めて憲法判断を行うとき、(b)憲法違反の判断をするとき、そして(c)判例変更を行うときは、必ず大法廷で裁判をすべきことを定めている。

② このほか、最高裁判所は、自らの規則によって（憲法七七条所定の司法手続準則決定権による）、(d)小法廷の意見が同数の二説に分かれたとき、(e)小法廷の裁判長が大法廷による裁判を相当だと認めたときに、同様に大法廷で審理すべきことを定めている（最高裁判所裁判事務処理規則九条二項）。

③ このように大法廷で審理する場合、大法廷では、特定の論点、とくに憲法適合性の論点のみについて審理及び裁判をすることも認められ、これを前提として小法廷で事件の審理が行われることになる（同規則九条三項・四項）。現に、そのようにして大法廷に論点が回付され、審理された事件はかなり多く、いずれにおいても重要な判断が下されている。[15]

(三)　法律違憲判決と政治部門の対応

さらに、日本国憲法の施行から今日に至るまで、争点となった法律の規定を憲法違反と判断した事例はそれほど多くなく、これまでに（二〇一〇年一〇月現在）、以下に掲げる八件を数えるにすぎない。これは衆知のことではあるが、後の議論のために、便宜上、その善後策についても列挙しておこう。[16]

① 最大判昭和四八年四月四日（尊属殺事件）　尊属殺重罰を定めていた刑法第二〇〇条を憲法第一四条の平等原則に反するとしたが、与党内の意見がまとまらず、ようやく二二年後に削除された（平成七年法律九一号による）。

② 最大判昭和五〇年四月三〇日（薬事法事件）　薬局の開設許可基準に適正配置規制を導入していた薬事法第六条二項・四項について、憲法第二二条に定める職業選択の自由を侵害する規定と判断したもので、開会中の通常国会において、その規定を削除する法律改正が実現した（昭和五〇年六月法律三七号による）。

③ 最大判昭和五一年四月一四日（衆議院定数訴訟）　いわゆる中選挙区制の下での衆議院議員の定数配分を定めた公職選挙法別表第一（昭和五〇年法律六三号による改正前のもの。定数四九一）について、憲法第一四条にいう平等選挙の原則に反するとしたが、定数是正の問題は、衆議院会派間の協議を経て公選法改正案を提出するという政治的な手続を必要とするため、その解決は容易でない。結局、八増七減とする公選法の一部改正が実現したのは、二度目の違憲判決（④）が出た後のことである。

④ 最大判昭和六〇年七月一七日（衆議院定数訴訟）　これも、中選挙区制の下での衆議院議員の定数配分を定めた公職選挙法別表第一（昭和五〇年法律六三号による改正後のもの。定数五一一）を対象として、平等原則違反としたものである。翌年五月に議員定数を五一二とし、八増七減とする公選法の一部改正が実現した（昭和六一年法律六七号による）。

⑤ 最大判昭和六二年四月二二日（森林法事件）　共有森林の分割を認めていなかった森林法第一八六条について、憲法第二九条の財産権の保障に反すると判断したものであるが、開会中の通常国会において、その規定を削除する法律改正が行われた（昭和六二年六月法律四八号による）。

⑥ 最大判平成一四年九月一一日（郵便法事件）　一定の郵便物について損害賠償の範囲を限定していた郵便法第六

八条・七三条の規定について憲法第一七条の国家賠償請求権の保障に反するとしたものであるが、開会中の臨時国会において、賠償範囲を拡大する法律改正が行われた（平成一四年一二月法律一二一号による）。

⑦　最大判平成一七年九月一四日（在外選挙権訴訟）　在外国民の選挙権を国会両議院の比例代表選挙に限定していた公職選挙法附則第八項について、投票の機会を保障する普通選挙制（憲法一五条三項）に反するとしたものである。これについては、翌年の通常国会において、同項を削り、衆議院小選挙区・参議院選挙区の議員選挙をも在外選挙の対象とする内閣提出法案が可決された（平成一八年六月法律六二号による）。

⑧　最大判平成二〇年六月四日（国籍法違憲訴訟）　国籍法第三条一項所定の準正要件について、準正子と非準正子との間に不合理な区別を設けている点で、憲法第一四条の平等原則に違反すると判断したものである。その半年後に婚姻要件を外した国籍法改正が成立し（平成二〇年一二月法律八八号）、まもなく施行されている。

このように、最高裁判所によって違憲とされた規定の多くについては、その法律の執行を停止すべき旨の行政通達が出された後、当該規定を削除しまたは修正することを内容とする内閣提出の法律改正案が可決されて、立法府としての対応を示している。

ここには、「司法権が立法・行政権とともに国の統治過程の担い手として、相互の関連や交流を通して、政策決定つまり憲法秩序の形成を行っているとの観点[17]」からすると、政治部門と司法部門との望ましい対応関係の一端が見られることになる。

これに対し、公職選挙法別表の場合は、改正すべき内容が議員定数の変更にかかわるだけに、政治的インパクトは大きい。しかも、それに基づいて行われた国政選挙が違法とされながら、特別な配慮から――「一般的な法の基本原則」を適用するかたちで――その効力を維持すべきものと判断されたことは、政治過程に司法裁判所が介入することの難しさを浮き彫りにしている。

（四）　最高裁判所と司法消極主義

いずれにしても、例えば——司法審査制の長い歴史を有するアメリカの場合は別として——比較的歴史の浅いドイツや韓国の憲法裁判所、またはフランス憲法院の事例に比しても、確かに、法令違憲判決が少ないことは否定することができない。そして、この点をとらえて、最高裁判所は、違憲審査権を積極的に行使しようとしていないという意味において、「司法消極主義」に立っているとの批判もしばしば聞かれるところである。

けれども、そのように即断することは決して正当でないと思われる。この点を正確に判断するには、第一に、先にも説明したように、とくに議院法制局や内閣法制局による事前審査の意義や機能をも合わせて考慮する必要があるのであって、むしろ統治システム全体を視野において総合的な評価を下すべきであろう。

第二に、法令違憲判決に至らないまでも、いわゆる合憲解釈の原則に沿ったかたちで、問題視された法律の規定について、その意味に限定解釈を施した上で——つまりそうした条件・留保付きで——法律の規定の効力を維持した多くの合憲判決があることを忘れてはならない。そうした事例は、例えば、善意第三者所有物没収事件（最大判昭和三二年一一月二七日刑集一一巻一二号三一三二頁）、第三者所有物没収事件（最大判昭和三七年一一月二八日刑集一六巻一一号一五九三頁）や都教組事件（最大判昭和四四年四月二日刑集二三巻五号三〇五頁）を始めとして、かなりの数に上っている。[18]

しかも、その場合、例えば、判決の半年後に「刑事事件における第三者所有物没収手続に関する応急措置法」（昭和三八年七月法律一三八号）が制定されたように、判例の趣旨に沿った新たな立法措置が講じられることにより、先にふれたような「政治部門と司法部門との望ましい対応関係」を見出すことすらできるのである。

したがって、法律違憲判決の結果的な数字のみに目を奪われて最高裁判例の動向を占うようなことがあってはならないのであって、最高裁判所の違憲審査のあり方の全体にも充分に目配りをする必要があろう。

（五）集中審理型の違憲審査制の可能性

なお、例えば、下級裁判所の事案審理の過程において法令の合憲性が問題とされた場合に、憲法上の争点を最高裁判所に移して憲法判断を求める――憲法判断を最高裁に集中させる――制度も考えられるところで、日本国憲法第八一条はこのような制度を法定することを禁止するものではない、と考えられる。実際、裁判所法の立案過程においても、最高裁判所への移送・中間判決を合憲とする立場から検討が進められたことがある。[19] このような――ドイツ流の用語を借りれば――「具体的規範統制」の構想には、統合型の違憲審査制の可能性が残されていることになるが、先にみた大法廷への論点回付手続も、それに似た働きをするものと言えよう。[20]

おわりに

以上に述べた違憲審査機能のあり方について要約するとともに、司法的違憲審査制に対する評価のあり方にも言及すると、次のようになろう。

(1)　違憲審査制を司法裁判所による事後的な審査としてのみ観念すると、日本における違憲審査は必ずしも活発でなく、最高裁判所はその違憲審査機能を十分に果たしていない、という印象を免れがたい。

(2)　しかし、国会に提出される法律案の大部分を占める政府提出法案については、内閣法制局による厳しい事前審査が義務づけられており、議員提出法案についても議院法制局による立法補佐によって事実上の事前審査が行われている。

そうだとすれば、最高裁判所が違憲審査機能を十分に果たしていないのではなく、かなり充実した事前の違憲審査システムが機能しているために、事後的な違憲審査権限を効果的に用いる場面が少ない、というように理解するほうが正当であろう。

(3)　このように、違憲審査制の実際を把握するためには、たんに司法審査のあり方のみを観察するのでなく、各種の事前審査の機能と運用を踏まえた統合的な統治システムを全体として把握する必要がある。

とくに国民の権利保障という観点からすると、国民の権利・利益の侵害があった場合に、事後的な権利救済方法を確保すべきことは当然であるが、むしろ効果的な事前審査こそ権利・利益の実効的保障につながることを考慮すべきであろう。

(4)　最後に、立法評価という観点からすると、最高裁判所の判例による事後的な目的・手段審査といった審査手法の確立や近年の最高裁判例に見られる裁量統制への志向が事前審査的なインパクトを及ぼしうる点にも注意する必要があろう[21]。

というのも、それらの進展如何によっては、内閣・国会のような政治部門と司法部門との応答関係に置き換えてみると、統治システム全体としては、いわゆるＰＤＣＡサイクル（Plan-Do-Check-Action）の確保へと向かう可能性をも示唆しているからである（もっとも、特定目的に限定された行政評価とはかなり趣を異にすることは否めないが）。

(1)　山本庸幸「内閣法制局の審査」大森政輔＝釜田　薫編『立法学講義』（商事法務、二〇〇六年）九五頁。
(2)　大石　眞「内閣法制局の国政秩序形成機能」公共政策年報六号（有斐閣、二〇〇六年）七頁以下参照。〔本書Ⅴ部**3**参照〕
(3)　五十嵐敬喜『議員立法』（三省堂、一九九四年）一〇六‐一〇七頁。
(4)　高藤　昭「議院法制局論」中村睦男＝大石　眞編『立法の実務と理論』（信山社、二〇〇五年）三五〇頁。
(5)　以上について、大石・前掲論文七頁以下。
(6)　五十嵐・前掲書一一四頁。
(7)　高藤・前掲論文三五四頁。
(8)　高藤・同右三四四頁・三五五頁。

（9）高藤・同右三六四頁。
（10）石村健「議院法制局による立案補佐」大森政輔＝釜田薫『立法学講義』（商事法務、二〇〇六年）一五三頁。
（11）主として国会での論戦にみる政府見解を簡略にまとめた最近の参考書として、浅野一郎＝杉原泰雄監修『憲法答弁集』（信山社、二〇〇三年）参照。
（12）本文に紹介するもののほか、最近のものとしては、例えば、第一六五回国会における江田憲司議員による「教育基本法案に関する質問主意書」（平成一八年一一月一六日提出）、第一六六回国会における細川律夫議員による「政府が提出した労働契約法案に関する質問主意書」（平成一九年四月一三日提出）などがある。
（13）その点については、初宿正典教授による具体的な数値を挙げた上での指摘がある。初宿「ドイツの連邦憲法裁判所」比較憲法学研究一七号（二〇〇五年）四一頁。
（14）もっとも、フランスでは二〇〇八年七月の第二四回憲法改正によって、ドイツ的な具体的審査制が採り入れられ（同憲法六一－一条）、最近、その実施に必要な憲法第六一－一条施行法というべき憲法附属法も制定・公布された（二〇〇九年一二月一〇日法律一五二三号）。同法は二〇一〇年三月から施行されることになっており、憲法院の違憲審査のあり方はいずれ大きく変容していく可能性がある。
（15）例えば、道路交通取締法施行令事件（最大判昭和三七年五月二日刑集一六巻五号四九五頁）、高齢職員待命処分事件（最大判昭和三九年五月二七日民集一八巻四号六七六頁）や接見交通指定事件（最大判平成一一年三月二四日民集五三巻三号五一四頁）などがある。この点については、大石眞『憲法講義Ⅰ〈第2版〉』（有斐閣、二〇〇九年）一九六頁参照。
（16）大石・前掲書二三八頁以下参照。
（17）戸松秀典『違憲審査〈第2版〉』（有斐閣、二〇〇八年）四〇五頁。
（18）そのほか、合憲限定解釈を採用した事例としては、いわゆる成田新法事件（最大判平成四年七月一日刑集四六巻五号四三七頁）なども挙げることができる。なお、法律以外の審査対象に合憲限定解釈の手法を用いたという意味では、内閣が制定した政令に対する事例（道路交通取締法施行令事件〈前出〉）や、地方自治体の条例に対する事例（福岡県青少年保護育成条例事件〈最大判昭和六〇年一〇月二三日刑集三九巻六号四一三頁〉、広島市暴走族追放条例事件〈最三判平成一九年九月一八日刑集六一巻六号六〇一頁〉）なども挙げることができよう。
（19）大石眞「裁判所法成立過程の再検討――憲法上の論点を中心として」同『憲法秩序への展望』（有斐閣、二〇〇八年）三〇三頁以下参照。
（20）初宿正典『憲法2　基本権』（成文堂、一九九六年）六三頁及び同『憲法1　統治の仕組み』（成文堂、二〇〇二年）一一二頁も、その可能性を認めている。

(21)　その点については、大石 眞「立法府の機能をめぐる課題と方策」佐藤幸治先生古稀記念『国民主権と法の支配〈上巻〉』（成文堂、二〇〇八年）三二三頁以下。〔本書Ⅳ部**2**参照〕

【附記】

本章は、二〇〇九年八月二一日・二二日の両日にわたって、中国黒龍江省哈爾濱（ハルピン）市の黒龍江大学法学院で行われた第二回アジア憲法論壇「アジアにおける違憲審査制度——現状と課題」国際学術会議（中国法学会憲法学研究会・黒龍江大学法学院主催、一橋大学大学院法学研究科アジア研究教育拠点事業共催）における報告を基礎とし、そこで得られた知見や寄せられた質問・意見などを参考にするとともに、大幅な加除修正を施したものである。

3　わが国における合憲性統制の二重構造
——合憲性統制機能の立法過程論的考察

はじめに

(1)　本章は、次の二点を主要な目的としている。第一に、私は、たんに日本の司法審査制（Judicial Review）のあり方を検討するだけではなく、より広く民主的な統治構造全体における合憲性統制（Control of Constitutionality）の機能に着目し、これをどのようにして確保するかという問題に焦点を当てて検討してみたい。

第二に、私は、とくに最高裁判所による違憲審査制の運用に対して向けられる「司法消極主義」（Judicial Passivism）という一般的な見方に対し、それとは違った見方がありうることを、内閣および国会両議院の補佐機関である法制局による合憲性統制の機能に着目することによって提示したいと思う。

その意味において、本章は、いわば立法過程論からみた合憲性統制制度の現状分析というべき試みに過ぎない。したがって、戸松秀典教授の古稀を祝う『憲法訴訟の現状分析』というテーマに相応しいものとなっていないのではないかと懼《おそ》れているが、あえて言えば、本章は、そのテーマに対する側面照射を試みたものと理解していただければ、幸いである。(1)

(2)　なお、「司法消極主義」という用語は、主として最高裁判所による法令違憲判決が少ないという事実をとらえ、違憲審査権を積極的に行使しようとしないという批判的な意味で使われることが多い。(2)日本は、裁判による合憲性統制の制度としては、ドイツ型の憲法裁判ではなくアメリカ型の司法部による違憲審査制を採用しており、これに比べて法律違憲判決は少ないと言われるのであろう。

しかし、アメリカ合衆国では連邦制に特有のいわば三次元の審査制度が併行しており、そのため違憲判決の数が多いという事情に注意する必要がある。つまり、等しく司法審査と言っても、(a)州議会制定法に対する州裁判所による審査、(b)州議会制定法に対する連邦裁判所による審査、(c)連邦議会制定法に対する連邦裁判所による審査という三様のものがある。

このうち日本と比較すべき制度は、同格の立法部と司法部との関係を対象とした(c)であり、これに焦点を絞ってみると、同国のある立法過程論の記述によれば、一九三七年の「憲法革命」後の約五〇年間に下された違憲判断は六六件になる、という。[3] これは、「憲法革命」前の約三〇年間における七一件より少なく、合衆国憲法の施行以後の約二〇〇年間の違憲判断は一三九件にとどまるが、そこには今日では悪名高い「実体的適正手続論」(the doctrine of substantive due process) に基づく違憲判決も数多く含まれている。したがって、単純な数字の比較によって日本の最高裁判所の姿勢を判断することは慎むべきであろう。

一　民主的な統治構造における合憲性統制

1　合憲性統制の機能と違憲審査制

(1)　言論の自由や参政権が保障された民主的な統治構造の下では、法律の合憲性の問題は、立法過程の早い段階から検討されるのが常である。とくに国民の権利・義務に関わる立法の場合、その原案を策定する段階からマス・メディアや法律専門誌などでも取り上げられ、立法の目的・効果や文言上の疑義について、さまざまな角度から激しい論争が展開されることが多い。例えば、古くは破壊活動防止法を、最近では人権擁護法案（第一五四回国会閣法五六号。継続審議の後、第一五七回国会で審議未了・廃案となった）を想起することができよう。

このような事情を考えると、法律の合憲性の問題は、たんに司法部による事後的な合憲性審査の段階に限定して論じるべきものではなく、事前の立案段階から議論されるべきなのである。この意味において、立法過程に関与する人間や組織は、多かれ少なかれ、合憲性の問題に直面せざるをえず、その立法への関与の度合いに応じて合憲性統制の機能を果たさざるをえないことになる。

実際、議院法制局の実務家によっても、立法作業においては、その立法の時点における事実を基礎に憲法適合性を精査しなければならず、その判断は立法機関の審議だけでなく、立案段階でもさまざまな観点から検討すべきであることが説かれている(4)。

なお、こうした問題意識からすると、政党または会派における議案審査――とくに与党内の審査――の段階における合憲性問題の取扱いも視野に入れる必要があるが、ここではその点には立ち入らない(5)。

(2)　本章では、もっぱら憲法的機関における合憲性の統制の問題を取り上げることにするが、この場合の統制主体は、憲法体制に応じて異なってくる。すなわち、議員による議案提出のみが認められる大統領制の下では、もっぱら議会における合憲性統制の機能が重要な意味をもつことになるが、内閣と議会との協働を前提とする議院内閣制にあっては、そうした政治部門が立法に対する合憲性の統制について機能と責任を分け合うことになる。

他方、法律の制定・施行後に行われる合憲性統制の機能は、今日では一般に、裁判所による事後審査として制度化されているが、その具体的な類型と方法については後で検討する（後述**3**参照）。

なお、このように、裁判所による事後審査とは別に、政治部門による事前の合憲性統制に着目することは、それらの統制密度までまったく同じ程度であることを主張しようとするものではない。というのも、政治部門による事前統制は、例えば、議会における公聴会などが制度化されることはあっても、裁判所の審理に見られるような厳密な対審構造と論証過程を備えたものではないからである。

とはいっても、政治部門における合憲性統制が立案責任者から独立した組織で行われるとすれば、その統制機能はかなり充実した密度の濃いものになるであろう。これに反して、民主的な統治構造を前提とする限り、その組織または機関は、常に国民による選挙を基礎とした政治的変動に曝される宿命にある。したがって、それが職務上の独立性を充分に保つことができない状態に置かれるようなことがあれば、その合憲性統制の機能は大きく減殺されることになりかねない（この点に関わる具体的な問題については、二―**1**⑷を参照）。

2　政治部門における事前統制

⑴　まず、議会における立法手続を取り上げると、議員が法案を提出するに際しては、その速やかな成立を願う限り、その補佐機構によって当該法案の合憲性統制が行われるはずである。また、内閣が提出した法案に対しては、議会における委員会や本会議の審議を通して、その合憲性の統制が行われることが期待されている。

このような合憲性統制の機能を実効的に担うことができる補佐機構としては、個別の法制顧問の制度のほか、組織的に対応することのできる議院事務局などの仕組みが考えられる。この仕組みについて、わが国では、議院の事務局と法制局とが厳密に区別されているが、例えばフランス議会のように、議院事務局の中に事務部局（Services administratifs）と法制部局（Services législatifs）とを併設する二系列制（bicéphalisme）の伝統に立つところもある。この場合、わが国の議院事務局に置かれている議事部・委員部・記録部などは、組織上、法制部局に編成されることになる[6]。

わが国では、このように現行憲法の下で新たに議院法制局（Legislative Bureau of the House）が設けられ、これが議院の政策立案・法案作成に際しての強力な知恵袋となっている。この議院法制局の機能については、これを積極的に評価するものと消極的にとらえるものとに分かれているが、この点については、後に詳しく検討することにしよう（二―2参照）。

(2)　一方、議院内閣制の諸国にあっては、言うまでもなく、内閣によって多数の法案が議会に提出されており、その多くが議会での審議を経て法律として成立している。この場合、先に述べたように、合憲性の統制は議会における委員会や本会議の審議などを通して行われることになるであろう[7]。けれども、議院内閣制にあっては議会の多数派が内閣を形成し、維持することを考えると、その審議過程では有効な合憲性統制を期待できないおそれがある。

そこで、より重要となるのは、法律の立案過程における合憲性統制の機会を確保することであり、具体的に言うと、その過程に関与する補佐機構が有効な統制機能を果たしうるような仕組みを設計することである。これにもいろいろな組織が考えられるが、わが国では、その任務は明治期以来の長い伝統をもつ内閣法制局（Cabinet Legislation Bureau）――先に述べた議院法制局が設けられるまでは端的に「法制局」という呼称であった――に委ねられている。その機能についても評価は分かれているが、この点も後に詳しく検討することにしよう（二―1参照）。

3　裁判所による事後審査

(1)　一般に、憲法典の最高法規性を実効的・最終的に確保する方法として、今日では、法令の憲法適合性を審査する制度が広く設けられている。この合憲性審査制度は、比較法的にみた場合、同じ仕組みに統一されているわけではなく、制度のどの点に着目するかによって、次のような類型を区別して考えることができよう。

①　審査の目的に着目した場合、(a)憲法保障を主な目的とするヨーロッパ大陸型と、(b)国民の権利保障（私権保障）を主な目的とするアメリカ型とに大別される。

②　審査の方法からみると、(a)憲法裁判制度と、(b)憲法訴訟制度とに類型化されることが多い。ここで憲法裁判

（Constitutional Justice）とは、一般に憲法裁判所（Constitutional Court）という特別の審査機関が法令の憲法適合性について公権的に決定することと自体を訴訟の目的とするものをいい、法令の合憲性に関する判断は判決主文の中で示される。これに対し、憲法訴訟（Constitutional-law Litigation）は、具体的な争訟事件を裁判することを目的とする司法裁判所が、その事件を審判するに際して、問題となった適用法令の憲法適合性について判断を示すものをいい、合憲・違憲の判断は判決理由の中で示される。

③　審査の時期からみると、(a)法令の施行の前に行われる事前審査制と、(b)法令施行後の事後審査制に分けることもできる。事前審査制はフランスの憲法院に代表されるが、最近の憲法改正によってフランスでも事後審査制が採用されるに至ったことは、衆知の通りである。

④　審査の主体との関係では、(a)司法最高裁判所または特別の憲法裁判所に独占させる集中型と、(b)下級審や他の裁判所にも憲法判断を認める非集中型・分散型とを対比させることもできる。

(2)　なお、アメリカ型とドイツ型を対比して、具体的審査制と抽象的審査制という類型化があることもしばしば唱えられる。しかし、憲法訴訟制度の下でも客観訴訟の中で違憲審査が行われることがある一方で、抽象的審査制といっても具体的な事件を契機とした憲法異議の件数がほとんどを占めている。

したがって、そうした対比的類型は、制度の理解としてはかなり誤解を招くものと言わざるをえない[8]。もし抽象的審査制という術語を用いるとすれば、むしろ、法律の最終的な成立の前に違憲審査を行ってきた伝統的なフランスの憲法院のために、その用語を留保すべきであろう（もっとも、衆知のように、フランスでも、二〇〇八年の憲法改正によってドイツ的な具体的審査制が採り入れられ、二〇一〇年三月から始動している）。

二　わが国における合憲性統制の二重構造

1　内閣提出法案と内閣法制局

(1)　内閣提出法案の場合、一般に、当該法律案の属する分野を所管する省庁において、各方面の意見や意向を把握するとともに、内外の文献の調査研究などを経て、行政活動の単位である課が立案し、省内検討を経て関係各省との協議を行うことになる。したがって、そうした省議や各省協議などの過程において、合憲性統制の機能が働く余地はある。

もっとも、この段階での審査機能は行政内部手続にとどまるものであるから、いわば他律的審査としての合憲性統制の機能まで、そこに読み取るわけにはいかない。この意味における統制機能は、今から説明する内閣法制局に期待されることになる。

この場合、まず、内閣法制局の位置づけについては、内閣の下に置かれた補助機関でありながら、独自の人事システム[9]と明治期以来の確立された権威に支えられた、きわめて独立性の高い専門組織であることを念頭に置いておく必要がある。

同局がつかさどる主要な事務としては、現行法上、閣議に附す法令案の審査をおこなう審査事務、法律問題に関して意見を述べる意見事務があり、これらに密接に関係する付随的事務として、法律問題に関する国会答弁や質問主意書に対する答弁書の検討などもある[10]。

ここでは審査事務に絞って検討するが、内閣法制局によるこの審査は、法律案の国会提出および政令の制定に当たって法律上の義務的手続とされ、この点で、後に述べる議員提出法案に対する議院法制局の役割とは大きく異なっている。その法令上の根拠としては、内閣法制局設置法にいう「閣議に附される法律案、政令案及び条約案を審査し、これに意見を附し、および所要の修正を加えて、内閣に上申すること」(三条一号)が挙げられる。

(2)　この法制局による審査の方法について言えば、「その法律案が、いわゆる法律事項を定めるものであること」を吟味するとともに、とくに以下の諸点に留意して行われる、と言われる[11]。

すなわち、①その法律案が、憲法を頂点とする現行法体系はもちろん、判例、実務・慣行、主要学説等と整合性のあるものであること、②その法律案が、個人の尊重、公共の福祉の増進などの憲法上の理念を実現しようとするものであること、③立法目的に合致し、公平性および実効性を有し、かつ、当該分野において国民に尊重され、しかも遵守されることが十分期待されるなど、法規範として適切で妥当なものであること、などである[12]。

ここに登場する「憲法」および「憲法上の理念」という表現が、法律案に対する合憲性統制の意味を帯びることになるが、これを通して行われる内閣法制局の合憲性統制の機能は、議員立法に関係したある弁護士の次のような叙述によっても知ることができる[13]。

アメリカでは、内閣法制局のような機構は存在せず、議員は比較的自由に議員立法をすることができ、三権分立の名にふさわしく、議会は法律をつくるところ、裁判所は法律の違憲性を判断するところというように分離されている。しかし、日本では、内閣提出法案の審査を行う内閣法制局がいわば第二の最高裁判所の役割をもち、憲法以下の法体系との整合性を求めて完璧主義が貫かれ、厳しい審査が行われる。

これと同様の評価は、議会の法制局経験者によっても語られている。これによれば、まず、内閣法制局の審査における重要な審査ポイントは、憲法を頂点とする法体系上の論理的整合性の確保、すなわち法案の合憲性審査であるとされる[14]。

そして、内閣法制局は政府の憲法解釈権をも事実上握っており、すべての政府提出法律案について行う合憲性審査は、①法案作成前であること、②政府提出法案が法案の大部分を占めていること、③この審査はかなり厳格であることなどにより特色づけられる。そのため、その法案の合憲性確保の機能は、合憲性審査権が付与された最高裁判所よりはるかに大きい、というのである。

とくに各省庁が立案する内閣提出法案については、国民の権利・義務との関係を含む憲法適合性や法体系全体との整合性などの観点から、厳しい審査が行われている。そうだとすると、アメリカの場合などに比べて、内閣の提出にかかる法律が違憲とされる事例が少ないのは、当然の結果というべきであろう。

(3)　なお、このような法制局による審査事務の件数は、いわゆる政権交代の前後および両院制のあり方によってかなり異なってくる。政権交代は政策転換を意味し、政策は法律に反映され、政令は法律の執行に仕えるべきものであるが、衆参両院の多数派が異なる「ねじれ」国会の状況によっては内閣が法案の提出に慎重になることがあるからである。

実際、このたびの政権交代の前後に注目してみると、橋本内閣から麻生内閣までの一三年間（一九九六年一月〜二〇〇九年七月）では、内閣提出法案・政令案を合せた審査完了件数は、最も多い年で六八五件（法案一二七件・政令五五八件）、最も少ない年で四六三件（法案一一一件・政令三五二件）となり、平均すると年五五九件であった。ところが、政権交代前後には三九一件になり（二〇〇九年、法案八一件・政令三一〇件）、その翌年にはさらに三四二件（二〇一〇年、法案八四件・政令二五八件）にまで落ち込んでいる。

(4)　さて、すでに述べたように、民主的な統治構造の下では、政治部門における合憲性統制のための組織又は機関も、常に国民による選挙を基礎とした政治的変動に曝される宿命にある。したがって、その合憲性統制の機能は、その組織または機関の職務上の独立性がどの程度確保されるかによって大きく左右されることになる。

この点において、本格的な政権交代とともに顕在化した「政治主導」の圧力と法案審査のあり方の問題が浮上してくるが、例えば、二〇一一年（平二三）六月に内閣から提出された国家公務員給与減額法案――正式には「国家公務員の給与の臨時特例に関する法律案」（第一七七回国会閣法七八号）という――についても、その問題がつきまとう。つまり、その法案に対し、内閣法制局が従前と同様の独立性をもったかたちで充分な合憲性審査を行ったかどうかはかなり微妙な問題であって、私自身は、その法案が提出されたことについては、手続上も内容上も憲法問題を含む根本的な疑念を禁じえない[15]、と考えている。

2　議員提出法案と議院法制局

(1)　他方、議院法制局が行う立案・審査事務の法令上の根拠としては、国会法第一三一条にいう「議員の法制に関する立案に資する」ことが挙げられる。この文言の意味について、ある議院法制局経験者は、「政策」に対する議院法制局の不干渉方針が確立していることを強調しつつ、端的に「議員の法律案起草を補佐すること」と解し、そこには、例えば、執行段階の実効性などの政策実現のシステムの観点から議員に意見を具申することも含まれる、と指摘している[16]。その際、議院法制局による議員立法への補佐が法的に義務づけられるかどうかについては議論があるが、この問題については後で述べることにしよう（後述(2)参照）。

この議員発議法案の立案を通して行われる議院法制局による違憲審査において、その内容を検討する際の観点は、一般に、次のようなものだと言われる。つまり、①法律で定めるのに適しているか、②法律で定めた場合に実行が可能か、③憲法に適合しているか、④個人の人格の尊重と社会全体の福祉との調和がとれているか、⑤公権力の不当な干渉をもたらすことにならないか、⑥既存の関連する法律制度と矛盾しないか、という諸点である[17]。

このように、議院法制局は、議員の立法構想を法文化するに際して、各議員の発想による新規立案の構想が既存の法秩序全体や法理論体系に適合しうるものかどうかについて検討をおこなう。そして、場合によっては、その提案内容の変更や提案自体の撤回を進言することもあるようであるが、その際の最も重要な視点は、その立法構想の合憲性の問題（合憲性審査）である、と言われる。[18] したがって、そこに議院法制局による合憲性統制の機能が読み込まれることになる。

(2)　ここには、しかし、先に示唆したように、議院法制局の位置づけという重要な問題が絡んでいることに注意する必要がある。[19]

すなわち、一方において、法案提出権は議員の最も基本的な権利であるから、これを阻害するような規定や慣行は改めるべきであるとする考え方がある。つまり、法案の内容の妥当性は最終的には有権者が判断する問題であって、会派や議院の機関が判断すべきことではない。仮に法案の内容が憲法と矛盾しているとしても、事後的に司法の判断に委ねるのが筋である、と主張するのである。

これに対し、議院法制局は、立法案件をそのまま立法技術的観点のみから法文化するのでなく、憲法解釈を含めた法理論的観点から、場合によっては政策観点をも加味してチェックする機能を有し、正当な法律論を展開して正しい内容の法案の作成に努めるべきであるとする議論もある。

この点は、先に述べた国会法第一三一条にいう「立案に資する」の解釈として、憲法論や合憲性問題も含まれるのかという論議とも関係している。しかし、そもそも内閣法制局による審査は議員の立法発議権と関係しないのに対し、立法補佐機関である議院法制局が合憲性の問題を理由として議員の立案を拒否することは、議員の立法発議権の侵害という問題を惹き起こすことになるので認められない、と解するのが筋であろう。[20]

このように、議院法制局の審査機能との関係では、理論上、議員の立法発議権が優位すると考えられるが、実際の取扱いでは必ずしもそうなっていないようである。というのも、関係実務家によれば、法律上は、議員は議院法制局の立法補佐を受けることなく法律案を発議（提出）することができるものの、両院の事務局は、慣行上、議院法制局の立法補佐を受けていない法律案は受理しない、と説かれているからである。[21]

(3)　さて、内閣提出法案と比べた場合、議員提出法案については、幾つかの特色を指摘することができる。第一に、内閣提出法案は、性質上、国政全般に及んでいるが、議員立法には一定の類型があることが挙げられよう。それは、例えば、業界・団体または地元の地域団体のためといった作成動機による類型のほか、国会関係、地域振興、業界・団体の利害というように、内容または事項別に類型化されることが多いが、[22]成立可能性の観点から、まずは与党主導型のものと野党主体のものとに分類し、それぞれの政策類型を提示する議論のほうが合理的であろう。[23]

いずれにしても、基本的に、国民の権利を制限し義務を課すような法案や、正面から憲法適合性の問題を惹き起こすような法案はそれほど見当たらない。しかし、この点で興味ぶかいのは、薬局の開設に適正配置規制（いわゆる距離制限制）を導入した薬事法改正をめぐる動きである。

もともと、この適正配置規制については、内閣法制局が憲法第二二条の保障する職業選択の自由との関係から、内閣提出とすることに強い難色を示していたのであるが、[24]議員立法（参法）により公衆浴場法に採り入れられたところ、最高裁判所によって合憲という結論が示されることになった（最大判昭和三〇年一月二六日刑集九巻一号八九頁）。そこで、これを契機に薬事法にも議員立法（参法）により導入されたものの、衆知の通り、最高裁判所はその規定を違憲と判断したのである[25]（最大判昭和五〇年四月三〇日民集二九巻四号五七二頁。後述**4**(1)参照）。

第二に、議員立法の成立率の低さはよく指摘されているが、[26]議院法制局の立案・審査の実態を知るには、いわば、それ以前に、議院法制局においては法案として完成しながら、結局、諸般の事情から提出が見送られた「見提出法案」が相当数に上ることにも、留意しておく必要があろう。衆議院法制局の示した数字によれば、一九八三年（昭五八）から一九九五年（平七）夏までの一三年間に、三七〇件前後の法案が提出されたのに対し、三二〇件程度が未提

出法案になっている由である。(27)

3　司法部による事後審査制

(1)　現行の日本国憲法は、最高裁判所を頂点とする裁判組織に司法権を専属させるという意味で、国家の裁判権を一元化している。すなわち、現行憲法の下では、ヨーロッパ大陸諸国で一般に見られる、司法裁判・行政裁判・憲法裁判といった多元的な裁判制度は採られていない。

この司法裁判所の本来的な権能は、法律上の争訟（legal disputes）を裁判することであるが、同時に、現行憲法は、適用すべき議会制定法（法律）の憲法適合性が問題となったときは、この点についても併せて判断するという制度を採用している。このような司法部による違憲立法審査という制度は、アメリカ合衆国において判例として成立し、定着したもので、とくに「司法審査制」と呼ばれている。日本国憲法第八一条は、「最高裁判所は、一切の法律、命令、規則又は処分が憲法に適合するかしないかを決定する権限を有する終審裁判所である」と定めて、合憲性審査制度を取り入れることを明示している。

(2)　しかし、この規定の性格をどのように理解するかについては、先に述べた二つの審査制度――憲法裁判と憲法訴訟――にほぼ対応するかたちで、以下の二つの説が対立してきた。一方では、憲法上、立法措置の内容によっては、最高裁判所にヨーロッパ大陸法に見られるような憲法裁判所としての機能をもたせることができ、独立審査制も可能だと解するが、他方では、アメリカ憲法の影響をうけた憲法制定過程をも考えると、法律上の争訟を裁判する司法裁判所の「終審裁判所」として構想され、憲法上、付随的審査制度のみが可能だと解するのである。

これに対し、最高裁判所は、早くから「米国憲法の解釈として樹立せられた違憲審査権を、明文をもって規定した」ものとする理解を示し（最大判昭和二三年七月八日刑集二巻八号八〇一頁）、後の警察予備隊違憲訴訟において、「具体的な争訟事件が提議されないのに……憲法及びその他の法律命令等の解釈に対し存在する疑義論争に関し抽象的な判断を下すごとき権限を行い得るものではない」ことを明言することによって（最大判昭和二七年一〇月八日民集六巻九号七八三頁）、付随的審査制（憲法訴訟制度）として運用すべきことを明らかにしている。

(3)　このような日本の違憲審査制を論ずる場合、必要性の原則、憲法判断回避準則、違憲判断回避の準則（合憲解釈の原則）、立法事実論、目的審査・手段審査といった司法審査制の運用枠組みの問題とともに、いわば合憲性の統制の密度を示す実体的な違憲審査基準や手続的な統制の問題などが、かなり詳細に取り扱われる。

本章では、しかし、これらの問題に立ち入るだけの余裕はないので、ここでは以下の特徴を指摘するにとどめたい。

第一に、訴訟事件を一般的に審理する下級裁判所（地方裁判所・高等裁判所など）でも違憲審査を行うことが認められる。つまり、最高裁は進級制度を前提として司法裁判所の組織の頂点に立つのであるから、日本国憲法第八一条は下級裁判所にも合憲性判断権も認める趣旨と解されている。したがって、日本の違憲審査制は、すでに述べた「裁判所による事後審査」の類型（一―**3**参照）との関係では、非集中型・分散型の違憲審査制に属することになる。

第二に、最終的な憲法適合性の審査は上告審である最高裁によって行われるが、最高裁における審判のあり方については、以下のような制度上の枠組みがある。

①　最高裁において事件を大法廷又は小法廷のいずれで取り扱うかについては、原則として最高裁自身の定めるところによるが、(a)初めて憲法判断を行うとき、(b)憲法違反の判断をするとき、(c)判例変更を行うときは、必ず大法廷で裁判しなくてはならない（裁一〇条）。

②　また最高裁は、みずからの司法手続準則決定権（憲法七七条）によって、(d)小法廷の意見が同数の二説に分かれたとき、(e)小法廷の裁判長が大法廷による裁判を相当だと認めたときに、同様に大法廷で審理すべきことを定めている（最高裁判所裁判事務処理規則九条二項二号・三号）。

③　このように大法廷で審理する場合、大法廷では、特定の論点、とくに憲法適合性の論点のみについて審理及び裁判をすることも認められ、これを前提として小法廷で事件の審理が行われることになる（同規則九条三項・四項）。現に、そのようにして大法廷に論点が回付され、審理された事件はかなり多く、いずれにおいても重要な判断が下されている（例えば、道路交通取締法施行令事件に関する最大判昭和三七年五月二日刑集一六巻五号四九五頁、高齢職員待命処分事件に関する最大判昭和三九年五月二七日民集一八巻四号六七六頁、接見交通指定事件に関する最大判平成一一年三月二四日民集五三巻三号五一四頁などがある）。

4　司法審査制の運用とその評価

(1)　さて、日本国憲法の施行から今日に至るまでの約六五年間に、争点となった法律の規定を憲法違反と判断した事例はそれほど多くなく、これまでに以下に掲げる八件の最高裁大法定判決を数えるにすぎない（二〇一二年現在）。

①　尊属殺重罰を定めていた刑法第二〇〇条を憲法第一四条の平等原則に反するとした最大判昭和四八年四月四日刑集二七巻三号二六五頁（尊属殺事件）

②　薬局の開設許可基準に適正配置規制を導入していた薬事法第六条二項・四項を憲法第二二条の定める職業選択の自由を侵害すると判断した最大判昭和五〇年四月三〇日民集二九巻四号五七二頁（薬事法事件）

③　いわゆる中選挙区制の下での衆議院議員の定数配分を定めた公職選挙法別表第一（定数四九一）について、憲法第一四条にいう平等選挙の原則に反するとした最大判昭和五一年四月一四日民集三〇巻三号二二三頁（衆議院定数訴訟）

④　同じく中選挙区制の下での衆議院議員の定数配分を定めた公職選挙法別表第一（定数五一一）を対象として、平等原則違反とした最大判昭和六〇年七月一七日民集三九巻五号一一〇〇頁（衆議院定数訴訟）

⑤　共有森林の分割を認めていなかった森林法第一八六条について、憲法第二九条の財産権の保障に反すると判断した最大判昭和六二年四月二二日民集四一巻三号四〇八頁（森林法事件）

⑥　一定の郵便物について損害賠償の範囲を限定していた郵便法第六八条・七三条の規定について、国家賠償請求権を保障した憲法第一七条に反するとした最大判平成一四年九月一一日民集五六巻七号一四三九頁（郵便法事件）

⑦　在外国民の選挙権を国会両議院の比例代表選挙に限定していた公職選挙法附則第八項について、投票の機会を保障する普通選挙制に反するとした最大判平成一七年九月一四日民集五九巻七号二〇八七頁（在外選挙権訴訟）

⑧　国籍法第三条一項所定の準正要件について、準正子と非準正子との間に不合理な区別を設けている点で憲法第一四条の平等原則に違反すると判断した最大判平成二〇年六月四日民集六二巻六号一三六七頁（国籍法違憲訴訟）

このように最高裁判所によって違憲とされた規定の多くについては、その法律の執行を停止すべき旨の行政通達が出された後、当該規定を削除し又は修正することを内容とする内閣提出の法律改正案が可決されて、行政府・立法府としての対応が示されている[28]。

ここには、つとに戸松秀典教授が強調されているように、司法権が立法・行政権とともに国の統治過程の担い手として、相互の関連や交流を通して、政策決定、つまり憲法秩序の形成を行っているとの観点からすると、政治部門と司法部門との望ましい対応関係の一端が見られることになる[29]。

これに対し、公職選挙法別表の場合は、改正すべき内容が議員定数の変更にかかわるだけに、政治的インパクトは大きい。しかも、最高裁は、それに基づいて行われた国政選挙を違法と判断しながら、特別な配慮から――「一般的な法の基本原則」を適用するかたちで――その効力を維持すべきものと判断している。このことは、政治過程に司法裁判所が介入することの難しさを浮き彫りにしている。

(2)　さて、以上の八件のほかに、議員定数に関する公職選挙法の規定などを「違憲状態」にあると判断した事件が四件あるが（衆議院議員選挙〈中選挙区制〉の選挙区間格差に関する最大判昭和五八年一一月七日民集三七巻九号一二四三頁と最大判平成五年一月二〇日民集四七巻一号六七頁、参議院議員選挙の選挙区間格差に関する最大判平成八年九月一一日民集五〇巻八号二二八三頁、そして衆議院議員選挙区画定審議会設置法三条二項所定の一人別枠方式に関する最大判平成二三年三月二三日民集六四巻二号七五五頁）、これらを合計しても法律の規定を違憲とする最高裁判所の判決が少ないのは事実である。この点をとらえて、冒頭で述べたような、最高裁は違憲審査権を積極的に行使しようとしない「司法消極主義」に立つという批判が展開されるわけである。(30)

しかし、私は、そのように無条件に判断することは決して正当でなく、この状況を正確に判断するには、むしろ最高裁判所の違憲審査権を取り巻く、民主的な統治構造全体を視野においた総合的な評価を下すべきである、と考えている。

第一に、先にも説明したように、とくに議院法制局や内閣法制局による事前の合憲性統制の意義や機能をも合わせて考慮する必要がある。したがって、法律違憲判決という結果的な数字のみに目を奪われて、最高裁の姿勢を占うようなことは妥当でない。この点については、なお、政令・省令に対して違法判断を下した最高裁判決が二〇一二年（平二四）までに九件を数えることも記憶されるべきであろう。(31)

第二に、数字の面からみても、まず、前記の議員定数訴訟に関する「違憲状態」判決の四件のほかに、法令違憲判決には至らなかったものの、問題視された法律の規定の意味に対し、いわゆる合憲解釈の原則に沿ったかたちで限定解釈を施した上で――そうした条件・留保付きで――法律の規定の効力を維持した大法廷判決も多いことに注意する必要がある。そうした事案としては、例えば、善意第三者所有物没収事件（最大判昭和三二年一一月二七日刑集一一巻一二号三一三二頁）、第三者所有物没収事件（最大判昭和三七年一一月二八日刑集一六巻一一号一五九三頁）、都教組事件（最大判昭和四四年四月二日刑集二三巻五号三〇五頁）などを挙げることができる。

しかも、そういう場合、例えば、第三者所有物没収事件判決の半年後には「刑事事件における第三者所有物の没収手続に関する応急措置法」が制定されたように、判例の趣旨に沿った新たな立法措置が講じられることも多い。これによって、先に述べたような政治部門と司法部門との望ましい対応関係を見出すことができるのである。

おわりに

(1)　まず、以上に述べた諸点を要約すると、次のようになる。合憲性統制の機能を司法裁判所による事後的な審査としてのみ観念すると、確かに、日本における違憲審査は必ずしも活発でなく、最高裁判所はその違憲審査機能を充分に果たしていないとの印象を免れがたいかも知れない。

しかしながら、国会に提出される法律案の大部分を占める政府提出法案については、内閣法制局による厳しい事前の法令審査が義務づけられ、議員提出法案についても議院法制局による補佐機構によって事前の合憲性統制が行われている。そして、これが本章の表題に「合憲性統制の二重構造」(Dual System of Control of Constitutionality)と付けた所以でもある。

したがって、最高裁による違憲審査制の運用について、違憲審査機能を充分に果たしていないという意味で安易に「司法消極主義」に陥っていると批判することは、妥当とは思われない。むしろ、民主的な統治組織の補佐機構による事前の合憲性審査の機能が有効に働いているために、事後的な審査を効果的に用いる場面が少ないとみるべきであろう。

(2)　これに反して、もし仮に、最高裁判所が法律違憲判決を頻繁に下すような事態が起きるとすれば、そのことは、議院法制局、そして内閣法制局がいわば機能不全に陥っている兆候を示すものと言ってよいであろう。

そして、あえて言えば、もし仮に、みずからの憲法解釈論を基準として最高裁による法律違憲判決の少なさを嘆き、その頻繁な違憲判断の行使を望むものがいるとすれば、それは、結局のところ、議院法制局・内閣法制局のいずれについても、現行法上課せられた職責を充分に果たす必要はないと主張するに等しいことにならないであろうか。しかし、そのような主張は、民主的な統治組織の補佐機構に対する健全な見方とは、決して言えないであろう。

このように、違憲審査制の実質を把握するためには、たんに司法部による合憲性審査のあり方のみを検討するのでなく、各種の事前審査の機能と運用を踏まえた統合的な統治構造を全体として把握し、評価する必要がある。また、とくに国民の権利保障という観点からみても、国民の権利・利益の侵害があった場合に、事後的な権利救済方法を確保すべきことは当然であるとしても、むしろ効果的な事前審査の充実こそが権利・利益の実効的保障につながることをも考慮すべきであろう。

もちろん、このように述べるからといって、以前から提唱されている憲法裁判の活性化論議や憲法裁判所設置論(32)に対して消極的に考えるべきだと主張するつもりは、私にはまったくない。それらの議論の中には、むしろ、積極的に評価すべき提案も含まれており、そのためには憲法改正も視野に入れるべきだとさえ思っているが、ここではそうした立法論や憲法政策論には立ち入らない。

(3)　さて、冒頭に述べたソウル大学における国際シンポジウムの私の報告では、そのテーマの趣旨にそったかたちで、以下のように締めくくったが、ここでもそれを再言しておきたい。

このように合憲性統制の機能を統治構造全体の中で位置づけることの必要と意義を考えると、アジア各国や西欧諸国の立憲民主制において、日本の議院・内閣法制局に相当するような議会・内閣の補佐機関による事前の合憲性統制の制度は存在するのか、また、存在するとすれば、それがどの程度有効に機能しているのかといった次の課題が、われわれの前に迫ってくることになる。

この意味から、私は、以前から、国務総理の下に置かれ、二〇〇人を超える規模をもつ韓国の政府法制処（Ministry of Government Legislation）の機能に注目している。この機関は、国務会議（内閣）に上程する政府提出法律案・条約案・総理令だけでなく、日本の省令に相当する各部令案などに対する審査権限を有するほか、行政審判の権限までも有すると聞いている。[33] ここでの関心は、もちろん、それが本報告で取り上げたような合憲性統制の機能を実効的に果たしているかという点であるが、この機会にその疑問に対する知見が得られることを期待しつつ、本報告を閉じることにしたい。

（1）本章は、もともと二〇一一年（平二三）一二月一二日に大韓民国のソウル大学校法学研究所において開催された「アジアの民主主義の展開における憲法裁判の役割」（The Role of Constitutional Adjudication in the Development of Asian Democracy）を統治テーマとする国際シンポジウムのために用意された、英文の報告原稿を基にしているが、たんに必要な文献を明示した注を付しただけでなく、大幅に加筆することによって成ったものである。

ただ、そのような本章の由来からして、本来なら不要として削るべき外国人向けの一般的な叙述も含まれているが、その点も合わせて筆致に過不足のあることを覚悟のうえで寄稿させていただいたことを、あらかじめお断りしておきたい。

（2）多くの文献の指摘するところであるが、ここでは最近の笹田栄司『司法の変容と憲法』（有斐閣、二〇〇八年）三頁以下、大沢秀介『司法による憲法価値の実現』（有斐閣、二〇一一年）一五五頁以下を挙げるにとどめる。なお、司法消極主義と対比される「司法積極主義」の意味も問題になるが、それについて積極的に違憲判断を下す立場という意味ではなく、「権利と救済の関係を柔軟に捉え、人権侵害に対する実効的救済を与えることを重視する立場」と説く論者もある（大沢・前掲書はしがき、二〇四頁以下）。

（3）これは一九八八年までの数字を示している。See, William J. Keefe and Morris S. Ogul, *The American Legislative Process: Congress and the Satates*, 8th ed., 1993, pp. 430-433.

（4）大島稔彦編著『法令起案マニュアル』（ぎょうせい、二〇〇四年）一二頁。

（5）この点については、大石 眞「違憲審査機能の分散と統合」初宿正典先生還暦記念論文集『各国憲法の差異と接点』（成文堂、二〇一〇年）二三八〜二三九頁参照。［本書VI部**2**所収］

（6）この点について詳しくは、大石 眞「フランス議会事務局の組織と機能——下院（国民議会）の事務局を中心に」衆議院調査局編・Research Bureau 論究八号（二〇一一年）一八三頁参照。

（7）このような委員会・本会議における違憲審査については、大石「違憲審査機能の分散と統合」二四四〜二四六頁を参照されたい。

（8）この点は、ドイツ憲法の専門家によってつとに指摘されている。初宿正典「ドイツの連邦憲法裁判所」比較憲法学研究一七号（二〇〇五年）四一頁参照。

(9) それは、法案審査を担当する参事官がほぼ行政経験を積んだ他省庁からの出向者で占められる点に端的に表れているが、詳しくは、西川伸一『知られざる官庁　新内閣法制局』（五月書房、二〇〇二年）一三二頁以下を参照されたい。

(10) そうした内閣法制局の事務と機能の全体については、大石　眞「内閣法制局の国政秩序形成機能」公共政策研究六号（二〇〇六年）七頁以下を参照。［本書V部**3**所収］

(11) 内閣法制局の法案審査に関する以下の叙述は、大石「違憲審査機能の分散と統合」二三九～二四一頁とほぼ重なっているが、引用文献については、念のため、それぞれ典拠を明示しておきたい。

(12) 山本庸幸「内閣法制局の審査」大森政輔＝釜田　薫編『立法学講義』（商事法務、二〇〇六年）九五頁。

(13) 五十嵐敬喜『議員立法』（三省堂、一九九四年）一〇六～一〇七頁。

(14) 高藤　昭「議院法制局論」上田章先生喜寿記念論文集『立法の実務と理論』（信山社、二〇〇五年）三五〇頁。

(15) この問題については、大石眞「公務員制度改革をめぐる憲法論議」人事院月報七四八号（二〇一一年）二頁以下を参照されたい。［本書V部**4**所収］

(16) 石村　健『議員立法』（信山社、一九九七年）六一～六二頁。

(17) 五十嵐・前掲書一一四頁。

(18) 高藤・前掲論文三五四頁。

(19) 以下の論争については、高藤・前掲論文三四四頁と三五五頁が簡潔に要約しているところによる。

(20) この点については、高藤・前掲論文三六三～三六四頁の議論を参照されたい。

(21) 石村　健「議院法制局による立案補佐」大森＝釜田編・前掲書一五三頁。

(22) その概要は、谷　勝弘『議員立法の実証研究』（信山社、二〇〇三年）六～七頁に簡潔にまとめられている。

(23) 谷・前掲書七～八頁、二六頁参照。

(24) この点については、内閣法制局百年史編集委員会編『内閣法制局百年史』（ぎょうせい、一九八五年）二七三頁参照。

(25) その間の経緯については、大石「内閣法制局の国政秩序形成機能」一三～一四頁参照。

(26) 現行憲法の下における衆議院議員提出法案の成立率について、前田英昭「議員立法と国会改革」中村睦男編『議員立法の研究』（信山社、一九九三）五九八頁以下は、連合国占領下では七九・四％、独立後しばらくも四七・三％と高かったものの、議員発議権が制約されて以降は三〇％を超えたことがない事実を示している。

(27) 西川・前掲書二六九頁で紹介されている。

（28）以上に述べた八件のうち、郵便法事件までを対象として立法府の対応を検討した論考として、中村睦男「最高裁判所の違憲判決に対する立法府の対応」前掲・上田章先生喜寿記念論文集『立法の実務と理論』一九七頁以下を参照。

（29）戸松秀典『憲法訴訟』（有斐閣、二〇〇〇年）四〇五頁。

（30）ここでは、地方自治体の行為を憲法違反と判断した二件の判決（愛媛県玉串料訴訟に関する最大判平成九年四月二日民集五一巻四号一六七三頁と砂川市政教分離訴訟《空知太神社事件》に関する最大判平成二二年一月二〇日民集六四巻一号一頁）や、地方自治体の条例について合憲限定解釈を施した数件の最高裁判決（福岡県青少年保護育成条例事件〈最大判昭和六〇年一〇月二三日刑集三九巻六号四一三頁〉と広島市暴走族追放条例事件〈最三判平成一九年九月一八日刑集六一巻六号六〇一頁〉など）は、ひとまず考慮の外に置いている。

（31）政令に関する判決としては、農地法施行令第一六条に関する最大判昭和四六年一月二〇日民集二五巻一号一頁、児童扶養手当法施行令第一条の二第三号に関する最一判平成一四年一月三一日民集五六巻一号二四六頁と最二判平成一四年二月二二日訟務月報四九巻一一号三一七三頁、地方自治法施行令第一一五条等に関する最大判平成二一年一一月一八日民集六三巻九号二〇三三頁の四件があり、省令に関する判決としては、さけ・ます流網漁業等取締規則（農林省令）第二九条二項に関する最三判昭和三八年一二月二四日判例時報三五九号六三頁、監獄法施行規則（法務省令）第一二〇条・第一二四条に関する最三判平成三年七月九日民集四五巻六号一〇四九頁、戸籍法施行規則（法務省令）第六〇条・別表第二に関する最三決平成一五年一二月二五日民集五七巻一一号二五六二頁、貸金業規制法施行規則（内閣府令）第一五条の二に関する最二判平成一八年一月一三日民集六〇巻一号一頁と最二判平成一八年三月一七日判例時報一九三七号八七頁の五件がある。

（32）これらの議論については、笹田・前掲書一一頁以下、大沢・前掲書一六三頁以下などを参照。

（33）この点については、元内閣法制局長官の宮崎礼壹氏によって、行政法制局・経済法制局・社会文化法制局の三局からなる法案審査体制が採られていることなどのほか、行政各部が法令を立案するに当たっては、通例、わが国の法務省に相当する法務部に意見・助言を求めることなどが、詳しく紹介されている。宮崎礼壹「韓国法制処・法務部・憲法裁判所訪問記」ジュリスト一三二二号（二〇〇六年）一四四頁以下。

VII部　地方自治

1　「地方政府基本法」構想をめぐる視点と論点
――主として憲法論の立場から

はじめに

このたび（二〇一〇年）、政府が閣議決定した「地域主権戦略大綱」（平成二二年六月二二日）は、「地域主権改革」の理念の下に、従来の地方分権改革推進委員会などが提議してきた累次の改革案を取り入れるとともに、自民・公明党から民主党への政権交代後に設けられた地方行財政検討会議などが打ち出した現行地方自治法の抜本的改正案を盛り込んだ画期的な内容を含んでいる。

前者に属する改革案としては、義務付け・枠付けの見直しと条例制定権の拡大などがあり、全国知事会・全国都道府県議会議長会などの地方六団体の歓迎するところとなっている。

他方、総務大臣を議長とする地方行財政検討会議（平成二二年一月設置）は、「地域主権の確立を目指した地方自治法の抜本的な見直しの案を取りまとめるため」総務省に設けられたもので、その約半年後、文字通り「地方自治法抜本改正に向けての基本的な考え方」を集約したが（六月一〇日）、閣議決定された「地域主権戦略大綱」中の第八「地方政府基本法の制定（地方自治法の抜本見直し）」は、それを反映したものとなっている。

ここでは、編集部の求めに応じ、この「地方政府基本法」構想をどのように受け止めるべきかという問題について、最近十年余りの間に提出された主要な各種提案を簡潔に振り返りつつ、主として憲法論の視点から少し考察を進めてみることにしよう。

一　地方政府基本法までの各種提案

1　「地方自治基本法」の構想

(1)　まず、一九九八年の自治基本法研究会「地方自治基本法案」（平成一〇年五月）——以下「研究会案」と言おう——は、地方分権推進委員会が提唱した「分権型社会」における地方自治制度のあり方を模索する中から、「地方自治の本旨の具体化法」として構想されたものと言われる[1]。

ここで策定された基本法案は、「上位規範としての位置づけ」を与えられ、地方自治に関する個別法や各省所管の個別作用法に対しても「拘束的に作用するもの」にしたいとの期待を寄せられており[2]、解釈論的には、「自治体に関わる国の法律には憲法上『地方自治の本旨』に反してはならないという制約があるはずで……基本法の内容が、憲法の定める『地方自治の本旨』の内容そのものであるとすれば、基本法に反する法律は憲法に違反するもの」と言えるという説明も施されている[3]。

しかし、ここで直ちに疑問が起こるのは、「基本法の内容が、憲法の定める『地方自治の本旨』の内容そのものである」との解釈論上の帰結をどのようにして導くか、という点である。これが難問であることを意識されたのであろうか、それは仮定法の形でしか論じられていないが、この点を別としても、そうした解釈論議には、後に検討するような法理論上の根本問題が伏在している（本章三参照）。

(2)　かつて自由党が第一五六回（通常）国会に提出した二〇〇三年の「地方自治確立基本法案」（平成一五年五月三〇日、衆法二七号）——以下「自由党案」と称する——は、地方自治体関係法令の抜本的な見直しを目指して、「地方公共団体が地域における行政について企画、立案及び調整を含め一貫して自主的かつ自立的にこれを実施することができるよう、地方公共団体に関する法令の規定について抜本的な見直しを行い、その結果に基づいて必要な措置を講ずるものとする」ことを盛り込んでいた（同案四条）。

同案は、衆議院総務委員会に付託され、閉会中審査を経たものの、次の第一五七回（臨時）国会で審査未了として廃案になった。しかしながら、そこに盛られた地方自治体関係法令の抜本的見直しの方向は、個別補助金を廃止して一括交付金の交付に切り替える規定（同案七条）などとともに、今日の「地域主権戦略大綱」にも引き継がれているものがある。

(3)　この点に関連して、ほぼ同じ時期に、新しい地方自治保障システムの構想を検討した全国知事会の第七次自治制度研究会による二〇〇四年の報告書『地方自治のグランドデザイン』（平成一六年三月）についても、ここで一言しておこう。

同報告書は、①憲法典に「国と地方の適切な役割分担」原則を規定する、②執行機関の選出については多様な形態を認める、③国の立法・行政への参加権を規定する、といった注目すべき提案をするとともに、④「地方自治を保障する法体系のあり方」についても具体的に言及している。

それによれば、(a)憲法改正を含めた憲法レベルでの保障を考える場合は、憲法規定を具体化するための地方自治基本法の制定も考えられるが、結論的には、憲法改正と併せて地方自治法の大改正をおこない、憲法と地方自治法というかたちで法体系を整えるほうがよいとする一方で、(b)憲法改正が行われない間は、「地方自治の本旨」の分権的解釈と法律レベルでの保障規定の充実を図るものとし、この場合、従来通りの地方自治法の改正のほか、地方自治基本法の制定も選択肢となりうることを論じている。(4)

(4)　さて、神奈川県の松沢知事による「地方自治基本法の提案」(平成二二年一月)——以下「松沢構想」と呼ぼう——は、庁内に設けられた政策部三課と総務部四課の課長等からなるプロジェクトチームが、知事の意向を受けつつ、地方自治基本法の制定と地方自治関連法制の再編を目指して取りまとめたものである。

この松沢構想は、「地方自治基本法に盛り込むべき内容」として、目的、基本理念及び国・都道府県・市町村の役割分担をうたう総則規定、住民自治の保障規定、そして自治財政権・自治行政権・自治立法権などの団体自治規定に大別し、とくに住民自治の保障や団体自治に関しては、「基本法の規定内容」と「条例に委ねる内容」とを腑分けしている点において、よく整理された貴重な成果と評価することができよう。

ただ、この構想が「準憲法的」な地方自治基本法の制定を提唱する点については、先の研究会案について述べたのと同様に、法理論上の根本問題が含まれていることを指摘せざるをえない(後述三参照)。また、そこでは、「地方自治体の自立(団体自治)の保障」として「自治組織権」が重要視されているにもかかわらず、すぐ後で述べるような、地方自治体の基本構造に関する選択の可能性は、地方自治基本法に盛り込むべき内容とは考えられていないようであって、この点も気になるところである。(5)

2 「地方政府基本法」の構想へ

(1)　先に言及した地方行財政検討会議に提出された「地方自治法抜本改正に向けての基本的な考え方」案（六月一〇日）は、基本的に、地方自治体の統治の基本構造のあり方を検討した第一分科会案と財務会計・監査制度を検討した第二分科会案（ともに五月二四日提出）とを合体させたものであるが、ここでは第一分科会案相当部分に焦点を絞って、その是非を論ずることにしよう。

この「基本的な考え方」案は、それまで各方面で議論されてきた見直し論を集大成するかたちで、(a)議会が執行権限の行使に事前の段階からより責任を持つようなあり方と、(b)議会と執行機関それぞれの責任を明確化することによって純粋な二元代表制の仕組みとするあり方との二つの方向があるとした上で、地方自治体みずからによる基本構造の選択の可能性を探ることとしている。

その際、個人本位制になっている現在の地方議会議員の選挙制度のあり方にも論及し、「政策本位、政党本位の選挙制度に変更すべきではないか」という論点についても検討する姿勢が示されたのは、たいへん興味深い。

(2)　いずれにしても、こうした検討を経て、冒頭に述べたような「地方政府基本法の制定（地方自治法の抜本見直し）」を含む「地域主権戦略大綱」が閣議決定されたわけである。

ここでは、地方自治体みずからによる基本的な統治構造の選択の可能性については、「地域主権改革の理念に照らし、法律で定める基本的な枠組みの中で選択肢を用意し、地域住民が自らの判断と責任によって地方公共団体の基本構造を選択する仕組みについて検討する」という文言が示すように、現行制度が――二元代表制を前提として――一律に要求してきた基本的な統治構造を抜本的に再検討する方向が打ち出されている。もっとも、そのことと「地方政府基本法の制定」と銘打ったこととの関係は、必ずしも明らかでないように思われる。

二　地方自治・地方政府基本法の憲法論

1　準憲法的法律としての構成

(1)　地方自治法の抜本的な改正と「自治基本条例」構想の本格的な導入を目指して、前記の「地方自治基本法案」

を提議した自治基本法研究会によれば、憲法第九二条の「地方自治の本旨」を具体化するものとして、「日本国憲法に準ずる基本法である」と説かれる。そして、これに関する説明は、以下のようなものである。

日本国憲法第九二条は自治体の組織及び運営に関する事項は「地方自治の本旨に基づいて、これを定める」として国の立法に対する制約を課している。だが、実際には、国の法令の改正により自在に自治体への新たな義務の追加が行われ、あるいは自治体と国との対等関係が歪められることがある。現行の法体系でこれを抑止することは難しい。そこで、「地方自治の本旨」を具体化する基本法を制定し、各省庁が所管する個別法の改正にあたってはこれに違反してはならないという立法的制約を国会自らと法令所管省庁に課す必要がある。地方分権推進計画に基づく改正及び今後の新規立法もこの基本法の範囲で行われることが要請される。地方自治法の改正ではなく、新たに「地方自治基本法」を制定しなければならないと考える理由はここにある。

確かに、現行の地方自治法のように、一定の組織・機関の必置規制、一定の活動の義務付け、そして手続・基準などに対する枠付けをともなう詳細な規律を設けることが、果たして憲法にいう「地方自治の本旨」に則しているかは、大いに疑わしいところがある。その意味において、憲法上の地方自治条項に含まれている「防御的機能」[6]が相当程度に阻害されている、との印象は免れがたい。

しかし、そうは言うものの、ここで構想されている「地方自治基本法」が、憲法・法律・政令といった、各種の

「法形式」間の形式的効力の違いを前提とした日本の現行法の体系上、どのように位置づけられるのかは、必ずしも明らかにされていない(7)。また、憲法と法律との間に位置づけるというのであれば、何故そうなるのかについての十分な法理論的説明が必要であろう。

(2)　他方、神奈川県知事が打ち出した「松沢構想」は、地方自治基本法に対して、より明確に「準憲法的」性格を付与しようとする提案として注目される。すなわち、同構想は、「地方自治基本法（仮称）」を準憲法的な法律として制定し、「その他の法律はこれに違反してはならないという制約を明確にする」（六頁）ことを謳っており、その位置づけについて、次のような詳しい説明を施している（一二～一三頁）。

地方自治基本法は準権能的な位置付けを持つ法律とし、地方自治を保障する諸原則とそれを支える基本的な制度のみを地方自治基本法に規定する。各制度の個別の仕組みは、法律で全国一律に定めるべき必要最小限の事項に限り、地方の組織や財務等の個別法に再編して規定する。

ここで言う「準憲法的な位置付けを持つ法律」とは、憲法的価値の実現に奉仕する法律であること、すなわち憲法第八章地方自治に定められる憲法的価値の実現、とりわけ憲法原理である地方自治の本旨を明確化、具体化する法律であるということである。従って、地方自治の本旨を具体化した地方自治基本法の規定、趣旨、目的に沿うように地方自治に関する個別法を定めることで、法体系上、個別法は地方自治基本法の下に位置付けられるものとする。

いわゆる松沢構想は、このような説明に続けて、「地方自治基本法の立法趣旨は、地方自治の本旨の具体化であるので、地方自治基本法と抵触する法律は憲法にも抵触する可能性がある」こと、その意味で「法形式上は対等の関係にある個別法に対する地方自治基本法の拘束力は担保される」ことも説いている。

このような立論は、法律の内容的効力と形式的効力とを混同するものではないかという疑問があるが、同様の議論はすぐ後で紹介する「西尾意見」にも見られる。したがって、それらに共通する問題性については後述することとするが（三参照）、ここでは、そうした議論の有力な手がかりとなっているかに見える最高裁判所判例の解釈の妥当性について、一言しておきたい。

2　最高裁判例の理解

(1)　すなわち、いわゆる松沢構想は、「一般的に、個別法を新たに制定、改正する際に、基本法が拘束力を持ち得るかが問題となる。基本法といえども国法の形式としてはあくまで法律であり、個別法に優先するものではないという考えが一般的である」ことを承認する一方で、「基本法に準憲法的な位置付けを持たせることで、個別法に優先する効力を持つという学説、判例もある」として、有名な旭川学力テスト事件大法廷判決（最大判昭和五一年五月二一日刑集三〇巻五号六一五頁）において説示された、次の一節を援用している。

教基法〔旧教育基本法〕は、憲法において教育のあり方の基本を定めることに代えて、わが国の教育及び教育制度全体を通じる基本理念と基本原理を宣明することを目的として制定されたものであつて、戦後のわが国の政治、社会、文化の各方面における諸改革中最も重要な問題の一つとされていた教育の根本的改革を目途として制定された諸立法の中で中心的地位を占める法律であり、このことは、同法の全文の文言及び各規定の内容に徴しても、明らかである。それ故、同法における定めは、形式的には通常の法律規定をして、これと矛盾する他の法律規定を無効にする効力をもつものではないけれども、一般に教育関係法令の解釈及び運用については、法律自体に別段の規定がない限り、できるだけ教基法の規定及び同法の趣旨、目的に沿うように考慮が払わなければならないというべきである。

ここに明記されているように、この大法廷判決は、決して、他の法律に優位するという意味における旧教育基本法の形式的効力の強さを説いたものではない。

にもかかわらず、その一節を「個別法に優先する効力を持つという……判例」として援用する――作為的とは言え

ないまでも――のは、かなりミスリーディングな作法というべきであろう。(8)

それは、同法が、教育・教育制度全般にわたる基本理念と基本原理を示すという意味において、むしろ、特別法に対して一般法がもっている規律対象の広範性や一般的文言の包括性というものを説いた趣旨として理解すべきものである。しかも、「法律自体に別段の規定がない限り」という留保があることから言っても、この一節が個別法に優位するといった効力を旧教育基本法に与えようとしたものでないことは、容易に知られるはずである。

(2)　最高裁の判例の説いたところは、そのような趣旨のものとして正確に理解してみると、例えば、現行地方自治法について、同法に明記された立法原則が地方自治関係の新規立法に対して有する実際的な意味又は効果を説いた、次のような松本英昭氏の論述(9)と大きく隔たるものではない、と考えられる。

このような国の立法の原則についての定めがあっても、憲法に違反しない限り、法律相互間の効力についての一般原則以外に法律の効力について優劣はないから、この国の立法の原則を踏まえないまま立法が行われる可能性は否定できない。しかしながら、地方公共団体に関する法律については、この自治法の規定との関係が当然に議論されることとなるものと予想され、法律等の立案の段階や国会の審議において、この規定の存在を前提にした議論が展開されることとなろう。

こうした視点からすると、研究会案が提示した地方自治に関わる法令のあり方と解釈原則に関する第五条一項の規定、つまり「自治体の組織と活動に関連して制定される法令は、地方自治の本旨に適合し、かつ第三条の趣旨［自治体優先の原則］に沿ったものでなければならない」と明記した点にこそ、むしろ実際的な強い効果を発揮することが期待されると言うべきかも知れない。

しかしながら、そうした効果は、あくまでもそのような規定を意識し又は前提とした議論が展開されるであろうという予測にすぎない。

したがって、結局のところ、「地方自治基本法をその他の関連諸法の上位規範とする立法主旨が国会によって尊重されるという保証」はなく、「基本法がその他の関連諸法と同格の法律として扱われる」以上、「後法が前法に優越するので、基本法はその立法主旨を全うすることができない[10]」ことになるという猜疑心に駆られるのも、また事実であろう。

3　憲法実施法・憲法附属法としての構成

(1)　こうした「基本問題」を意識しつつ、より説得的な議論を展開されたのが、最近の地方行財政検討会議における西尾勝氏の「地方政府基本法についての意見」——これを「西尾意見」と略称しよう——である（同会議一月一五日提出資料）。

この意見は、「通常の法律に優越する法的効力を有する基本法なるものを制定する余地がそもそもあるのかないのかという論点」が「最も基本的な論点」であるとした上で、「通常の法律に優越する全く新たな類型の基本法として地方政府基本法を制定しようと試みる」論理構成として、以下のように説いている。

地方政府基本法は、「地方公共団体の組織及び運営に関する事項は、地方自治の本旨に基いて、法律でこれを定める。」と規定している日本国憲法第九二条の明示的な委任に基づいて、同条にいうところの「地方自治の本旨」を解釈し補充した憲法実施法（または憲法附属法）というべき性質のものであること、それ故にまた、地方公共団体の組織及び運営に関する諸制度の詳細を設計する諸々の通常の法律はこの地方政府基本法に違反しないかぎりにおいて制定され解釈適用されなければならない旨を、みずからの法文上に明記することではないか、と考える。

政府の組織に関する憲法条項に基づいて制定された法律……を列挙してみると、皇室典範、国籍法、公職選挙法、国会法、内閣法、国家公務員法、裁判所法、会計検査院法、地方自治法等々と並ぶ。しかも、これらの諸法は、憲法と一体をなすものとして、憲法の制定・施行とほぼ同時期に相前後して制定・施行されているのであって、これらの諸法こそ政府組織に関する「実質上の基本法」そのものである。

以上の諸点を考慮すると、地方自治法を含むこれらの諸法は、いずれも憲法の明示的な委任に基づいて制定された憲法実施法（または憲法附属法）と称しても決して不自然でない法律なのであって、同じく国会によって制定された法律ではあるものの、その他の通常の法律とは別格の法的効力を有する法律として制定され解釈適用されることも、あながち全く根拠のないことではないのではなかろうか……。

確かに、「憲法の明示的な委任に基づいて制定された憲法実施法（または憲法附属法）」について、「憲法と一体をなすものとして、憲法の制定・施行とほぼ同時期に相前後して制定・施行されている」政府組織に関する「実質上の基本法」と位置づけることは、そうした憲法附属法に固有の国政運営上の重要性を的確に指摘するものとして、筆者も賛同するところである。[11]
しかしながら、西尾意見が説くように、「実質上の基本法」ということから直ちに、「通常の法律とは格別の法的効力を有する法律」として制定・解釈することが可能になると解することは、法体系又は法理論上果たしてできるものであろうか。
(2)　西尾意見においてさらに注目されるのは、そうした意味をもつ地方政府基本法の規定それ自体の中に、「地方公共団体の組織及び運営に関する諸制度の詳細を設計する諸々の通常の法律」は、それに違反しない限りで制定又は解釈適用されるべき旨を明記することを提案しているところである。
しかしながら、こうした考え方も、そのことが憲法典に明記されているならともかく、その旨の規定が憲法に存しない場合においては、それをさながら採用することは難しいように思われる。

なぜなら、制定法がみずからその効力を創出したり指定したりすることはできない、と言わざるをえないからである。仮に、もしそのような論理が認められるならば、ある制定法は憲法的効力をもつと僭称することすら可能になるであろう。

(3)　いずれにしても、この西尾意見において一つの頂点に達した観のある、地方自治・地方政府基本法に通常法律に優位する効力を付与しようとする一連の構想については、以下にみるような根本的な問題があるように思われる。すなわち、第一に、そうした議論の中では、法律――法令一般について問題となりうるが、ここでは法律に絞って議論することにする――が有する「実質的（内容的）効力」と「形式的効力」という、次元の異なる二つの効力の考え方が混同されているのではないか。第二に、その議論においては、制定法の形式的効力はその種別又は法の形式に応じて異なってくるということが、必ずしも充分に理解されていないのではないか。

そこで、次に、これらの問題点をやや詳しく検討することによって、踏まえるべき要点はどこにあるかを提示することにしよう。

三　憲法学における法の形式と法律の効力

1　「国法の諸形式」の問題

(1)　まず、純粋法学の影響を受けた憲法学の体系において「国法の諸形式」という定式で語られることの多い一般法学の論理によれば、制定法の種別に応じてその形式的効力が異なるという命題は、次のように説かれる。[12]

法の形式は、その生産方法によって、決定される。生産者がちがい、生産手続がちがうに応じて、ちがった法の形式が生ずる。成文国法の諸形式間の全体は、一定の時所において、つねに統一的な意味をもっていなくてはならない。そこに終局的・絶対的な矛盾は、あり得ない。しかし、国法の形式の内容は、人間によって作られるから、それらの内容相互間には、主観的には、矛盾が生じ得る。この表見的な矛盾を解決して、統一的な意味内容を構成することは、国法のもつ重要な任務のひとつである。

このような前提の下に、憲法学の泰斗は、「近代諸国法は、この点について、次のような原則をみとめる」として、よく知られた次のような諸命題を「諸形式の間の矛盾の解決」という図式の下に再構成して、定式化したのである。

① ある法形式がその所管事項以外の事項を内容としたときは、それは無効と見るべきである。

② 二つ以上の同じ法形式の内容がたがいに矛盾するときは、時間的に後に制定されたものが、優勝する。これを「後法は前法を廃す（略）」という。

③ ちがう法形式の内容がたがいに矛盾するときは、両形式のもつ形式的効力によって解決しなくてはならない。ある事項を共通の所管事項とする二つの形式がその事項についてたがいに矛盾する内容をもつ場合、その内容いかんにかかわらず、一の形式がつねに他の形式に優勝するとされることがある。その場合、それらの形式は、それぞれ違った形式的効力を有するといわれる。国法の諸形式はたがいに異なるつよさの形式的効力を与えられ、それによって相互間の矛盾の解決が可能ならしめられている。通例、憲法が、最強の形式的効力を有し、その下では、法律が一番つよい形式的効力をみとめられる[13]。なぜ法律に上位をみとめるかといえば、いうまでもなく、法律は、主権をもつ国民の代表者たる国会——「国権の最高機関」である国会——の作品だからである。

(2) 前二者について異論はありえないが、第三命題の最後に登場する「国権の最高機関」を根拠とする「法律の優位」原則の根拠づけに対しては、どうしても異議を唱えなくてはならない。というのは、そうした明文の規定——日本国憲法の場合は第四一条前段——が存在しない憲法体制であっても、その原則は当然に認められているからである。そのように考えると、「法律の優位」原則は、むしろ「公選議会を要素とする立憲民主制の憲法構造それ自体に内在するもの」として理解すべきではないかという批判が妥当するが[14]、紙幅の限りがあるので、ここではそれ以上立ち入らない。

いずれにしても、このような法理論的な立場——これは一般法学上の成果として共通理解になっている——からすると、およそ制定法の形式的効力の問題は、その制定の主体と手続に応じて決定されるべきものであって、規律事項の内容やその重要性と直結させることはできないのである。

2　法律の実質的効力と形式的効力

(1)　次に、法律の実質的効力——「実質上の効力」ともいう——とは、法律の規定内容がどのような拘束力を生ずるかを問題とするのに対し、その形式的効力——「形式上の効力」ともいう——とは、法律の規定内容いかんに関わりなく、議会制定法という形式・手続がどのような効力をともなうかを問題とする考え方である。

したがって、前者は「法律の拘束力」とも呼ばれ、これについて時・所・人に関する効力が議論されることになるが、後者は、議会制定法という国家意思の決定手続を基準として、他の決定手続に対する優越性を表すことになる。

このような法律の実質的効力と形式的効力の区別は、明治憲法時代には、美濃部達吉の憲法論に代表されるように明瞭に説かれていた[15]。また、その区別を説くことなく「法律の効力」のみを論じた佐々木惣一にあっても、やはり、「法律は一方に於て法律其の他の国家意志を変更することを得、他方に於て法律に依てのみ変更せらるることを得。是れ法律の内容即ち其の定むる事項の如何を問ふことなし」と要約し、同じ趣旨を説明していたのである[16]。

(2)　これに対して、近年では法律の「形式的効力」にのみ言及する著作が多く[17]、現代の憲法学の体系ではそれにも言及しない傾向すら見られる。このことは、しかし、もとより、法律の実質的効力・形式的効力という伝統的な法理論的思考それ自体を否定しようとする趣旨ではないのである。

今日の憲法学説にあって、そうした形式的効力といった問題に論及しないのは、むしろ、明治憲法下の「法律ニ代ルヘキ」――したがって法律としての効力をもつ――緊急勅令（明治憲法八条）などはもはや存在しないこと、「国の最高法規」としての憲法典に次ぐ「法律の優位」原則は今や自明の理であることなどから、憲法論としてあえて言及する必要がないという判断が働いているからにほかならない。

法律の形式的効力は、このように議会制定法という主体と手続に由来するものであって、それが規定している内容に関わりなく認められるものである。したがって、ある法律が、一定の内容を備えているが故に他の法律に優位する――あるいは劣位する――といった特定の帰結を導き出すことはできない。同じ議会制定法であるのに、そのように異なる形式的効力を認めるべきだと主張することは、こうした形式的効力と実質的効力の区別を無視し、その間の混同を来すものとして、法体系・法理論上とうてい承認することはできないのである。

(3)　もっとも、このように断定してしまうことについては、なお若干の留保が必要であろう。というのも、ある制定法の形式的効力は制定手続によって決定されるという前提に立った場合、今度は、以下のような問題が浮上してくるからである。

第一に、憲法第九五条に定める、いわゆる地方自治特別法の位置づけにかかわる問題でもあるが、議会手続だけでなく、議会外の当該地方自治体の住民による承認という特別手続が加わるかたちで制定される法律については、その民主的正統性からいって、通常の議会制定法よりも強い形式的効力が認められるべきではないか。

第二に、同じ議会制定法であっても、憲法みずからが審議・議決に関して特別の手続要件を課している場合には、それに応じた特別の効力を認めるという考え方や仕組みはありえないのか。

ここでは、まず、地方自治特別法の位置づけにかかわる論点についてみると、考え方としては、(a)その承認手続に形式的効力を左右するほどの意義を認めないとすれば、通常の議会制定法と同一のものと考えることになるが、他方、

(b)関係住民による特別の承認手続が加わることを重視して、通常の議会制定法よりも強い形式的効力を認めるべきだという議論になるであろう。[18]

この点については、日本国憲法は、「法律案は、この憲法に特別の定のある場合を除いては、両議院で可決したとき、法律となる」（五九条一項）と定めており、地方自治特別法を定めた憲法第九五条は、その例外的な「特別の定のある」場合を規定したものと解され、そこに「防御的機能」が読み込まれることになる。

そのような消極的規定であるとすれば、通常法律より強化された形式的効力を積極的に付与する根拠にすることは、難しいように思われる。

実際、かつて東京都の住民投票を経て制定された首都建設法（昭和二五年法律二一九号）は、通常法律である首都圏整備法（昭和三一年法律八三号）によって廃止されたが（同法附則四項）、このことは、地方自治特別法が通常法律より強い形式的効力を有するものではないことの、立法実務上の証左ともなっていると言えよう。

3　固有の憲法附属法の考え方

(1)　次に、第二の問題、つまり同じ議会制定法であっても、憲法みずからが審議・議決に関して特別の手続要件を課している場合は、それに応じた特別の効力を認めることはできないのかという問題については、現行フランス憲法が採用している「憲法附属法」（loi organique）の考え方が参考になる。[19]

これは、憲法典に規定され、特別な手続で議決・修正された法律であって、通常法律を超える法的効力を与えられたものを指し、一般に、憲法典に明記されてはいるが、それ以上詳しく定められていない原則を実施するために定められる。

この憲法附属法は、総体的には通常法律と同じ手続で制定されるが、①内閣による法案提出と先議院での本会議審議との間に置くべき期間がある、②上院の承認を受けていないものは、下院では絶対多数によるのでなければ承認されない、③上院に関するものは、上下両院により同一文言で可決されない限り（上院議員の多数の同意がない限り）、議決されない、④すべて公布認証の前に必ず憲法院による審査に付される、といった点に特徴がある。

憲法附属法は、こうして憲法典に適合することを確認されたものとして、通常法律を超える効力を認められる。これを固有の憲法附属法ということができるが、立法者は通常法律の制定に当たってはそれを遵守することが義務づけられ、憲法典が設けた法令の段階的な効力関係と各種の要件を遵守しないときは、憲法に違反したものと判断されることになる。

(2) 以上のように、先に述べた法理論的帰結を直視するとともに、比較法的な事例をも参照すると、すでに紹介したように、同一の制定主体に基づく議会制定法であっても、特別の手続が取られた場合には特別の効力が与えられるという考え方は、それほど不自然なものではなく、認められる余地がある。

そこで、残された憲法上の論理構成としては、次のようなものが考えられよう。

第一に、議会手続に着目して、例えば、①委員会審査の終了後、一定の期間——例えば、最低二週間——を経なければ、本会議の議事日程に記載されない、つまり本会議での審議・採決を行うことができないといった審議要件を設けるとともに、②両議院の各々において三分の二以上の議員による特別多数決で可決されたことを要するといった議決要件を課した上で、通常の法律とは異なる形式的効力を認めるという考え方を採用することである。

その上で、地方政府基本法がこのような手続要件の下で制定されたことを、通常の法律に優位する効力が認められることの論拠とする立論が考えられる。むろん、しかし、これについても、フランス憲法のように、憲法典自身の中にそうした憲法附属法に特別の形式的効力を予定する規定のあることが、議論の大前提だとする批判を覚悟しなくてはならない。

第二に、地方自治特別法のように、議会手続に住民による承認手続がプラスされて制定された法律の場合については、議会手続のみで制定されたものより優位する効力を認めるべきだ、という解釈を採用することである。これについては、しかし、先に述べたような理論的・解釈論的な問題があるほか、過去の立法実務例と大きく異なり、その変更を前提とせざるをえないという難点もある。

もとより、地方政府基本法の場合は、正しく一般法そのものであって、もとより地方自治特別法のような承認手続を必要としないが、他方、国会手続と国民表決（レファレンダム）を組み合わせることにより、通常法律より強い効力を認めることは、理論上可能である。

この場合、注意すべきことは、憲法解釈上、一般に、国会の議決後に行われる決定的レファレンダムは、憲法第四一条・第五九条に定める立法手続の原則——法律制定手続は国会両議院のみで完結すること——に反するが、国会による法律議決の前におこなう諮問的レファレンダムは、現行憲法の下で導入可能だと解されている点である。[20]

そこで、この諮問的レファレンダムを法制化し、地方政府基本法をその手続に付すというのが、現行憲法の下での残された唯一の途ということになろう。

おわりに

このように考えてくると、通常法律よりも強い効力をもつ地方政府基本法という構想は、ぎりぎりの線で制度化することが可能である、と結論づけることはできる。しかし、その場合でも、諮問的レファレンダムが強い効力の根拠となりうるかとする批判は当然予想されるところで、憲法解釈面での理論武装を強化する必要に迫られよう。

そうだとすると、通常法律よりも強い効力をもつ地方政府基本法という構想は、やがて憲法改正問題へと波及せざるをえないが、他方で、今度は、その実現可能性という実際上の困難に逢着することになる。

最後に、本章において検討することを編集部から期待され、筆者自身、かねて関心を寄せていた課題は、二元代表制の制度設計、地方議会議員の選挙制度、大都市制度の位置づけなど、他にも多くのものがあった。しかしながら、すでに与えられた紙幅を相当に超えており、不本意ながら、それらについての検討は、また別の機会に譲りたいと思う。

（1）辻山幸宣「地方自治基本法の構想」地方自治総合研究所編『分権型社会の基本設計』（自治総研ブックレット、一九九八年）二〇頁。なお、全八章四三か条からなる地方自治基本法案の全容は、同書一七八～一八五頁に収録されている。

（2）辻山・前掲論文二四頁。

（3）人見　剛「地方自治法の改正と地方自治基本法」月刊自治研四一巻一号（一九九九年）三六頁。

（4）全国知事会『地方自治のグランドデザイン』一二二～一二三頁。なお、これをうけて発足した第八次自治制度研究会による報告書『地方自治のグランドデザインⅡ』（平成一八年一二月）は、地方自治の憲法的保障にかかる各種の課題を検討した後、憲法レベルにおける地方自治の保障規定の充実を図るべきことを説き、①憲法の前文において「地方自治」の重要性について言及すること、②地方自治法に規定されている国と地方の「適正な役割分担」原則を憲法原則として明記すること、③基礎自治体及び広域自治体の二種類があることを規定すること、④憲法に地方自治の財政的保障に関する規定、すなわち、自由に使える自主財源（固有財源）の保障、権限（責務）と財源の一致、課税自主権及び財政調整制度等の規定を設けること、といった具体的な提言をまとめている。

（5）その背景としては、松沢構想では、この自治組織権は、自治財政権・自治行政権・自治立法権を行使するため、憲法により付与されたものと位置づけられながら、具体的内容として、議会の組織・運営、首長の任期、行政委員会の設置や委員の員数などが言及されているところからすると、限定された権能が想定されているという事情があるのかも知れない。これに対し、例えば、塩野博士が説かれるような「自治組織権」は、「地方公共団体の意思決定のあり方を含む組織・運営について自ら決定する権能」というように、より包括的な内容を有しており、これだと基本法所管事項とすべきものとなろう。参照、塩野　宏『行政法Ⅲ〈第三版〉』（有斐閣、二〇〇六年）一五七頁以下。

（6）塩野・前掲書一二一頁、一二四頁。

（7）木佐茂男「地方自治基本法」松下圭一ほか編『自治体の構想1　課題』（岩波講座、二〇〇三年）八五頁以下参照。同論考は、同

案策定前後の事情と問題点をも詳しく扱っているが、本章で取り上げる視点からの検討は行われていない。

(8) 教育基本法は、安倍内閣により第一六五回〈臨時〉国会に提出され、次の臨時国会で通常手続によって全面改正されたが（平成一八年一二月二二日法律一二〇号）、旧教育基本法特別効力論によると、これにも特別の効力が認められることになるのであろうか。

(9) 松本英昭『地方自治法の概要〈第一次改訂版〉』（学陽書房、二〇〇七年）四〇頁。

(10) 西尾勝「『地方自治の本旨』の具体化方策」東京市政調査会編『分権改革の新展開に向けて』（日本評論社、二〇〇二年）四八頁。

(11) 大石眞『憲法Ⅰ〈第2版〉』（有斐閣、二〇〇九年）一一頁参照。

(12) 以下については、宮澤俊儀『憲法〈改訂三版〉』（有斐閣、一九六九年）三五三頁以下。なお、同『憲法略説』（岩波書店、一九四二年）二三〇頁以下参照。

(13) この「通例」以下の二文は、明治憲法時代の『憲法略説』では、「いはゆる法律上位の原理は、すなはち、法律の形式に対して他の諸形式よりも強い形式的効力をみとめる原理に外ならぬ」と記述されていた（同書二三四頁参照）。

(14) 大石・前掲書一四〇頁参照。

(15) 美濃部達吉『憲法撮要〈訂正第五版〉』（有斐閣、一九三二年）四九四頁以下、市村光恵『帝国憲法論〈改訂増補〉』（有斐閣、一九二一年）七七五頁以下、金森徳次郎『帝国憲法要綱〈訂正版〉』（厳松堂、一九三四年）二八七頁以下など参照。なお、美濃部門下の清宮四郎も、法律の「形式的効力」を指して、「法律といふ形式の国家行為が他の国家行為との関係に於て規定が競合する場合に於ける法律の効力」をいうものと解説している。清宮四郎「法律」末弘厳太郎＝田中耕太郎編『法律学辞典〈第四巻〉』（岩波書店、一九三六年）二四八一頁参照。

(16) 佐々木惣一『日本憲法要論〈訂正第五版〉』（金刺芳流堂、一九三三年）五九四頁以下参照。

(17) 例えば、清宮四郎『憲法Ⅰ〈第三版〉』（有斐閣、一九七九年）四二三頁、佐藤功『日本国憲法概説〈全訂第五版〉』（学陽書房、一九九六年）五六五頁、伊藤正己『憲法〈第三版〉』（弘文堂、一九九五年）六六三頁、野中俊彦ほか『憲法Ⅱ〈第四版〉』（有斐閣、二〇〇六年）四〇〇頁など。なお、佐々木惣一『改訂 日本国憲法論』（有斐閣、一九五二年）二七四頁は、明治憲法時代と同様に「法律なる形式を有する国家意思が、他の国家意思との関係において、有する力」を「法律の効力」として述べるが、言うまでもなく法律の形式的効力を意味している。

(18) 私は、かつて「日本国憲法が定めている地方自治特別法については、関係住民の関与という特別の手続が介入するにもかかわらず、通常の法律とは異なった特別の形式的効力などは認められていない」ことなどに対する反省も必要なのではないか、と述べたことがあるが、これは本文のような問題意識に出たものである。この点については、大石眞『憲法秩序への展望』（有斐閣、二〇〇八年）二七頁参照。なお、小林公夫「地方自治特別法の制定手続について——法令の規定及びその運用を中心に」レファレンス七〇五号

（二〇〇九年）五九頁以下は、あまり活用されていないという評価があるものの、これを積極的に活用する議論もあることを踏まえた詳細な論考である（ただ、本章で問題とする論点には言及されていない）。

(19)　これについては、前掲の大石『憲法秩序への展望』一五頁以下、とくに一八頁以下を参照（スペイン憲法も、類似の特徴をもつ憲法附属法の観念を取り入れていることにも言及している）。なお、原語の **Loi organique** には、しばしば「組織法律」の訳語が充てられるが、この訳語は、通常法律を超える特別の効力を示さないこと、その所管事項は、いわゆる組織法より広い範囲を有することなどを考えると、妥当でなく、むしろ「憲法附属法」と訳すことが望ましい。

(20)　例えば、芦部信喜（高橋和之補訂）『憲法〈第四版〉』（岩波書店、二〇〇七年）四二頁、佐藤幸治『憲法〈第三版〉』（青林書院、一九九五年）一〇七頁など。この点については、大石『憲法Ⅰ〈第2版〉』七五頁、野中俊彦ほか『憲法Ⅱ〈第四版〉』一四頁など参照。

2 未完の地方分権改革

(1) 地方分権改革の実施が本格化している今日(二〇〇三年現在)、「地方議会の活性化」とは、もはや聞き飽きたスローガンになってしまった感がある。この分野に多少なりとも関心をもつ者にとっては、調査・立案機能の強化や法務能力の向上をはじめとする議会事務局体制の充実・強化とか、標準会議規則をモデルとしてワンパターン化してしまった会議規則の見直しといった問題は、かなり以前からの懸案事項であったし、折に触れていろいろな方面から提出されてきた改善案もほぼ共通している、といってよいからである。

にもかかわらず、地方議会のあり方が――議会実務家はともかくとして――多くの国民・住民や一般の研究者などの関心を引いているとは、とうてい言えまい。これにはいろいろな原因があろうが、何より、今般の地方分権改革においては、確かに国と地方との関係はかなり改められた面があるものの、肝心の地方自治体における主要機関の組織・権限上の関係、すなわち執行機関(首長)と議事機関(議会)との関係は、何ら変わらなかったということが、大きく影響しているのではあるまいか。

もちろん、先の地方分権一括法(平成一一年法律八七号)――正確には「地方分権の推進を図るための関係法律の整備等に関する法律」という――によって地方自治法の改正が行われ、例えば、議案提出要件・修正動議発議要件が議員定数の八分の一から一二分の一へと緩和されたこと(地方自治法一一二条二項・一一五条の二参照)などは、今後それなりに重みを増してくるかも知れない。現に、議員提出にかかる議案がほとんどなかった過去に比べると、わずかではあるが、改善の兆しも見られるようである。

(2)　しかし、従来しばしば言われてきたように、制度の論理として、いわゆる二元代表制を採っているにもかかわらず、首長にかなり強い権限を認める一方で、議会の権限は限定的に列挙するという、地方自治法が採ってきた基本的な構図は、今般の制度改革の中でも、まったくといっていいほど変わっていない。これでは、とかく新機軸を好むマスメディアが取り上げるはずもなく、いわゆる地方議会の活性化の問題は、依然として、大方の関心の外に置かれたままである。

地方分権改革は、確かに、ひとまずは国と地方との間における権限移譲を課題とするものであった。だが、しかし、次の課題として、そのように移譲された権限を地方自治体がどう行使するのが望ましいか、という問題が必ず出てくるはずである。この問題は、地方自治体における機関相互の関係をどのように組み立てるかという論点と不可分に結び付いている。最近、国を相手にした知事たちの元気のよい発言が目立っているが、一方でこの点をどう改めるつもりかは、ほとんど伝わってこない。

その意味で、首長と議会との関係の見直しにまで踏み込んだ制度改革を行わなければ、地方分権改革はついに未完のままに終わってしまう、ということを肝に銘じておくべきであろう。

〈著者紹介〉

大石　眞（おおいし　まこと）

▶略 歴

1951年　宮崎県生まれ
1974年　東北大学法学部卒業
1979年　國學院大学法学部講師（82年，同助教授）
1988年　千葉大学法経学部助教授
1990年　九州大学法学部助教授（91年，同教授）
1993年　京都大学大学院法学研究科教授（憲法講座担当）
2006年　京都大学公共政策大学院教授（法学研究科教授併任）
2014年　京都大学大学院総合生存学館（思修館）教授，現在に至る。

▶主要著書

『判例憲法〈第３版〉』共編・有斐閣，2016年
『権利保障の諸相』三省堂，2014年
『憲法講義Ⅰ〈第３版〉』有斐閣，2014年
『憲法講義Ⅱ〈第２版〉』有斐閣，2012年
『憲法断章』信山社，2011年
『憲法概観〈第７版〉』共著・有斐閣，2011年
『憲法の争点』共編・有斐閣，2008年
『憲法秩序への展望』有斐閣，2008年
『日本憲法史〈第２版〉』有斐閣，2005年
『議 会 法』有斐閣，2001年
『憲法史と憲法解釈』信山社，2000年
『立憲民主制』信山社，1996年
『憲法と宗教制度』有斐閣，1996年
『日本憲法史の周辺』成文堂，1995年
『議院法制定史の研究』成文堂，1990年
『議院自律権の構造』成文堂，1988年

Horitsu Bunka Sha

統治機構の憲法構想

2016年7月15日　初版第1刷発行

著　者　大《おお》石《いし》　眞《まこと》

発行者　田　靡　純　子

発行所　株式会社　法律文化社

〒603-8053
京都市北区上賀茂岩ヶ垣内町71
電話 075(791)7131　FAX 075(721)8400
http://www.hou-bun.com/

＊乱丁など不良本がありましたら、ご連絡ください。
お取り替えいたします。

印刷：中村印刷㈱／製本：㈱藤沢製本
装幀：前田俊平

ISBN 978-4-589-03767-1

杉原泰雄・只野雅人著〔現代憲法大系9〕

憲法と議会制度

A5判・四四二頁・五四〇〇円

「危機的」かつ「機能不全」の状況にある日本の国会について、国会制度の原理・原則に焦点を当てて再検討する。比較憲法史的な視座から国会制度を考え、憲法に基づく「徹底した民意の反映」とは何かを考察する。

樋口陽一・栗城壽夫著〔現代憲法大系11〕

憲法と裁判

A5判・三九六頁・三二〇〇円

二〇世紀後半になって、多くの諸国で違憲審査制（憲法訴訟）が重要な役割を演ずるようになってきた。「憲法」における「裁判」の占める重要性とその限界をふまえ、裁判官の果たすべき役割、違憲審査制の理念と歴史、日本での展開について論究する。

愛敬浩二著

近代立憲主義思想の原像
―ジョン・ロック政治思想と現代憲法学―

A5判・二七二頁・六五〇〇円

近代憲法の古典、ジョン・ロック『統治二論』の綿密な歴史的解読を通じて、憲法学と政治思想史を方法論的に統合し、立憲主義、リベラリズムをめぐる現代憲法学の理論状況に対して原理的な問題提起を行う。

長谷部恭男編〔講座　人権論の再定位3〕

人権の射程

A5判・二七四頁・三三〇〇円

あらゆる人が平等に享受すべき人権を実効的に保障するためには、いかなる制度構築が必要なのか。制度の中で権利はどのように捉えられ、いかに実現していくのか。憲法学の直面する問題状況を描き、その行方を模索する。

井上達夫編〔講座　人権論の再定位5〕

人権論の再構築

A5判・二九〇頁・三三〇〇円

人権批判、人権主体の拡散と動揺、人権の射程、人権の実現問題が突きつける「人権論の困難」。このような困難を踏まえ、人権の意味・根拠・場を原理的に問い直し、人権論の再構築を探求する。

法律文化社

表示価格は本体(税別)価格です